Das Insider-Dossier:
Die Finance-Bewerbung – Investmentbanking, Private Equity, Corporate Finance & Co.

Das Insider-Dossier:
Die Finance-Bewerbung – Investmentbanking, Private Equity, Corporate Finance & Co.

2. Auflage (2008)

squeaker.net GmbH

www.squeaker.net
kontakt@squeaker.net

Copyright 2008 by squeaker.net GmbH

Verlag:	squeaker.net GmbH
Herausgeber:	Stefan Menden
Autor:	Farzad Saidi
Projektleitung:	Jonas Seyfferth
Vertrieb:	Andreas Treusch von Buttlar
Titelgestaltung:	Alexander Hahn
	Foto ©iStockphoto.com/ Clint Hild
Bestellung:	Über den Fachbuchhandel oder versandkostenfrei unter www.squeaker.net oder www.finance-insider.com
Preis:	EUR 29,90
ISBN:	978-3-940345-028

Inhaltsverzeichnis

Einleitung

Sie halten den squeaker.net-Ratgeber „Die Finance-Bewerbung –
Investmentbanking, Private Equity, Corporate Finance & Co." in den
Händen. Es kann viele Gründe für Ihren Kauf gegeben haben. Vielleicht
ist einer, dass Sie von Ihren Bekannten stets zu hören bekommen, wie
spannend und dynamisch ihr Job in Frankfurt ist. Oder Sie glauben,
profunde Vorurteile gegenüber Jobs in der Finance-Branche zu haben,
die Sie mittels dieses Buchs auf den Prüfstand stellen wollen. Es könnte
aber auch sein, dass Sie in zwei Tagen Ihre ersten Interviews bei einer
Investmentbank oder bei einer Private-Equity-Boutique führen und
glauben, Sie sollten sich gut auf die Bewerbung vorbereiten. In jedem
dieser Fälle sollten Sie weiterlesen. Dieses Handbuch ist aus dem
Erfahrungsschatz vieler Ihrer Mitstreiter aus der Karriere-Community
squeaker.net entstanden, es verarbeitet darüber hinaus das Fachwissen
Ihrer potenziellen zukünftigen Kollegen sowie die wesentlichen Elemente
der finanzökonomischen Theorie.

Es gibt viele allgemeine Bewerbungsratgeber. Die squeaker.net-Insider-
Dossiers setzen an der Stelle an, wo andere aufhören. Dieses Buch
bereitet speziell auf die anspruchsvollen Bewerbungsgespräche bei den
renommierten Playern der Finance-Branche vor. Die Besonderheit dieser
Gespräche ist, dass ihnen eine Theorie zugrunde liegt, und Bewerber
dementsprechende akademische Anhaltspunkte bei der Vorbereitung
haben. Dieser Ratgeber hat das erklärte Ziel, die Theorie intelligent auf
das anzuwenden, wofür Sie dieses Buch höchstwahrscheinlich gekauft
haben: Bewerbungsgespräche in der Finance-Branche.

Die Theorie der Finanzökonomie ist umfassend, modern und empirisch
testbar. Um einer adäquaten Vorbereitung auf Interviews gerecht zu
werden, vertieft dieses Buch genau den Teil der finanzökonomischen
Theorie, der für Sie in der Bewerbungsphase relevant ist. Darüber
hinaus können Sie mit diesem Buch theoretische Konzepte gleich an
praktischen Interviewfragen anwenden. Nach der Lektüre sollte die
Frage „Was würden Sie für dieses Unternehmen bezahlen?" zumindest
kein Mysterium mehr sein, sondern eine Herausforderung, Ihre
Kenntnisse und vor allem Ihr Urteilsvermögen zu präsentieren. Dabei ist

Finance viel mehr als nur das, was man unter Fusionen und Über-nahmen (oder M&A) versteht. Die zweite Auflage dieses Buchs leuchtet eine relevante Breite an Finanzdienstleistungen und die Theorie im Hintergrund aus. Neben kapitalmarkt- und M&A-orientierten Fragen aus dem Investmentbanking beschäftigt sich dieses Buch auch mit den wesentlichen Grundlagen für die Private-Equity-Branche und die Corporate-Finance-Beratung. Zu guter Letzt wird noch das Arbeitsfeld von Ratingagenturen diskutiert, so dass das theoretische Grundgerüst durch Ausführungen zum Thema Kreditrisiko abgerundet wird.

Anwendungsorientierung der Theorie bedeutet aber ebenfalls eine Vorstellung des Bewerbungsprozesses in der Finance-Branche. Dazu zählen: Ausführungen zu Mathematiktests, ein simuliertes Interview und weitere Beispielfragen aus Einzelgesprächen, welche die besprochene Theorie direkt anwenden. Darüber hinaus wird ein Einblick in die Branche verschafft, der in Kombination mit den flächendeckenden Unter-nehmensprofilen der führenden Investmentbanken als Orientierungs-grundlage für Bewerber dienen soll. So werden verschiedene typische Abteilungen besprochen und Entwicklungen im Markt thematisiert, die dem Bewerber dabei behilflich sein können, sich gezielt zu bewerben. Das Paket wird komplettiert durch Erfahrungsberichte von ehemaligen Bewerbern, so dass Sie als Leser auf diese Art und Weise einen allumfassenden Eindruck von der Finance-Branche gewinnen.

Finance ist ein weites Feld. Dieses Buch verhilft Ihnen zu einem Überblick über die Theorie, unzählige Vertiefungen finden sich allerdings in der weiterführenden Literatur. Im Rahmen der Unternehmens-finanzierungstheorie sei auf das Standardwerk „Principles of Corporate Finance" der Professoren Brealey und Myers (London Business School und Massachusetts Institute of Technology) verwiesen. Eine sehr empirische Sicht auf Corporate Finance wird in „Applied Mergers & Acquisitions" von Professor Bruner (University of Virginia) angenommen. Eher kapitalmarktlastige Ausführungen finden sich dagegen im Standardwerk „Asset Pricing" von Professor Cochrane (University of Chicago) oder (im eher fortgeschrittenen Werk) „Dynamic Asset Pricing Theory" von Professor Duffie (Stanford University). Sollten Sie allerdings zu der Gruppe zählen, die in zwei Tagen bei einer Investmentbank vorstellig wird, dann verschieben Sie besser die Lektüre der Sekundär-literatur auf ein ruhigeres Wochenende und werfen noch einen ergän-zenden Blick in das squeaker.net-Buch „Brainteaser im Bewerbungs-gespräch – Die 120 häufigsten Aufgaben gelöst". Derweil wünschen wir Ihnen viel Spaß und vor allem Erfolg mit diesem Buch!

Farzad Saidi und das squeaker.net-Team

Feedback: Wie ist Ihr Interview gelaufen? Um dieses Buch stets weiter verbessern zu können, freuen wir uns über Ihre Anregungen und Ihre eigenen Erfahrungen bei interessanten Arbeitgebern aus der Finance-Branche. Bitte schildern Sie uns in einem Erfahrungsbericht auf → www.squeaker.net oder direkt auf → www.finance-insider.com den Ablauf Ihrer Bewerbungsgespräche.

Ihr Feedback können Sie uns gerne auch persönlich über kontakt@squeaker.net zukommen lassen.

A. Die Finance-Karriere

I. Finance-Karriere? Eine Einführung

Es fällt einem oft schwer, auf diese doch so simple Frage eine zufrieden-stellende Antwort zu geben – zumeist aus dem Grunde, dass nicht viele die Bedenkzeit auf diese „Basics" verschwenden. Schließlich wird im Interview vorausgesetzt, dass der Kandidat weiß, worauf er sich einlässt.

Trotzdem, oder gerade deshalb, zeigen wir Ihnen hier zumindest in Ansätzen auf, welche Finanzdienstleister es gibt und wie sich der Markt zusammensetzt.

Im Folgenden sollen nachstehende Fragen geklärt werden:
- Welche Arbeitsfelder gibt es in der Finance-Branche
  – und wie unterscheiden sie sich voneinander?
- Wie bewirbt man sich für die jeweiligen Jobs?
- Was macht eine Finance-Karriere aus?

I.1. Welche Arbeitsfelder gibt es?

In diesem Buch konzentrieren wir uns grundsätzlich auf folgende Zweige der Finance-Branche, weil sie traditionell den Markt um die Gunst von Top-Absolventen anführen:

- Investmentbanken
- Private-Equity-Firmen
- Corporate-Finance-Beratungen sowie
- andere Finanzdienstleister (vor allem Ratingagenturen).

Bevor wir diese Branchen separat ausleuchten, wollen wir uns vor Augen führen, welche grundsätzlichen Zusammenhänge zwischen ihnen bestehen.

Wie wir später sehen werden, unterhält eine Investmentbank unterschiedliche Divisionen. Eine dieser Divisionen beschäftigt sich
vornehmlich mit Fusionen & Übernahmen (auch M&A, d. h. Mergers &
Acquisitions, genannt), viele andere Abteilungen bedienen Kapitalmarkt-
teilnehmer (unterschiedlicher Natur, u. a. institutionelle Investoren, aber
auch Privatkunden mit „ultra high net worth") mit Aktien, Anleihen oder
Derivaten. An der Schnittstelle zwischen Kapitalmärkten und M&A wird
die Finanzierung von Übernahmen durch Private-Equity-Fonds übernommen. Dies bedeutet, dass die zweite große Gruppe der Unternehmen, die wir in diesem Buch näher ausleuchten, die Private-Equity-
Fonds, oftmals als Kunden der Investmentbanken in Erscheinung treten.

Private-Equity-Fonds und Investmentbanken sind beide im Bereich M&A
aktiv. Während die Private-Equity-Fonds als Käufer agieren (Buy-Side),
bieten die Investmentbanken ihre Beratungstätigkeiten bei der
Transaktion an (Advisory). Vor diesem Hintergrund stellt sich die Frage
nach der Abgrenzung der Beratungstätigkeiten der Investmentbanken
von denen der Corporate-Finance-Beratungen. Letztere werden vor
allem nach der eigentlichen Transaktion tätig, z. B. für die Post-Merger-
Integration. Corporate-Finance-Beratungen bieten aber auch viele
Dienstleistungen an, die vor einer M&A-Transaktion stattfinden, z. B. die
sogenannte Due Diligence.

Zu guter Letzt stellt sich die Frage nach der relevanten Rolle von
sonstigen Finanzdienstleistern. Wir werden vornehmlich Ratingagenturen
betrachten. Ratingagenturen beurteilen die Kreditwürdigkeit von Unternehmen. Von ihr können die Zinsen bei der langfristigen Kredit-
finanzierung jener Unternehmen in beträchtlichem Maß abhängen – eine
nicht zu unterschätzende Komponente auch in der Bewertung der
Machbarkeit von M&A-Transaktionen!

I.2. Wer macht Finance-Karriere?

Im Folgenden wollen wir die Anforderungsprofile in den zuvor
diskutierten Branchen näher betrachten. Dabei verbuchen die
Investmentbanken den wohl größten Personalaufwand, so dass wir uns

zunächst auf die Anforderungen an zukünftige Investmentbanker konzentrieren. Im Anschluss daran zeigen wir die feinen Unterschiede und Nuancen für die Private-Equity-Branche, die Corporate-Finance-Beratung und die Ratingagenturen auf.

Wer arbeitet also in einer Investmentbank? Im Blick vieler Business-Schools und Hochschulen gleicht das Profil des Investmentbankers dem eines Unternehmensberaters. Grundsätzlich benötigen beide in der Tat ähnliche Fähigkeiten. Doch die

> *„Entscheidend für den Erfolg auch im Investmentbanking ist die richtige Mischung aus persönlichen und fachlichen Eigenschaften."*
>
> Dr. Andreas Raffel, Geschäftsführer, **Rothschild Frankfurt**

berufliche Wirklichkeit in diesen Tätigkeitsfeldern unterscheidet sich immens. Hier prallen sogar Welten aufeinander!

Ein Investmentbanker ist insofern nicht mit einem Unternehmensberater zu vergleichen, als dass der Begriff „Kundenkontakt" in der Bank etwas ganz anderes bedeutet als in der Unternehmensberatung. Das Geld des Kunden ist nun einmal seine wichtigste Ressource, und es kann beim Umgang mit diesem Kapital mehr zerstört werden als beispielsweise in einem Projekt zur Umsatzsteigerung im Einzelhandel. Es ist also keinerlei Werturteil, sondern oft eine Notwendigkeit, dass ein Investmentbanking-Analyst die ersten Wochen im Büro verbringt, wohingegen ein frisch gebackener Hochschulabsolvent sich bereits am zweiten Tag seiner Beratertätigkeit schon vor Ort beim Kunden wiederfinden wird.

> *„Bei der Deutschen Bank ist mir aufgefallen, dass wirklich jeder Praktikant bereits im Ausland gewesen war. Man sollte die internationale Ausrichtung seines Studiums frühzeitig angehen."*
>
> Ein Bewerber

Die typische Einstiegsposition in einer Investmentbank ist die Rolle als Analyst. Was muss ein Analyst mitbringen? Unabhängig von der gewünschten Abteilung steht ganz oben auf der Wunschliste einer jeden Investmentbank eine hohe Affinität zu Zahlen. Diese ist direkt gefolgt von Ausdauer und hoher sozialer Kompetenz. Warum ein Banker zahlenaffin sein sollte, dürfte niemand in Frage stellen, allerdings ist damit keine höhere Mathematik gemeint, sondern oft einfach ein gutes

Gespür für Zahlen, wenn mal wieder zehn verschiedene Geschäfts-
berichte miteinander verglichen werden sollen. Des Weiteren ist die
Arbeit mit Excel und bei komplexeren Handelsvorgängen mit Visual-
Basic-Programmierung (Stichwort: Derivate) verbunden. Die Ausdauer
eines Analysten reicht von 60-Stunden-Wochen bei täglichem Beginn um
7 Uhr morgens (Trading) bis zu einer signifikant höheren Stundenzahl
im M&A, gerade wenn viele Transaktionen anstehen. In jedem Fall
erfordert das Investmentbanking eine hohe zeitliche Flexibilität und
Belastbarkeit. Zu guter Letzt zählt die soziale Kompetenz zu den
ausschlaggebenden Kriterien. Wenn man so lange wie oben angedeutet
mit Kollegen arbeitet, muss man sich in ein Team einfinden und
Konflikte diplomatisch lösen können. Auch in stressigen Zeiten sollte
man in der Lage sein, die Contenance zu bewahren. Auch wenn die
Atmosphäre in den Büros in London stark von derjenigen in den
deutschsprachigen Büros abweicht, da die Londoner Büros für Tausende
von Mitarbeitern konstruiert sind und die deutschsprachigen Büros oft
als „Dependancen" erscheinen, ist es unmöglich, innerhalb der eigenen
Gruppe/des eigenen Teams unterzu-
tauchen. Man steht im ständigen Austausch mit den Kollegen, leidet und freut
sich gemeinsam und wird zumindest
den frühen Abend unter der Woche
stets mit dem Team verbringen.

> „Für fast jede Frage findet man im Unternehmen einen Experten, der sie beantworten kann."
>
> Associate - Principal Investment Area, **Goldman Sachs**

Ein ähnliches Anforderungsprofil wird von Ihnen im Private Equity
erwartet. Auch wenn üblicherweise aus dem Associate-Pool der
Investmentbanken rekrutiert wird (dazu später mehr), ist es durchaus
auch möglich, als Analyst im Private Equity zu arbeiten. Die Aufgaben
ähneln hierbei denen in der M&A-Abteilung einer Investmentbank, wobei
ein weit größerer Fokus auf der Analyse von Businessplänen liegt. Das
ist in der tendenziell unternehmerischen Natur des Private-Equity-
Geschäfts begründet.

Da die Unterschiede zwischen Unternehmensberatern und Investmentbankern nicht zu vernachlässigen sind, ist auch das Anforderungsprofil
eines Corporate-Finance-Beraters separat zu betrachten. Zunächst
einmal bieten viele der großen Strategieberatungen eine Spezialisierung

auf Corporate Finance erst ab einem gewissen Erfahrungslevel an, meistens nach drei Jahren Berufserfahrung in der jeweiligen Branche (z. B. als Investmentbanker oder als Rating-Analyst). Ansonsten gilt es, die zuvor behandelten Unterschiede zwischen Unternehmensberatungen und Investmentbanken zu beachten. Das Beratungsgeschäft ist um den Kundenkontakt herum aufgebaut. In diesem Kontext zählen Due-Diligence-Mandate (im sog. Datenraum) wohl zu den Projekten mit dem seltensten Kundenkontakt, wohingegen die strategische Ausleuchtung von Finanzierungsthemen wohl stets beide Parteien, den Kunden sowie die Berater, für die Laufzeit des Projekts an einen Tisch bringen wird.

> *„Work-Life-Balance ist bei uns ein gelebtes Konzept: Wir versuchen, Wochenendarbeit zu vermeiden. Außerdem soll jeder Berater im Jahresdurchschnitt auf eine ausgeglichene Stundenzahl kommen. Wir wollen unsere Mitarbeiter nicht ausquetschen wie eine Zitrone, sondern sie langfristig an uns binden. Ein ausgebrannter Mitarbeiter nützt uns nichts."*
>
> Thomas Raab, Managing Director Germany, Switzerland + Austria, **Oliver Wyman**

Was zu guter Letzt die Karriere in einer Ratingagentur angeht, so ist das Business im Schnitt weniger kundengetrieben als im Investmentbanking. Dafür konzentriert sich der Recruitingprozess weit mehr auf Ihre quantitativen Fähigkeiten. In einer Ratingagentur werden Sie unterschiedliche Anlageklassen und Risiken bewerten und sich dabei in neue Modelle einarbeiten müssen – all dies bedingt eine gewisse quantitative Affinität, die im Schnitt ausgeprägter ist als im Investmentbanking. Nichtsdestoweniger wird der Kundenkontakt immer wichtiger, je „seniorer" Ihre Rolle in einer Ratingagentur ist. Harte Zahlen und Ergebnisse zu kommunizieren, ist eine Schlüsselfähigkeit im Ratinggeschäft, für die Sie Ihre Kunden schätzen (und letztlich auch bezahlen).

Vor diesem Hintergrund leuchtet ein, dass die Intensität der Zusammenarbeit in all diesen Branchen dazu führt, dass der sog. Personal Fit im Interview eine enorm wichtige Rolle spielt. Wer sich als Kandidat im Interview unwohl mit den potenziellen Kollegen fühlt, sollte ehrlich zu sich selbst sein und die persönlichen Ambitionen für einen Moment zurückstellen, um zu erkennen, dass er in diesen Branchen mit hoher Wahrscheinlichkeit nicht glücklich werden wird.

I.3. Finance-Karriere machen

In diesem Abschnitt wollen wir nun Ihre Karriere und die einzelnen Bewerbungsschritte konkretisieren.

Wie verläuft eine Finance-Karriere?

Was die Karriere an sich angeht, so gehen wir im Folgenden exemplarisch auf die Karriere in einer Investmentbank ein, zumal sich Private-Equity-Fonds und Ratingagenturen durchaus von jener Karrierestruktur haben beeinflussen lassen. In der Corporate-Finance-Beratung folgt die Karriere hingegen der für Unternehmensberatungen üblichen Struktur.

In einer Investmentbank gibt es grundsätzlich vier Karrierestufen: Analyst, Associate, Vice President sowie Managing Director. Die nachfolgende Tabelle fasst die vier Karrierestufen zusammen:

Titel	Analyst	Associate	Vice President (VP)	Managing Director (MD)
Dauer	3 Jahre	3-4 Jahre	$\geq$ 3 Jahre	
Voraussetzung	Hochschulabschluss (BSc, MSc, Diplom oder MBA einer Business School, die keine Target School der Investmentbank ist)	Promotion oder MBA an einer Target School der Bank (dies wird akribisch eingehalten – es berechtigt also nicht jeder MBA zu einem Einstieg als Associate!)	signifikante Berufserfahrung; oft erfolgt nach der Karrierestufe als VP ein Aufstieg zum sog. Director, der eine Vorstufe zum Managing Director (MD) darstellt	Wenn ein VP einer Investmentbank nicht zum MD ernannt wird, beobachtet man häufig Wechsel zu anderen Banken als (Managing) Director

Die Verantwortungsbereiche variieren von Karrierestufe zu Karrierestufe. Generell kann man sagen, dass der Analyst die meiste fachbezogene Arbeit verrichtet, wohingegen ein Associate die Analysts betreut. Ein Vice President (VP) fungiert hier als übergeordneter

„Projektmanager"; bei den meisten Investmentbanken kann die Intensität des Kundenkontakts je nach Karrierestufe variieren. Zu guter Letzt: der MD. Er managt nicht nur die nationalen Teams (ein VP kann z. B. der Kopf eines nationalen Teams sein), sondern oft ganze (Sub-) Abteilungen.

Einen typischen Tagesablauf gibt es nicht, vor allem aufgrund der Vielfalt der Abteilungen. Wenn man aber die täglichen Aufgaben eines Analysten zusammenfassen müsste, so werden folgende Elemente immer wieder auftauchen:

- Research, Research, Research: Sicherlich nicht die beliebteste Aufgabe, aber man sollte gegenüber Recherchen aufgeschlossen sein; auf guten Research folgen zumeist anspruchsvollere Aufgaben, darin sollte auch die Motivation eines Analysten bestehen. Die Motivation ist ein wichtiger Faktor im Interview: Sollte man einem Kandidaten anmerken, dass er angesichts solcher Aussichten schnell resignieren könnte, ist dies ein K.O.-Kriterium.

> „Die Arbeit in der IB ist äußerst vielseitig. Ich schätze einerseits die Nähe zu den internationalen Finanzmärkten und gleichzeitig aber auch den Kontakt mit den unterschiedlichen Kunden. Zudem ist das Arbeitstempo hoch und ich werde intellektuell immer wieder herausgefordert."
>
> Ana-Ileana Cerkez,
> Young Professional, **UBS AG**

- Modelling: Excel ist Ihr bester Freund? Wunderbar. Im Modelling geht es z. B. darum, Bilanzen und andere Financial Statements zu modellieren, um die Unternehmensbewertung vornehmen zu können. Hier ist Genauigkeit gefragt – am Ende sollte jede Zahl auch nach mehrmaligem Hinterfragen stimmen und nachvollziehbar sein. In kapitalmarktintensiveren Abteilungen werden dagegen potenzielle Aktienkurse oder Zinsbewegungen mittels etablierter Modelle simuliert oder auch empirische Zusammenhänge (z. B. Korrelationen zwischen am Markt gehandelten Assets) überprüft.

- Präsentationen: Sie dachten, Folien werden nur bei Unternehmensberatern gepinselt? Hoffentlich nicht, denn auch im Investmentbanking ist guter Rat teuer – und er wird zumeist im Folienformat weitergereicht. Es liegt also am Analysten, die vielen Zahlen zu kommunizieren – eine Aufgabe, die ihm nicht nur Powerpoint-Geschick abverlangt, sondern vor allem ein gutes Gefühl für Kommunikation und Kundenbedürfnisse.

Der Tag beginnt üblicherweise zwischen 7:30 Uhr (vor allem in Kapitalmarkt-Abteilungen) und 9 Uhr (Investmentbanking). In Kapitalmarkt-Abteilungen endet der Tag gegen 19 Uhr (first in, first out), im M&A ist Dienstschluss zwischen 22 Uhr und Mitternacht keine Seltenheit – und oft gilt: open end. Wenn man sein Büro morgens betritt, checkt man als Analyst zumeist seine Voice Mail sowie seine E-Mails und versucht, die damit verbundenen Aufgaben abzuarbeiten. In international ausgerichteten Abteilungen finden regelmäßig wöchentliche Team-Meetings statt, in denen man sich auch zwischen den Ländergruppen austauscht. Nach einem gemeinsamen Mittagessen – viele werden es direkt am Arbeitsplatz zu sich nehmen – geht es weiter mit der Aufarbeitung der Meetings sowie den o. g. Aufgaben. So ist man oft derart in seine Arbeit vertieft, dass man gar nicht mitbekommt, wie die Stunden verflogen sind. Ein Blick auf die Uhr verrät es: kurz vor Mitternacht. Steht keine Deadline an, kann jetzt das Taxi gerufen werden, mit dem man nach Hause fährt. Allgemein gilt Investmentbanking als

„Sicherlich ist der Job hier kein 9 - 5 Job, aber Morgan Stanley bietet sehr viel Unterstützung bei Kinderbetreuung und Flexibilität innerhalb der Arbeitszeit."

Analystin im Asset Management, **Morgan Stanley**

„long hour industry", in der sehr hart und lange gearbeitet wird. Tatsächlich variieren die Arbeitszeiten von Abteilung zu Abteilung signifikant. Doch könnte man im Interview gefragt werden, wie man sich seinen Alltag im Investmentbanking vorstellt. Eine gewisse aufrichtige Bereitschaft zu langer und harter Arbeit zu zeigen, kann sich sehr vorteilhaft auswirken. Wer sich allerdings begeistert über 100-Stunden-Wochen äußert, wird mit hoher Wahrscheinlichkeit unglaubwürdig wirken.

Eine Position im Investmentbanking verlangt also sehr viel Engagement vom Bewerber. Daher ist das Investmentbanking für viele Analysten – wie auch die Unternehmensberatung – eine zeitlich begrenzte Karrierestufe. Schließlich sind die Exit-Möglichkeiten mannigfaltig und sollen dem Leser dieses Buchs nicht vorenthalten bleiben. Eine Analyse des Profils eines Investmentbankers offenbart, wo er nach seiner Karriere in der Investmentbank einsetzbar ist. Investmentbanker können

- Unternehmen bewerten
- Kapitalmärkte analysieren
- mit Zahlen umgehen
- Produkte – egal, welcher Natur – verkaufen.

Dies führt zu folgenden Exit-Möglichkeiten, welche im Übrigen auch für erfahrene Mitarbeiter aus der Corporate-Finance-Beratung gelten:

- **Private Equity:** Hier sind vor allem die Modelling-Fähigkeiten sowie die Befähigung zur Unternehmensbewertung gefragt, um die Attraktivität von Investments abzuschätzen. Ein Einstieg erfolgt hier zumeist auf der Ebene eines „Associate" oder „Investment Managers".

- **M&A-Abteilungen von Großunternehmen**: Vor allem DAX30-Unternehmen halten viele Beteiligungen, deren Management notwendig ist. Auch die Suche nach neuen Kaufzielen ist ein großer Aufgabenbereich, der von ehemaligen Investmentbankern übernommen wird. Oft erhält man hier die Möglichkeit – je nach Erfahrung – selbst in Verhandlung mit Verkäufern zu treten.

- **Sonstige Finanzdienstleistungen:** Dr. Paul Achleitner, heute CFO der Allianz, war einmal Investmentbanker, und er ist nicht das einzige Beispiel dafür, dass eine Karriere im Investmentbanking zu generalistischen Führungsaufgaben im Finanzbereich qualifiziert. Beteiligungscontrolling, Konzernstrategie-Abteilungen (M&A ist schließlich ein Strategiethema!) sowie kaufmännische Vorstandspositionen sind nach einer Karriere im Investmentbanking definitiv in Reichweite.

Was die Exit-Möglichkeiten nach einer Anstellung in einer Ratingagentur angeht, so werden Sie nach einigen Jahren Berufserfahrung als Manager für diejenigen Unternehmen interessant, die Sie bewertet haben. Nicht untypisch wäre beispielsweise ein Exit eines senioren Versicherungs- analysten, der auf den Posten des CFO eines mittelgroßen Ver- sicherungsunternehmens berufen wird.

I.4. Finance vs. General Management

Der Wettbewerb in der Finance-Branche sowie im General Management (z. B. als generalistische Ausbildung in der Unternehmensberatung, aber auch als verantwortungsvolle Position in Industrieunternehmen) ist aufgrund des Anforderungsprofils ähnlich hart. Viele Top-Absolventen entscheiden sich zwischen diesen beiden Branchen. Dass diese Beobachtung allerdings nur beschränkt darauf schließen lässt, dass es sich hierbei um einen ähnlichen Alltag in beiden Berufen handelt, soll im Folgenden ausgeführt werden.

Selbstredend gibt es Schnittpunkte – neben dem Anforderungsprofil an die Bewerber zählen dazu die Arbeitszeiten wie auch das Tempo im Alltag. Die meisten Finance-Jobs sind in den Finanzmetropolen dieser Welt angesiedelt. In der Hochphase einer Transaktion ist die Tätigkeit eines Analysten allerdings auch von häufigen Aufenthalten beim Kunden geprägt. Nichtsdestoweniger steht die Arbeit mit Kunden im General Management und erst recht in der generalistischen Strategieberatung noch häufiger im Vordergrund. Ist daher der Rückschluss zulässig, dass General Management ein stärker persönlichkeitsorientiertes Geschäft ist als beispielsweise Investmentbanking? Ja und nein – zumindest nach außen (gegenüber dem Klienten) dürfte dies im ersten Jahr als Analyst zutreffen, doch nach vielen Monaten der Anfertigung von Präsentationen und des Excel-Modellings nimmt die Verantwortung auch gegenüber dem Kunden zu. Intern ist die Finance-Branche jedoch von Anfang an sehr persönlichkeitsorientiert – der Personal Fit stellt eines der wichtigsten Entscheidungskriterien bei der Einstellung neuer Mitarbeiter dar. Das rührt daher, dass kleine Teams in der Finance-Branche extrem viel Zeit miteinander verbringen. Kommt nun das Tempo im

Alltagsgeschäft hinzu, so kann enormer Druck entstehen. Verschärfend kommt hinzu, dass bei Finanzdienstleistern keine Potenzialanalysen durchgeführt werden, sondern z. B. nach erfolgreicher Kandidatur um eine Transaktionsbegleitung ein realer Fall bearbeitet wird, bei dem – im wahrsten Sinne des Wortes – sehr viel kaputt gehen kann. In der generalistischen Strategieberatung sind die Fälle von Mal zu Mal verschieden, manchmal wird eine Studie angefertigt oder nach potenziellen neuen Vertriebskanälen gesucht. Wenn hier etwas schief laufen sollte, könnte der Fall länger dauern als angedacht. Solche Freiheiten sind im blitzschnell getakteten Finance-Geschäft un- vorstellbar. Damit man allerdings in der Finance-Branche solche Geschwindigkeiten erreicht, muss zunächst ein Mandat an Land gezogen werden. Anders als in der Beratung nimmt das sog. „Pitching" hier einen weit größeren Teil der Arbeitszeit in Anspruch. Ist ein Pitch erfolgreich, folgt die „Execution" (Durchführung der Transaktion in Zusammenarbeit mit dem Kunden).

So kann festgehalten werden, dass die Unterschiede zwischen Finance und General Management oftmals so gravierend sein können, dass die mit der Arbeit verbundenen Aufgaben unterschiedliche Persönlichkeits- typen verlangen. Oft haben sich viele Kandidaten bereits im Studium vorsortiert: Während die einen sich sehr früh auf Finanzökonomie und Rechnungslegung spezialisieren, beobachtet man häufig, dass zukünftige Strategieberater und andere Manager im Studium viel Wert auf eine generalistische Grundausbildung gelegt haben.

Ein Beruf in der Finance-Branche bedeutet Arbeiten in einem hart umkämpften, aber auch hochaktiven Markt, wohingegen das General Management betriebliche Aspekte – und somit auch die statische Betrachtung von betrieblichen Problemen – in den Vordergrund stellt.

II. Einblick in die Finance-Branche: Wer sind die Player?

Wir stellen Ihnen nun die wichtigsten Player in der Finance-Branche vor, d. h. Ihre potenziellen Arbeitgeber. Dabei konzentrieren wir uns auf die vier zuvor diskutierten Bereiche: Investmentbanking, Private Equity, Corporate-Finance-Beratung und sonstige Finanzdienstleister wie z. B. Ratingagenturen.

II.1. Investmentbanking

Bevor wir die verschiedenen Tätig-keitsfelder einer Investmentbank vor-stellen, sollte zumindest kurz fest-gehalten werden, warum Finanz-institute wie Banken (seien es Commercial Banks oder Investment-banken) überhaupt existieren. Grund-sätzlich gibt es Finanzinstitute aus dem simplen Grund, dass ein Gros der Menschen das Geld, das nach dem Befriedigen der Konsum-bedürfnisse übrig bleibt, spart. Wenn wir also das Geld schon nicht für Bier oder schicke Autos ausgeben können, legen wir es zumindest für schlechtere

„Die Unternehmen sehen sich mit einer enorm gestiegenen Komplexität bei strategischen Entscheidungen – wie Übernahmen, Veräußerungen, Restrukturierungen, Management Buy-outs sowie Börsengängen oder Strukturierung und Verhandlung von Finanzierungen – konfrontiert. Um diese gestiegenen Anforderungen zu meistern, brauchen die Unternehmen einen verlässlichen und unabhängigen Partner an Ihrer Seite, der auf langfristigen Erfolg seines Kunden fokussiert ist und über die gesamte Klaviatur des professionellen Invest-mentbankings verfügt."

Astrid Mayerhöfer,
Chief Operating Officer, **Drueker & Co.**

Zeiten so an, dass es sich vermehren kann. Da die meisten potenziellen Anleger nicht darüber informiert sind, wie sie dieses Geld am besten sparen können, haben es sich Finanzinstitute wie Banken, Versicherungen, Pensionsfonds etc. zur Aufgabe gemacht, die Verwaltung dieser Gelder im Sinne des Kunden zu übernehmen. Bei einer sog. Commercial Bank legen Menschen folglich ihr Geld an, oder aber sie leihen es sich dort in Form von Krediten. Der <u>Profit der Bank</u> besteht darin, dass sie <u>einen höheren Zinssatz verlangt als denjenigen, den sie selbst zahlt.</u>

Eine Investmentbank kann man aber leider nicht anhand einer solchen Sparbuch-Mentalität erklären. Sie ist komplexer strukturiert und umfasst mehrere Abteilungen:

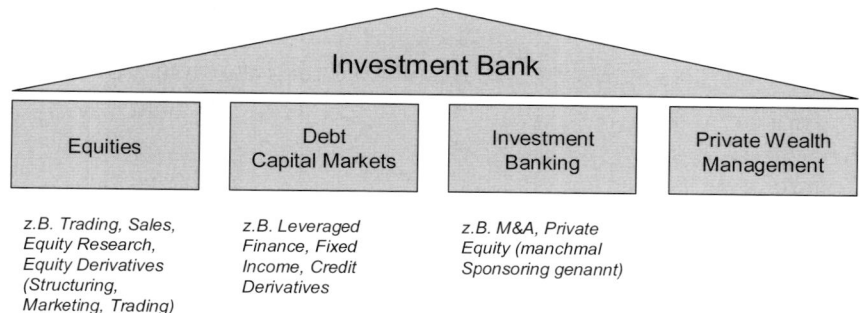

Eine Investmentbank berät Institutionen und Unternehmen. Diese Finanzdienstleistungen lassen sich in vier Kategorien unterteilen:

1) Equities

Der Bereich Equities (=Aktien) umfasst wiederum mehrere Unterkategorien:

Im Equity Research werden Fragen bzgl. Investmentempfehlungen geklärt. Diese Abteilung publiziert Berichte von Analysten über öffentlich gehandelte Aktien (z. B. die der Deutschen Telekom AG).

Im Bereich Equities sind darüber hinaus auch Trader (=Händler) beschäftigt. Sie arbeiten mit dem Kapital der Bank, aber auch im Namen von Kunden. Trader führen oft auch Transaktionen für Mitarbeiter im Sales durch, die sich um die Kundenbeziehungen bemühen. Die meiste Arbeit für Unternehmen und Institutionen spielt sich hinter der sog. Chinese Wall ab. Hinter der Chinese Wall sind die Informationen nicht mehr öffentlich zugänglich, da es sich um private Informationen über den Kunden handelt. Das Trading findet zumeist vor der Chinese Wall statt und läuft seit Jahren digital ab – also findet man hier auch keine schreienden Geldjäger, wie die Filmindustrie suggeriert, sondern lediglich ein paar Trader vor handelsüblichen Bildschirmen.

In Equities wird auch ein großer Teil des Handels mit Derivaten abgehandelt. Ein Derivat ist ein Wertpapier, dessen Wert sich von der Entwicklung eines zugrunde liegenden Wertpapiers, auch Underlying genannt, ableitet (Derivat: das Abgeleitete). Derivate können beispielsweise auf Aktien als Underlying gehandelt werden, so dass der gesamte Bereich der Equity Derivatives (Aktienderivate) auch unter Equities fällt. Bei Derivaten gibt es drei gängige Abteilungen: Im Structuring werden neue Produkte entwickelt und ins bestehende Portfolio eingepasst, im Marketing werden sie den Kunden präsentiert und vertrieben, im Trading werden die Handelsvorgänge am Markt ausgeführt, die mit den Kundenaufträgen zusammenhängen.

2) Debt Capital Markets

Debt umfasst einerseits festverzinsliche Wertpapiere, auch Fixed Income genannt. Des Weiteren findet man in den gängigen Debt-Abteilungen das Pendant zu den Equity Derivatives, nämlich Credit Derivatives. Neben Fixed Income und Credit Derivatives gibt es noch die Gruppen für Leveraged Finance, die sich mit der Fremdkapitalaufnahme bei Akquisitionstransaktionen beschäftigen. Mit dieser Arbeit unterstützen sie oft Kollegen aus der M&A-Abteilung.

Equities und Debt werden zumeist unter Capital Markets (=kapitalmarkt-bezogene Aktivitäten) zusammengefasst. Interessant ist, dass Kapitalmarkt-Abteilungen grundsätzlich zur Investmentbank gehören, aber nie zu den sog. „Investment Banking Divisions" (IBDs) zählen.

3) Investmentbanking

In den Investmentbanking Divisions findet man zumeist zwei Bereiche: Private-Equity-Gruppen planen Unternehmenskäufe unter Beanspruchung von Fremdkapital, und zwar in Kooperation mit den Kollegen aus Leveraged Finance. Des Weiteren zeigen sie aber auch Interesse an sog. Early-Stage-Investments, für die angesichts des Risikoprofils des Investments nur Eigenkapital („Private Equity" eben) in Frage kommt. Zu guter Letzt gibt es die Mergers & Acquisitions (kurz: M&A), die wohl bekannteste Abteilung einer Investmentbank. Hier werden Fusionen und Übernahmen bearbeitet, Unternehmensbewertungen vorge-nommen und Verkäufe durchorganisiert.

> *„Die Koordination von Projekten, der Mix unterschiedlicher Disziplinen (Accounting, Tax, Finance, Law) und die strategische Beratung von Mandanten machen das Investment-banking besonders interessant."*
>
> Felix Röhder, Investment Banking - Real Estate, **Sal. Oppenheim**

4) Private Wealth Management

Im Private Wealth Management werden Lösungen zur Vermögens-verwaltung extrem reicher Kunden angeboten. Diese Lösungen können sehr komplexe Investmentstrategien und Portfolios umfassen.

II.1.1. Wer bietet Investmentbanking?

Oft wird den Investmentbanken nachgesagt, einen gewissen Schlag von Bankern zu rekrutieren. Den Personal Fit kann der Bewerber allerdings viel besser im persönlichen Interview abwägen. Allerdings hat jede Investmentbank ihre „Spezialitäten", die u. U. die Interessen des Bewerbers widerspiegeln und somit ein wichtiges Entscheidungs-kriterium bei einer Bewerbung darstellen können.

Im Folgenden sollen kompakt Informationen zu den jeweiligen Banken sowie weiterführende Informationen zu ihren Fokussierungen gegeben werden.

J.P. Morgan Chase
Der Marktführer in Derivaten

J.P. Morgan Chase gilt als eine der traditionsreichsten Investmentbanken. Unter den Markennamen J.P. Morgan, Chase und Bank One betreut die Bank Millionen von Privatkunden, weltweit bedeutende Unternehmen, institutionelle Anleger und staatliche Organisationen. J.P. Morgan hat eine starke Marktpräsenz in Deutschland, Österreich sowie der Schweiz und bietet Finanz- und Beratungsdienstleistungen einer integrierten und global aufgestellten Investmentbank. Als Finanzberater agiert J.P. Morgan bei vielen öffentlichen Übernahmen und Fusionen. Schon seit einigen Jahren ist die J.P. Morgan Chase Bank maßgeblich an umfangreichen Transaktionen im öffentlichen Sektor beteiligt – und auch Mitte 2007 gehört sie mit einem globalen Marktanteil von rund 22 % zu den fünf Top-Banken im Bereich M&A. J.P. Morgans Dienstleistungen im Bereich der Kredit- und Aktienderivate wurden bereits mehrfach mit den RiskAwards ausgezeichnet.

Goldman Sachs
Der M&A-Riese

Die Historie von Goldman Sachs umfasst über 135 Jahre, in denen sich das Unternehmen zu einer der weltweit führenden Investmentbanken der Wall Street entwickelt hat. Im Jahre 1999 stimmten die Partner für den Börsengang, durch dessen Realisierung die Investmentbank ihren Wachstumskurs noch weiter ausbauen konnte. Mittlerweile findet sich weltweit kaum ein League Table (eine Art Rangliste für die einzelnen Bereiche der Investmentbanken), bei der Goldman Sachs nicht einen der ersten Plätze im M&A belegt. Vor allem seit Gründung des Frankfurter Büros im Oktober 1990 ist Goldman Sachs in Deutschland und Europa an den größten Transaktionen beteiligt, so dass eine Involvierung bei den bedeutenden DAX30-Deals keine Seltenheit darstellt.

Mit einem weltweiten Marktanteil von 31 % (Stand: Juni 2007) ist Goldman Sachs weiterhin ein globaler Dealriese im M&A.

Morgan Stanley
Innovatives Haus mit Tradition

Morgan Stanley, einer der weltweit größten Finanzdienstleister, betreut seit über 25 Jahren Kunden in Deutschland und Österreich. Seit der Eröffnung einer eigenen Niederlassung in Deutschland im Jahre 1987 hat Morgan Stanley seine Kundenbeziehungen und sein Produktangebot

> *„Derzeitige Marktturbulenzen werden zu einer gewissen Konsolidierung des Investmentbankings führen. Trotzdem scheint der Wachtumstrend des Investmentbanking ungebrochen."*
>
> Jann Kaufmann, Executive Director,
> **Morgan Stanley**

in der Region kontinuierlich erweitert und bietet heute die Produktvielfalt einer global operierenden Investmentbank, insbesondere Beratung bei M&A und Corporate Finance, Eigenkapital- und Fremdkapitalfinanzierungen, Wertpapierhandel und -verkauf wie auch Asset Management Dienstleistungen und Betreuung gehobener Privatkunden.

Mit seinem Hauptsitz in Frankfurt hat Morgan Stanley dank seiner internationalen Ausrichtung und seinem Zugang zu den weltweiten Kapitalmärkten beste Voraussetzungen, deutschen und österreichischen Kunden umfassende Lösungen anzubieten.

Merrill Lynch

Merrill Lynch ist in zwei Geschäftsbereiche untergliedert: Die Global Markets und Investment Banking Group (GMI) betreibt das Handelsgeschäft mit Aktien und Renten und ist in der Beratung von Unternehmen bei großen Transaktionen wie Unternehmenszusammenschlüssen und Übernahmen sowie Börsengängen tätig. Involviert war Merrill Lynch beispielsweise bei dem Verkauf des Haarkosmetikunternehmens Wella an Procter & Gamble und an der Übernahme von Aventis durch Sanofi-Synthelabo. Die Global Private Client Group (GPC) ist verantwortlich für die Betreuung wohlhabender Privatkunden. In deren Auftrag verwaltet sie ein Vermögen von rund 1,5 Billionen US-Dollar.

II.1.2. Weitere Universalbanken und unabhängige M&A-Boutiquen

Je älter eine Investmentbank ist, desto breiter ihr Produktportfolio und desto unkonzentrierter ist der Produktfokus. Gerade die traditions-reichen Banken wie UBS, Credit Suisse, Citigroup oder Deutsche Bank haben ein sehr breites Produktportfolio, so dass sie im M&A genauso stark vertreten sind wie beispielsweise in Equities und Derivaten. Die Deutsche Bank ist – wie der Name vermuten lässt – in Deutschland vor allem im M&A stark führend. Eine Bewerbung in Frankfurt kann also ein viel versprechendes M&A-Praktikum bedeuten!

Citigroup wächst stetig durch Akquisitionen (darunter Schroder's). Im M&A zählt Citigroup mittlerweile zu den Top-5-Investmentbanken im Geschäft.

Und was ist eine Boutique?

Als Boutique bezeichnet man zumeist einen unabhängigen Corporate Finance Adviser. Im Gegensatz zu einer Investmentbank ist die Arbeit einer Boutique „unparteiisch" – und dafür wird eine Boutique auch geschätzt: dass sie Transaktionen stillschweigend betreut und keine weiteren Produkte anbietet, sondern sich voll und ganz auf die Transaktion konzentriert. Zu den beiden bekanntesten Boutiquen gehören Lazard und Rothschild, die Mitte 2007 gemeinsam einen globalen Marktanteil von 12 % im M&A auf sich vereinen konnten.

Zur allgemeinen Vorgehensweise von etwas kleineren Boutiquen zählt vor allem das Anwerben von angesehenen Professionals anderer Invest-mentbanken. Daher ist die Berufserfahrung in Boutiquen durchschnittlich weit höher als in einer Investmentbank. Eine Boutique baut auf der Erfahrung ihrer „Seniors" und vor allem auf deren Netzwerk, so dass Boutiquen den Banken viele Mandate streitig machen können.

Zu einer sehr auffälligen Boutique mit knapp zwanzig Professionals in Frankfurt zählt Greenhill. Greenhill gehört wie Rothschild und Lazard zu einer Gruppe kleinerer, allerdings unabhängiger Investmenthäuser. Greenhills Partner kommen u. a. von Merrill Lynch und haben dort bereits die Verteidigung Mannesmanns gegen Vodafone mitorganisiert.

In einem der spektakulärsten Deals 2003, der Wella-Übernahme durch Procter & Gamble, beriet Greenhill den Wella-Vorstand.

Parallel zu den Boutiquen können auch Unternehmensberatungen sowie Wirtschaftsprüfungsgesellschaften als M&A-Berater agieren und die Parteien (Käufer- sowie Verkäuferseite) während einer Transaktion begleiten. Diese Aktivitäten sind zumeist unter „Corporate Finance"-Aktivitäten zusammengefasst (Beispiel: KPMG Corporate Finance). Doch auch traditionelle Strategieberatungen sind im M&A-Bereich aktiv, z. B. auf dem Gebiet der sog. Post-Merger-Integration (Integration des gekauften Unternehmens nach der Transaktion in die bestehende Struktur des Käufers); auch hier wird die zuständige Beratungsabteilung mit „Corporate Finance" betitelt. Wir widmen uns der Corporate-Finance-Beratung im Kapitel A.II.3.

II.1.3. Rankings

Um die aktuelle Performance (basierend auf den Daten des abgelaufenen zweiten Quartals 2007) der Banken in Europa und Deutschland vergleichbar zu machen, haben wir einige Rankings zusammengestellt. Natürlich sind solche Rankings mit Vorsicht zu   genießen:

- Zunächst stellen sie eine Momentaufnahme der Banken dar und müssen daher stets mit vergangenen Werten verglichen werden, um einmalige Ausschläge nicht überzubewerten.

- Wie das Wort „Ranking" verrät, kann nach unterschiedlichsten Kriterien „gerankt" werden. Am Beispiel M&A erkennt man, dass es zwei grundsätzliche Kriterien gibt: die Zahl der Transaktionen sowie deren Volumen. Der Marktanteil, nach dem meistens auch die Reihenfolge festgelegt wird, errechnet sich über die Transaktionsvolumina der jeweiligen Investmentbanken, und zwar unabhängig davon, durch wie viele Transaktionen dieses Volumen zustande gekommen ist. Ein Blick auf die Zahl der begleiteten Transaktionen kann oft dazu beitragen zu enthüllen, ob eine besonders gute Positionierung einer Investmentbank in einem Quartal als außerordentlich oder als Regel anzusehen ist.

1) Initial Public Offerings (Europa, Naher Osten, Asien)

Börsengänge (IPOs) fallen in die Equities-Sparte von Investmentbanken.

01.01.2007 – 30.06.2007

	Volumen in Mio. US$	Marktanteil	IPOs
Goldman Sachs	6.092,5	9,8 %	10
Citigroup	5.816,9	9,4 %	16
Deutsche Bank	5.782,5	9,3 %	16
J.P. Morgan	5.012,9	8,1 %	17
Merrill Lynch	3.510,1	5,6 %	10

2) Internationale Anleihen in US-Dollar

Die Emission von Anleihen ist ein beliebtes Beispiel für die Finanzierung über den Kapitalmarkt; innerhalb einer Investmentbank fallen Anleihen in den Bereich Debt Capital Markets.

01.01.2007 – 30.06.2007

	Volumen in Mio. US$	Marktanteil	Emissionen
Citigroup	194.569,8	8,1 %	461
Barclays	184.873,5	7,7 %	396
Deutsche Bank	182.943,0	7,6 %	469
Merrill Lynch	159.843,3	6,6 %	302
J.P. Morgan	154.315,4	6,4 %	349

3) M&A

Für die M&A-Rankings ziehen wir sowohl die europäischen als auch die deutschen Ergebnisse heran. Eine Anmerkung zu den Angaben des Marktanteils: In Summe können diese Angaben über 100 % ergeben, da manche Transaktionen nicht von ausschließlich einer Bank begleitet worden sind, so dass das gesamte Transaktionsvolumen zwei Banken in voller Höhe zugewiesen wird.

Zunächst ein Blick über den Kontinent, bei dem jegliche (durchgeführte) Transaktionen zwischen europäischen Unternehmen berücksichtigt worden sind:

01.01.2007 – 30.06.2007

	Volumen in Mio. US$	Marktanteil	Deals
Morgan Stanley	173.061,3	24,8 %	73
Goldman Sachs	166.897,6	23,9 %	66
Merrill Lynch	162.410,8	23,3 %	60
Citigroup	160.024,7	22,9 %	80
Credit Suisse	122.944,5	17,6 %	65

Und ein detaillierter Überblick für Deutschland:

01.01.2007 – 30.06.2007

	Volumen in Mio. US$	Marktanteil	Deals
Goldman Sachs	38.493,2	36,8 %	14
Deutsche Bank	31.924,4	30,5 %	33
Credit Suisse	28.366,7	27,1 %	12
J.P. Morgan	28.217,6	27,0 %	15
Morgan Stanley	27.792,1	26,6 %	17

Quelle: Thomson Financial

→ www.thomson.com/solutions/financial/investbank/leaguetable_home

II.1.4. Wenn Banken mit anderen Banken fusionieren

Wenn Banken mit anderen Banken oder Finanzdienstleistern fusionieren, dann schießt das Volumen der Transaktion in die Höhe. Vor allem aber diversifizieren viele Banken auf diese Art und Weise ihr Dienstleistungsportfolio. Wir haben zuvor festgestellt, dass eine Investmentbank sich vom Geldautomaten nebenan dadurch unterscheidet, dass sie Unternehmen und Institutionen berät. Dennoch bedeutet dies nicht, dass eine Investmentbank nicht auch einen kommerziellen Zweig haben kann. J.P. Morgan fusionierte beispielsweise im Jahr 2000 mit der Chase Manhattan Bank und bietet seitdem beides an. Es ist also auch möglich, dass Banken selbst einander akquirieren und miteinander fusionieren, so dass es in den letzten fünf Jahren u. a. zu folgenden M&A-Aktivitäten zwischen Banken gekommen ist:

Datum	Ziel	Akquirierende Bank(en)	Deal-volumen [Mrd. €]
12.10.2007	ABN Amro (NL)	Fortis (Belgien), Royal Bank of Scotland (GB), Banco Santander (Spanien)	70,3
13.10.1999	Sakura Bank (Japan)	Sumitomo Bank (Japan)	48,5
14.01.2004	Bank One (USA)	J.P. Morgan Chase (USA)	46,0
27.10.2003	Fleet Boston Financial (USA)	Bank of America (USA)	41,8
29.11.1999	National Westminster Bank (GB)	Royal Bank of Scotland (GB)	39,5
13.09.2000	J.P. Morgan (USA)	Chase Manhattan (USA)	38,9
01.04.2001	Dresdner Bank (D)	Allianz (D)	22,5

Die sieben größten Bankfusionen 1999–2007

II.2. Private Equity

In diesem Abschnitt möchten wir Ihnen einige der wichtigsten Private-Equity-Fonds vorstellen. Unsere Auswahl orientiert sich einerseits an der Größe der Fonds, andererseits an Aussagen darüber, ob die jeweiligen Private-Equity-Firmen entweder eine Einstiegsposition (Analyst / Associate) anbieten oder an gewissen Universitäten rekrutieren. Wir stellen Ihnen einige Fonds vor und fassen daraufhin die Branchenstruktur zusammen.

> *„Oft ist unser Rat in allen betriebswirtschaftlichen Bereichen wie Strategie, Marketing, Vertrieb und Personal gefragt. Die Verbindung von Finance, Consulting und Unternehmertum macht einen Job im Private Equity so spannend."*
>
> Konrad Meyer,
> Young Professional im Private Equity

The Carlyle Group

Carlyle gilt als einer der größten Player in der Private-Equity-Industrie und verwaltet insgesamt 54 Mio. €. Seit der Gründung im Jahre 1987 hat Carlyle bereits 23 Mrd. € in 686 Transaktionen investiert. Im Unterschied zu vielen Wettbewerbern investiert der Fonds auch in Immobiliengeschäfte.

Cinven

Cinven hat bis dato über 60 Mrd. € investiert, seit 2003 auch in Deutschland (das erste Investment galt Springer). In zwei- bis vierjährigen Perioden sammelt Cinven erfolgreich Geld ein (Fundraising), z. B. 2002 4,4 Mrd. € und 2006 sogar 6,5 Mrd. € - eine Tendenz, die man als positive Resonanz der Investoren interpretieren kann.

Apax Partners

Apax Partners hat sich durch die Eröffnung von Büros in Westeuropa eine sehr starke Präsenz aufgebaut. Daran waren Private-Equity-Persönlichkeiten wie Max Burger-Calderon, heute für Apax in Hong Kong tätig, maßgeblich beteiligt. Seit 1995 konnte Apax über 65 Unternehmen mit einer Marktkapitalisierung von umgerechnet 25 Mrd. € an die Börse bringen. Derweil verwaltet Apax insgesamt 14 Mrd. € und investiert sowohl in Later-Stage- als auch in Early-Stage-Deals (Venture Capital), was Apax zum Manager eines sog. gemischten Fonds macht.

The Blackstone Group

Blackstone ist bekannt als Private-Equity-Riese und bietet in der Tat weit mehr an als einige der weltweit größten Private-Equity-Fonds, z. B. Distressed Debt (Investitionen in notleidende Kredite) und Immobiliengeschäfte (ähnlich wie The Carlyle Group). Blackstone verwaltet insgesamt über 66 Mrd. € (Stand: Juni 2007) und ist darüber hinaus am New York Stock Exchange (NYSE) gelistet.

Kohlberg Kravis Roberts & Co. (KKR)

KKR gilt als die weltweit größte und gleichzeitig stärkste Private-Equity-Unternehmung. KKR war an den größten Transaktionen der LBO-Geschichte beteiligt (in der Höhe von 20 Mrd. €) und hält seit der Gründung im Jahre 1976 konsequent am Investmentstil fest, d. h. KKR konzentriert sich auf Later-Stage-Beteiligungen und einen Zeitraum von sechs bis sieben Jahren, in dem die Investmentobjekte restrukturiert und profitabel weiterverkauft oder an die Börse gebracht werden sollen.

Permira

Permira berät 19 Fonds mit einem Gesamtwert von 22 Mrd. €. Außerdem zeichnet sich die Firma durch eine starke Präsenz in Europa (insbesondere in Deutschland) aus, weswegen eine gewisse Recruiting-aktivität für die jeweilige Region keine unrealistische Annahme darstellt.

3i

3i verwaltet insgesamt ca. 10,7 Mrd. € und war lange Zeit (bis 2003/4) auf Early-Stage-Investitionen fokussiert, hat sich daraufhin aber – der Größe der zu verwaltenden Fonds entsprechend – auch bei Later-Stage-Investitionen engagiert.

Noch offene Fragen werden sicherlich gleich im Kapitel B.III. im Private-Equity-Teil beantwortet. Was Ihnen diese Branchenübersicht primär verdeutlichen sollte: Das Private-Equity-Geschäft ist zwar zu einem gewissen Grad transparent, doch gibt es enorme Unterschiede zwischen den Unternehmungen, vor allem in Bezug auf die Größe der zu verwaltenden Fonds sowie den Investmentfokus. Letzteres betreffend, kann man die Private-Equity-Firmen nach dem Later-Stage-Fokus einordnen, d. h. in Abhängigkeit des Anteils der Later-Stage-Investments (Leveraged Buy-Outs, Management Buy-Outs etc.) im Portfolio. Als Later-Stage-Investment werden größere Investitionen in Unternehmen bezeichnet, die sich in einem relativ reifen Status (z. B. im Produktlebenszyklus) befinden. Vor dem Hintergrund dieser beiden Kriterien (Later-Stage-Fokus und Größe des Fonds) können wir die zuvor vorgestellten Unternehmen grafisch folgendermaßen einordnen:

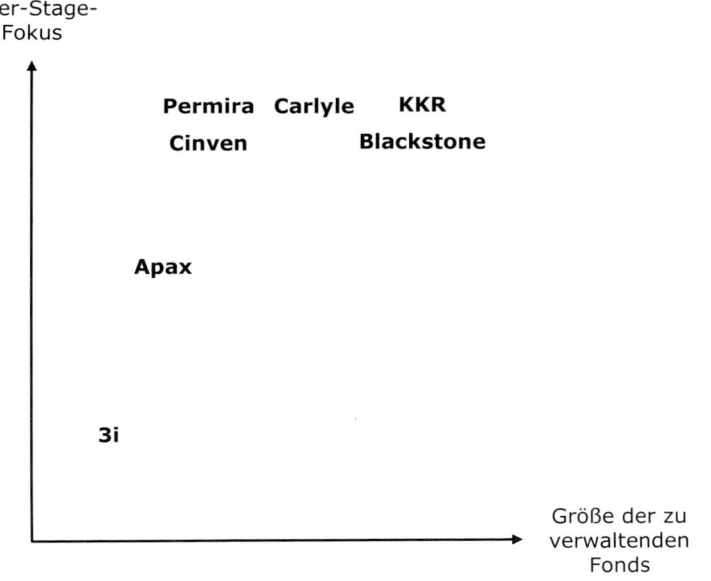

II.3. Corporate-Finance-Beratung

Im Grunde unterscheidet sich die Beraterperspektive auf die Unternehmensfinanzierung von der einer Investmentbank vor allem hinsichtlich der Interessenlage sowie der Herangehensweise an die jeweiligen Projekte. Vor diesem Hintergrund sind Corporate-Finance-Beratungen eher vergleichbar mit unabhängigen M&A-Boutiquen, obgleich eine Corporate-Finance-Beratung durchaus ein Interesse daran haben kann, den Klienten auch nach der Transaktion weitere Beratungsdienstleistungen anzubieten. Dies wird umso eher möglich, je größer die Organisation ist, der die Corporate-Finance-Beratung angehört. Z. B. agieren einige Corporate-Finance-Beratungen als Abteilungen von Strategieberatungen.

Recht klar kommuniziert dies unter anderem McKinsey & Company (→ www.corporatefinance.mckinsey.com). Mit der Einrichtung einer eigenen Homepage für die Corporate-Finance-Sparte signalisiert McKinsey, welchen Stellenwert dieses Geschäft für das Unternehmen hat. Auch Oliver Wyman verfügt historisch bedingt über einen starken Financial-Service-Bereich mit einem eigenen Recruiting-Kanal. The Boston Consulting Group kündigte an, zukünftig ebenfalls ihre Corporate-Finance-Leistungen stärker in einem eigenen Bereich zusammenzufassen und entsprechend hervorzuheben.

Doch welche Dienstleistungen werden konkret von Corporate-Finance-Beratungen abgedeckt?

Im Mittelpunkt der Arbeit eines Corporate-Finance-Beraters stehen wie gehabt M&A-Transaktionen. Innerhalb der Chronologie einer Transaktion kommen Berater vor allem vor und nach der Transaktion zum Einsatz. Vor der Transaktion werden sie eingesetzt, um die sog. Due Diligence durchzuführen und so Daten zu sammeln, die für die Unternehmensbewertung und somit für

„Unsere globale, branchenübergreifende Corporate Finance & Strategy Practice berät nationale und internationale Unternehmen bei strategischen Fragestellungen, Mergers & Acquisitions, Börsengängen und Kapitalmarktstrategien."

Dr. Nina Wessels, Director of Recruiting, **McKinsey & Company** den zu verhandelnden Kaufpreis relevant sind. Nach der Transaktion helfen Berater vor allem bei der Implementierung von transaktions-spezifischen Maßnahmen auf unterschiedlichen hierarchischen und organisatorischen Ebenen, z. B. im Rahmen einer Post-Merger-Integration.

Neben M&A-relevanten Dienstleistungen bieten Corporate-Finance-Beratungen ihre Assistenz bei der Entwicklung von Kapitalmarkt-strategien an, d. h. IPOs (Going Public), Dividendenpolitik sowie Finanzierung am Kapitalmarkt. Dieses Dienstleistungsspektrum charak-terisiert die Corporate-Finance-Beratung als gelegentlichen Mediator zwischen dem Kunden (Finanzierung suchend) und der Investmentbank (Finanzierung bietend).

Trotz des theoretisch sehr breiten Dienstleistungsspektrums in der Corporate-Finance-Beratung haben sich einige Beratungen auf ausgewählte Dienstleistungen spezialisiert. Die Unternehmens-beratungen Bain & Company und L.E.K. Consulting konzentrieren sich z. B. auf die Due Diligence. Bains Private-Equity-Practice hat sich vor diesem Hintergrund als Magnet für unternehmerisch denkende Berater hervorgetan. Diese nutzen ihre Arbeit in der Private-Equity-Practice, um sich ein Netzwerk in der Private-Equity- und Gründerszene aufzubauen, von dem sie nach ihrer Karriere bei Bain profitieren können. Sie sehen: Eine Tätigkeit in der Corporate-Finance-Beratung mag zwar eine zwischenzeitliche Spezialisierung mit sich bringen, aber die Kenntnisse aus der Corporate-Finance-Praxis können dabei behilflich sein, andere Aspekte des Wirtschaftens aus einer neuen Perspektive kennenzulernen, z. B. die Unternehmensgründung oder die Ausgestaltung von Verträgen im Rahmen von Unternehmensverkäufen.

Neben klassischer Strategieberatung setzt Oliver Wyman mit seiner Gruppe „Finance & Risk" jedoch auch einen besonderen Schwerpunkt auf das Thema Risikomanagement. Hier werden u. a. Unternehmensrisiken unter die Lupe genommen, um Unternehmen bei Investitions- und Finanzierungsentscheidungen zu beraten. Durch analytische Tools möchte man Unternehmen Hilfsmittel an die Hand geben, damit sie souveräner und vor allem effizienter mit Risiken umgehen können.

Grundsätzlich ist dieses Vorhaben sehr verwandt mit allem, was wir Ihnen bis dato präsentiert haben: Wenn ein Unternehmen sich für gewisse Finanzprodukte, die von einer Investmentbank angeboten werden, entscheiden soll, dann wäre es die Aufgabe der assistierenden Unternehmensberatung, diese Finanzprodukte zu modellieren und auf ihren Mehrwert zu untersuchen (Stichwort Kosten-Nutzen-Analyse).

So kann man zum Schluss kommen, dass die Corporate-Finance-Beratung aufgrund der generalistischen Natur der sie häufig beherbergenden Strategieberatungen ein weites Spektrum an Dienstleistungen anbietet und im Punkt der M&A-Beratung (Advisory) mit unabhängigen M&A-Boutiquen konkurriert bzw. konkurrieren kann.

II.4. Weitere Finanzdienstleister

Es gibt sicherlich eine Vielzahl an alternativen Arbeitsrollen in der Finance-Branche. Hier möchten wir Ihnen einige Beispiele vorstellen, wobei wir uns vornehmlich auf Ratingagenturen beziehen werden. Dies liegt vor allem daran, dass die theoretischen Grundlagen, die wir in Kapitel B einführen, generell für Bewerbungen in der Finance-Branche ausreichen sollten, zumindest als gedankliche Stütze bei sämtlichen Fragen, mit denen Sie konfrontiert werden könnten. Bei Ratingagenturen steht allerdings ein Aspekt im Vordergrund, der bei anderen Finance-Bewerbungen nicht sonderlich betont wird. Die Rede ist von der Bewertung und vom Management der Risiken, z. B. des Kreditrisikos.

Wir stellen Ihnen also zunächst das Feld der Aktivitäten von Ratingagenturen vor. Die drei bekanntesten Player, deren Namen immer wieder in den Medien fallen, sind sicherlich Moody's, Standard & Poor's sowie Fitch Ratings. Eine Karriere in einer dieser Ratingagenturen ist unter Umständen ein Substitut für eine Laufbahn als Kreditanalyst in einer Investmentbank. In der Tat bieten Investmentbanken ähnliche Dienstleistungen an wie ihre Konkurrenten bei den Ratingagenturen. Dabei fokussieren sie sich allerdings eher auf die Bewertung der Kreditwürdigkeit von Schuldnern auf dem Kapitalmarkt, z. B. bei der Emission von Anleihen.

Generell können Sie den Begriff des Schuldners aber breiter auslegen – bei einer Ratingagentur sind alle Zahlungsströme im vertraglichen Kontext Gegenstand der Untersuchung. Eine Zahlungsverpflichtung besteht schließlich nicht nur bei Anleihen, sondern z. B. auch bei Versicherungsverträgen. Vor diesem Hintergrund stellt die Bewertung der sog. Kapitaladäquanz von Versicherungen ein weiteres Untersuchungsobjekt von Ratingagenturen dar. Diese bewerten somit nicht nur Kapitalmarkttransaktionen und (in welcher Form auch immer) am Kapitalmarkt gehandelte Unternehmen, sondern analysieren auch die Zahlungsfähigkeit von gesamten Industrien und publizieren die dementsprechenden Ergebnisse.

Ratingagenturen bieten Ihnen die Möglichkeit der frühzeitigen Spezialisierung. Sie können von Anfang an eine konkrete, finanzierungsgetriebene Sicht auf eine Industrie entwickeln, so dass eine potenzielle Exit-Möglichkeit die Anstellung als Finanzen-Experte wäre, z. B. als kaufmännischer Geschäftsführer (CFO), bei einer Unternehmung in der jeweiligen Industrie, die Sie als Ratinganalyst verfolgt haben.

Ein wesentlicher Teil des Alltags in einer Ratingagentur wird darauf verwendet, Bewertungen zu einem gewissen Stichtag fertigzustellen und adäquat zu kommunizieren. Daher ist die wohl wichtigste Beschäftigung auf Junior-Level das Aufstellen sowie Anwenden von Bewertungsmodellen. Da die Publikation von Unternehmensdaten stets zu einem Stichtag vorgenommen wird, werden Sie eine diskrete Sicht auf die Modellierung von Unternehmensrisiken entwickeln, d. h. die Unternehmensdaten gehen als Datenpunkte für die jeweilige Periode in Ihr Bewertungsmodell ein. Wenn Sie also die Kapitaladäquanz – die Fähigkeit, mögliche Zahlungen durch Eigenkapitalreserven zu decken – eines Versicherers modellieren, werden Sie sehr häufig mit Bilanzdaten als Inputs arbeiten.

Das Ratinggeschäft ist darüber hinaus – ganz im Gegensatz zum Investmentbanking – nicht immer marktgetrieben, sondern durchaus auch politisiert. Das liegt daran, dass Ratingagenturen unterschiedliche Mandate haben und ihre Bewertungen teilweise voneinander abweichen können, da nicht alle Ratingagenturen die gleiche Informationsgrundlage über ein Unternehmen haben. Ein noch viel konkreteres Beispiel der Politisierung der Branche besteht darin, dass auch Regierungen Ratingmandate vergeben, um ihre Kreditwürdigkeit am Kapitalmarkt zu signalisieren.

Neben den Ratingagenturen stehen Ihnen noch viele weitere Möglichkeiten in der Finance-Branche offen. Unter anderem bieten mittlerweile immer mehr Industrieunternehmen Arbeitsrollen im Bereich Finanzierung und Kapitalmarktstrategie an. Eine recht große Corporate-Finance-Abteilung unterhält beispielsweise die Allianz AG. Darüber hinaus werden ehemalige Investmentbanker auch als M&A-Spezialisten in der Industrie angestellt. Dabei ist anzumerken, dass diese Positionen in der Tat einen gewissen Erfahrungsschatz im M&A voraussetzen, den Sie sowohl im Investmentbanking als auch in der Corporate-Finance-Beratung gewinnen können.

B. Wiederholung der Finance-Theorie

Im Folgenden widmen wir uns der finanzökonomischen Theorie, die in den hier diskutierten Branchen (und somit in den jeweiligen Interviews) relevant ist. Ganz grob kann man das Investmentbanking in M&A und Kapitalmarkt-Aktivitäten unterteilen. Wenn man dann versucht, die zugrunde liegende Theorie den daraus resultierenden Bereichen zuzuordnen, so kann man festhalten, dass im M&A, Private Equity sowie in der Corporate-Finance-Beratung tendenziell finanzierungslastige Fragen überwiegen. Bei Ratingagenturen und Kapitalmarkt-Abteilungen von Investmentbanken steht die (quantitative) Analyse von Finanz-märkten und -produkten im Vordergrund.

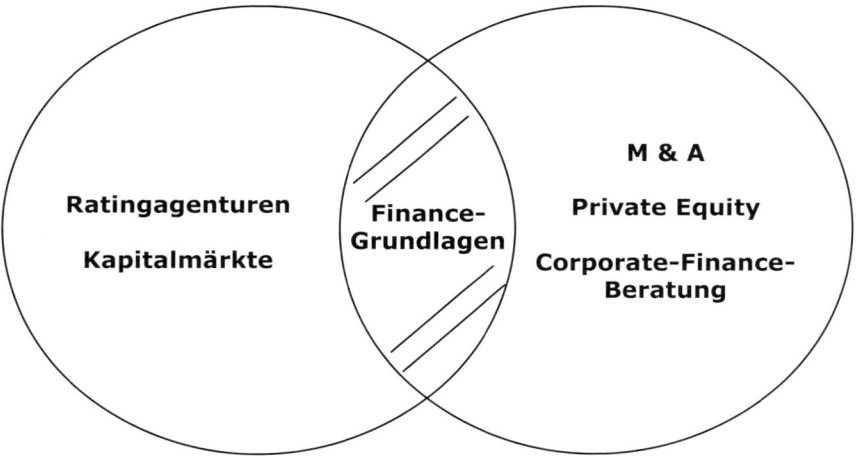

Wie in der Grafik veranschaulicht, gibt es eine gemeinsame theoretische Basis für die Finance-Karriere, der wir uns zunächst widmen, bevor wir unsere theoretischen Ausführungen spezifizieren.

I. Investition & Finanzierung: Grundlagen

In diesem Abschnitt sollen grundsätzliche Theorien der Finanzwirtschaft besprochen werden. Sie können durchaus Teil von Fragen im Interview sein, da sie die Weichen stellen für ein umfassendes Verständnis, das in der Finance-Branche unabdingbar ist. Daher sollen hier alle relevanten Grundlagen der darauffolgenden Theorien kurz angeschnitten werden.

I.1. Finanzmathematik – dynamische Verfahren

I.1.1. Kapitalwert

Zu den dynamischen Verfahren gehört vor allem die Kapitalwert-methode, die beim Abdiskontieren von Cash Flows eine wichtige Rolle spielt (man mag hier darüber streiten, ob Abzinsen als Diskontieren oder Abdiskontieren bezeichnet wird, wir belassen es im Folgenden beim geläufigen Ausdruck des Abdiskontierens als Gegensatz zum Auf-diskontieren, also Aufzinsen).

Der Kapitalwert ist derjenige Betrag, den ein Investor heute zusätzlich zur Verfügung hat, wenn er das Investitionsprojekt anstelle einer Anlage zum sicheren Zinssatz am Kapitalmarkt durchführt. Der Kapitalwert entspricht also meistens einer Auszahlung in t=0 sowie mehreren Einzahlungen in den darauffolgenden Perioden t=1 bis t=n. Die Einzahlungen werden abdiskontiert:

Eine Einzahlung von 5.000 € in t=1 entspricht (bei einem ange-nommenen Kapitalmarktzinssatz von 6 %) in t=0 einem Barwert von 5.000 / 1,06 = 4.716,98.

Das bedeutet, dass man 5.000 € besitzt in t=1, wenn man in t=0 genau 4.716,98 € anlegt.

Eine Zahlungsreihe könnte also folgendermaßen aussehen:

Auszahlung in t=0:   15.000 €
Einzahlung in t=1:   5.000 €
Einzahlung in t=2:   7.500 €
Einzahlung in t=3:   10.000 €

Der Kapitalwert (oder Netto-Barwert) beträgt somit:

$$-15.000 + \frac{5.000}{1,06} + \frac{7.500}{1,06^2} + \frac{10.000}{1,06^3} = 4.788,15 \text{ €}$$

Nach der Kapitalwertmethode lohnt sich jede Investition, deren Kapitalwert größer 0 ist. Vor diesem Hintergrund lohnt sich die Investition oben.

I.1.2. Interner Zinsfuß

Der interne Zinsfuß entspricht demjenigen Zinssatz, für den der Kapitalwert 0 ergibt. In unserem obigen Beispiel entspräche dies einem Zinssatz von 20,61 %.

Vorsicht: Eine solche Rechnung macht nur bei regulären Investitionen Sinn, bei denen in t=0 eine Auszahlung vorgenommen wird und in den darauffolgenden Perioden Einzahlungen verzeichnet werden, da sonst der interne Zinsfuß u. U. nicht eindeutig bestimmbar ist.

I.2. Finanzökonomischer Umgang mit Unsicherheit

Sind mehrere Szenarien, beispielsweise für ein Investment, denkbar und die Wahrscheinlichkeiten, mit denen diese Szenarien eintreten könnten, nicht bekannt, dann spricht man (im Gegensatz zur Ungewissheit) von Unsicherheit.

Um trotz der Unsicherheit eine Entscheidung zu fällen, sind folgende Entscheidungsregeln bekannt. Im Interview werden sie tendenziell nicht abgefragt, aber das zugrunde liegende Denkgerüst dieser Entscheidungsregeln kann bei Investment-Cases weiterhelfen:

- Minimax-Regel (Wald-Regel)
- Maximax-Regel
- Hurwicz-Regel
- Laplace-Regel

I.2.1. Entscheidungsregeln bei Unsicherheit

Bei der *Minimax-Regel* werden pro Investment verschiedene Szenarien untersucht. Die Entscheidung fällt zugunsten derjenigen Investition, die im schlimmsten Szenario den vergleichsweise höchsten Wert (Auszahlung, Barwert etc.) liefert.

	Szenario 1	Szenario 2	Szenario 3	Minimum
Investition A	4,3	1,3	1,5	1,3
Investition B	3,3	0,3	0,5	0,3
Investition C	2,3	2,0	1,9	**1,9**

In diesem Fall wird die Investition C ausgewählt, um im schlimmsten Szenario den vergleichsweise höchsten Wert zu erzielen. Man kann diesen Investmentstil auch als „downside protection" bezeichnen, da ein niedrigerer Maximalwert der Investition C für den höchsten Minimalwert (Schutz gegen noch niedrigere Auszahlungen im worst case) in Kauf genommen wird.

Vor diesem Hintergrund sucht die *Maximax-Regel* nach demjenigen Investment mit dem besten Szenario:

	Szenario 1	Szenario 2	Szenario 3	Maximum
Investition A	4,3	1,3	1,5	**4,3**
Investition B	3,3	0,3	0,5	3,3
Investition C	2,3	2,0	1,9	2,3

In diesem Fall ist die Investition A auszuwählen, die zwar im worst case einen Wert von 1,3 liefert, der 0,6 unter dem worst case der Investition C liegt, aber dafür genau 1,0 über dem zweitbesten Szenario liegt.

Mittels der *Hurwicz-Regel* (benannt nach einem der drei Ökonomie-Nobelpreisträger des Jahres 2007) wird dasjenige Investment ausgewählt, bei dem der gewichtete Durchschnitt aus dem besten und dem schlechtesten Szenario maximal ist. Der Gewichtungsfaktor des besten Szenarios wird als Optimismus-Parameter *o* bezeichnet. Der Optimismus-Parameter wird frei gewählt. Das beste Szenario wird also mit diesem Parameter multipliziert, das schlechteste wird dagegen mit dem Wert *(1–o)* multipliziert. Bei einem Optimismus-Parameter von 0,4 bedeutet das für unsere Investments:

	Szenario 1	Szenario 2	Szenario 3	Hurwicz
Investition A	4,3	1,3	1,5	**0,4 x 4,3 + 0,6 x 1,3 = 2,5**
Investition B	3,3	0,3	0,5	0,4 x 3,3 + 0,6 x 0,3 = 1,5
Investition C	2,3	2,0	1,9	0,4 x 2,3 + 0,6 x 1,9 = 2,06

Der Optimismusfaktor ist also hoch genug, dass weiterhin Investition A (wie bei der Maximax-Regel) vorgezogen wird.

Die *Laplace-Regel* schließlich wählt dasjenige Investment aus, welches im Durchschnitt (dem liegt also die Annahme zugrunde, dass alle Szenarien gleich wahrscheinlich sind) den höchsten Wert liefert, also:

	Szenario 1	Szenario 2	Szenario 3	Maximum
Investition A	4,3	1,3	1,5	**2,367**
Investition B	3,3	0,3	0,5	1,367
Investition C	2,3	2,0	1,9	2,067

Auch hier ist die Investitionsalternative A vorzuziehen.

Vorsicht: Auch wenn in unserem Beispiel Alternative A verdächtig oft als Sieger hervortritt, so sind die vier Entscheidungsregeln doch strikt voneinander zu trennen!

I.2.2. Realoptionen

Wenn Sie in ein großes Projekt investieren, z. B. in ein neues Unternehmen, bewerten Sie dieses, wie wir bereits gelernt haben, mittels des Netto-Barwerts. Durch das Projekt ergeben sich aber u. U. Möglichkeiten für Folgeinvestments, z. B. die Chance zur Expansion einer gewissen

Abteilung. Die Einnahmen eines solchen Folgeinvestments sind ungewiss (es sind mehrere Einnahmen denkbar, und ihre Wahrscheinlichkeiten sind gegeben). Es ist also eine Option, ob man ein Folgeinvestment eingeht und die damit verbundenen Einnahmen mit in die Barwertberechnungen des eigentlichen Projekts einbezieht. Man spricht hierbei von einer Realoption.

Realoptionen haben einen besonderen Platz in der Fachliteratur, hier soll lediglich die Idee skizziert werden. Gerade bei sehr ungewissen Investitionen, wie beispielsweise Beteiligungen an Internet-unternehmungen (sog. Early-Stage-Beteiligungen, also Venture Capital), ist der Realoptionsansatz eine Methode, den Kapitalwert dieses potenziellen Investments abzuschätzen. Aber auch bei der Bewertung reiferer Unternehmen, z. B. im Rahmen einer Übernahme, können Realoptionen eine Rolle spielen und in Verhandlungen zu Informations-vorteilen beitragen bzgl. des „wahren" Werts des zum Verkauf stehenden Unternehmens.

Man hat beispielsweise die Möglichkeit 5.000 € zwecks Entwicklung eines Internet-Auktionshauses zu investieren, nachdem man bereits ein affines Start-up, dessen Firmenwert wir vorhersagen, aufgekauft hat. Dieses Auktionshaus würde den Wert des Start-ups um 30 % steigern. Mit 50–prozentiger Wahrscheinlichkeit hebt das Business ab wie eine Rakete, und der Firmenwert steigt auf 20.000 €. Doch mit der gleichen Wahrscheinlichkeit floppt das Start-up, und der Firmenwert in der nächsten Periode beträgt lediglich 5.000 € – eine magere Ausbeute!

Die Situation lässt sich mittels eines sog. Binomialbaums darstellen (wir nehmen einen Kapitalmarktzinssatz von 10 % an):

Barwert

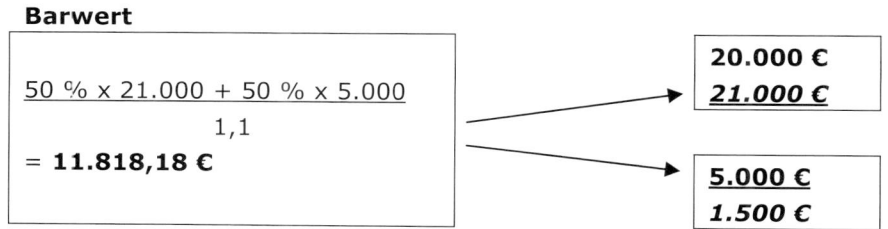

$$\frac{50\ \% \times 21.000 + 50\ \% \times 5.000}{1{,}1}$$
= **11.818,18 €**

20.000 €
21.000 €

5.000 €
1.500 €

Die Werte in der Folgeperiode sind folgendermaßen zu interpretieren: Der fett gedruckte Wert entspricht dem Firmenwert im jeweiligen Szenario, wohingegen der kursiv gedruckte Firmenwert dem Wert des Start-ups nach Ausübung der Option entspricht. Im ersten Fall entspräche dies 20.000 € x 1.3 – 5.000 € = 21.000 €, im zweiten Fall wären dies dagegen 5.000 € x 1.3 – 5.000 € = 1.500 €. Dies bedeutet, dass es sich nur im ersten Fall lohnen würde, die Option auch auszuüben (da 21.000 € > 20.000 €, aber 1.500 € < 5.000 €). Die eigentliche Realoption besteht darin, dass wir uns frei entscheiden können, ob wir das Folgeinvestment tätigen möchten oder nicht. Genau diese Entscheidung wird bei der Berechnung des Kapitalwerts in Periode 0 berücksichtigt, so dass wir im ersten Fall (positive Marktentwicklung) die Option ausüben würden, im zweiten (negative Marktentwicklung) aber nicht (die dementsprechenden Firmenwerte sind unterstrichen). Auf diese Art und Weise errechnet sich ein Firmenwert von 11.818,18 €. Hätten wir die Freiheit dieser Option nicht, so entspräche der Kapitalwert genau (50 % x 21.000 € + 50 % x 1.500 €) / 1,1 = 10.227,27 €. Die Differenz zwischen dem Kapitalwert mit und ohne Option beträgt 1.590,91 € und charakterisiert den Wert der Realoption an sich.

Diese 1.590,91 € können den Mehrwert des eigentlichen Projektes, d. h. des Start-ups, ausmachen! Sollten Sie nämlich das Start-up aufkaufen und nicht selbst gründen, ist die Wahrscheinlichkeit hoch, dass der Kaufpreis für das Start-up so hoch liegen wird, wie wir ihn ohne Option abgeschätzt haben. In diesem Fall (und unter der Annahme, dass sich sonst an keiner Gewinnschraube drehen lässt) bestünde Ihr Gewinn im Barwert der Realoption über 1.590,91 €. Da fragt sich natürlich nur noch, ob man das Geld nicht anderweitig (Stichwort: Opportunitätskosten!) sinnvoller anlegen könnte, da die nächste Miete in London-Mitte für die Büroräume ansteht und man mit 1.590,91 € nicht so prächtig dasteht. Aber das soll uns hier nicht weiter kümmern ...

Es kann also festgehalten werden: Eine Realoption zeichnet sich vor allem dadurch aus, dass man wählen kann, ob man sie ausübt. Das bedeutet, dass dieser Flexibilität ein (Kapital-)Wert zugewiesen wird und man die Freiheit hat zu entscheiden, ob man die Option ausübt, so dass der Option auf jeden Fall ein positiver Wert über 0 zugewiesen wird (wovon sollten wir denn die Miete bezahlen, wenn wir *gezwungen* wären, eine nicht lohnenswerte „Option" auszuüben?). Vor diesem Hintergrund ist das o. g. Beispiel mit nur einer Zukunftsperiode stark vereinfacht, doch als Basiswissen für ein Finance-Interview sehr nützlich – im Interview können oft nur Kopfrechenaufgaben gelöst werden, und das Abdiskontieren gewichteter Cash Flows zählt dabei sicherlich zu den nützlicheren Übungen.

I.3. Finanzierungsformen

Angenommen, wir hätten in das o. g. Start-up investiert, so gilt es nun für unsere Freunde beim Start-up, eine adäquate Finanzierungsform zu finden. Die Kollegen werden grundsätzlich zwei Methoden der Finanzierung in Betracht ziehen: *Eigen- und Fremdfinanzierung.*

Fremdkapital gilt als günstiger als Eigenkapital, da unter anderem die Zinszahlungen steuerlich absetzbar sind. Doch kann man sich aber nicht aufgrund von Steuervorteilen grenzenlos verschulden; ab einem gewissen Verschuldungsgrad treten Kosten des Bankrotts auf. *Diskussion hin oder her: Im Interview kann es recht hilfreich sein, im Hinterkopf zu behalten, dass Zinszahlungen den Jahresüberschuss mindern und somit zu reduziertem Steueraufkommen führen.*

Zum Eigenkapital: Bei einer Eigenkapitalerhöhung emittieren börsennotierte Unternehmen mehr Aktien. Es werden dann junge Aktien zu einem Preis emittiert, der oft unter dem derzeitigen Marktwert liegt. Dadurch kann den alten Aktionären der Kursverlust ausgeglichen werden; dies geschieht über sog. Bezugsrechte.

Zunächst ist in solchen Fällen der neue Mischkurs zu berechnen:

$$Mischkurs = \frac{Anzahl_{alte\ Aktien} \times B\ddot{o}rsenkurs + Anzahl_{neue\ Aktien} \times Emissionskurs}{Anzahl_{alte\ Aktien} + Anzahl_{neue\ Aktien}}$$

Anhand der Anzahl der neuen und alten Aktien kann auch das Bezugsverhältnis kalkuliert werden: $Anzahl_{alte\ Aktien}$ / $Anzahl_{neue\ Aktien}$ = *Bezugsverhältnis*, d. h. für x alte Aktien erhält jeder Aktionär das Bezugsrecht, eine neue Aktie zum vergünstigten Emissionskurs zu beziehen. Der Wert des Bezugsrechtes entspricht der Entwertung des Marktwertes der Aktien, ist also die Differenz zwischen dem alten Börsenkurs und dem Mischkurs.

Mit den Bezugsrechten können Aktionäre wie folgt umgehen:

1) Sie verkaufen die Bezugsrechte.
2) Sie beziehen mittels ihrer Bezugsrechte junge Aktien.

Interviewfragen, die z. B. Berechnungen für Eigenkapitalerhöhungen einbeziehen, zielen oft darauf ab, die Konzentration und die Kopfrechen-künste des Kandidaten zu bewerten.

Ein einfaches Beispiel:

Wenn der alte Aktienkurs bei 30 € (300.000 Aktien) lag, der neue bei 10 € liegt und 100.000 Aktien emittiert werden, dann entspricht der Mischkurs:

$$\frac{300.000 \times 30\ € + 100.000 \times 10\ €}{300.000 + 100.000} = 25\ €$$

I.4. Kapitalkosten

In dieser Sammlung der wichtigsten Grundtheorien zu Investition und Finanzierung soll an dieser Stelle keineswegs das halbe Grundstudium wiederholt werden. Konzentrieren wir uns bei den Kapitalkosten also auf das Wesentliche: den WACC-Zinssatz. Die Kapitalkostentheorie werden Sie immer dann anwenden, wenn Sie zukünftige (nicht mit Sicherheit bestimmbare) Cash Flows abdiskontieren müssen, um den Barwert einer Investition oder eines Finanzinstruments zu bestimmen.

Der WACC (=Weighted Average Cost of Capital) entspricht den gewichteten durchschnittlichen Kapitalkosten und berechnet sich wie folgt: (*MW = Marktwert = Eigenkapital + Fremdkapital (=EK + FK)*):

$$WACC = EK\text{ - }Kosten \; x \; \frac{EK}{MW} + FK\text{ - }Kosten \; x \; (\,1 - Steuersatz\,) \; x \; \frac{FK}{MW}$$

Die Eigenkapitalkosten entsprechen den Renditeerwartungen der Eigenkapitalgeber, wohingegen die Fremdkapitalkosten nichts anderes sind als Zinszahlungen. So erklärt sich auch die Multiplikation mit *(1 – Steuersatz)*, da Zinsen steuerlich abzugsfähig sind. Wie bereits erwähnt, schmälern Zinszahlungen den Jahresüberschuss und somit die Steuerlast. Dieser Effekt wird bei der Kalkulation der gewichteten Kapitalkosten berücksichtigt.

Der WACC-Zinssatz findet seine Anwendung zumeist bei der DCF-Bewertung von Unternehmen (dazu später mehr). Allerdings ist die Frage nach den Kapitalkosten gleichzeitig der Schnittpunkt mehrerer Kapitel bzw. Betrachtungsobjekte dieses Buchs. In Equities-Abteilungen einer Investmentbank liegt der Fokus auf der zu erwartenden Rendite auf Aktien, was der Modellierung der Eigenkapitalkosten gleichkommt. Schließlich stellen jene die Forderungen (= Erwartungen) der Eigenkapitalgeber (also der Aktionäre) dar. Parallel hierzu verhält sich die Analyse der Fremdkapitalkosten, beispielsweise bei der Emission von Anleihen. Während im M&A der Kapitalkostensatz an sich von Interesse ist, fokussieren sich die Ratingagenturen auf bemessbare Risiken, z. B. Kreditrisiko oder Ausfallwahrscheinlichkeiten von Zahlungsverpflichtungen. Diese Komponente kann dann wiederum als Input in die Kalkulation der Eigen- und Fremdkapitalkosten einfließen (das Risiko für Gläubiger *und* Aktionäre einer fremdfinanzierten Unternehmung ist eine steigende Funktion der Fremdkapitalquote).

I.5. Capital Asset Pricing Model (CAPM)

Mittels des CAPM werden die Eigenkapitalkosten kalkuliert; die Formel lautet:

EK-Kosten = risikoloser Zinssatz + β (Marktrendite – risikoloser Zinssatz)

Der risikolose Zinssatz ist jene Rendite, die ohne Risiko erzielt werden kann. Als risikoloser Zinssatz wird in der Praxis die aktuelle Rendite für kurzfristige Geldanlagen verwendet. Berücksichtigen Sie hierbei, dass die Maturität dieser Anlagen sich am Horizont des letzten vorherzusagenden Cash Flows in Ihrem Bewertungsmodell (vor allem bei der DCF-Methode!) orientiert. Die Marktrendite addiert dann zum risikolosen Zinssatz eine Marktprämie (das systematische Marktrisiko wird durch eine Prämie vergütet), spiegelt somit die Rendite einer Anlage im Markt (z. B. in Aktien) wider.

Das Beta (ß) steht für das „Marktrisiko", also die relative Volatilität einer Anlage, die durch Marktrisiken erklärt werden kann, gegenüber der Volatilität des Marktes, also (M=Markt; i=Anlage):

$$\beta = \frac{\text{systematisches Risiko}_{\text{Anlage } i}}{\text{Marktrisiko}} = \frac{\rho_{M,i} \times \sigma_i}{\sigma_M} \quad und \quad \left(da \; \rho_{M,i} = \frac{\sigma_{M,i}}{\sigma_M \times \sigma_i} \right)$$

$$= \frac{\sigma_{M,i} \times \sigma_i}{\sigma_M \times \sigma_i \times \sigma_M} = \frac{\sigma_{M,i}}{\sigma_M^2}$$

Da ein Finance-Interview aber keine Statistikübung darstellt, belassen wir es hierbei. Die viel wichtigere Anwendung des Beta erfolgt im Abschnitt über Mergers & Acquisitions, da sich das Beta für eine fremdfinanzierte und rein eigenfinanzierte Unternehmung anders berechnet.

II. Investmentbanking

Um die für das Investmentbanking relevanten theoretischen Grundlagen zu strukturieren, nehmen wir an diesem Punkt eine Zweiteilung vor: Im ersten Teil stellen wir Ihnen ein theoretisches Grundgerüst für das M&A-Geschäft vor. Im zweiten Teil konzentrieren wir uns auf das Kapitalmarktgeschäft einer Investmentbank, d. h. Equities, Debt und Derivate.

II.1. Fusionen & Übernahmen (M&A)

Fusionen und Übernahmen oder – auf Englisch – Mergers and Acquisitions (kurz: M&A) prägen das Bankenbild und vor allem die Wirtschaft seit geraumer Zeit. Investmentbanken bieten in diesem Kontext „M&A Advisory", also eine Beratungsdienstleistung an. Sie versuchen, die Unternehmen „korrekt" zu bewerten und die Transaktion so zu strukturieren, dass sie wirtschaftlich (sinnvoll) ist.

M&A gilt oft als Königsdisziplin im Investmentbanking, was sich meist dadurch erklärt, dass die Transaktionsvolumina in diesem Zweig am höchsten ausfallen. Doch das liegt in der Natur des Geschäfts: Es werden nun einmal ganze Unternehmen, teils börsennotiert, verkauft und keine losgelösten Investmentprodukte. Wer allerdings ein zweites Auge auf die Gewinn- und Verlustrechnung einer Bank wirft, wird schnell erkennen, dass M&A nicht mehr und auch nicht weniger Profit einfährt als jegliche andere Produkte einer Bank. Dies hemmt allerdings keineswegs die Popularität dieser Disziplin, in der es zumeist um Unternehmensbewertungen geht.

Die Unternehmensbewertung wird also Kern dieses Kapitels sein. Des Weiteren möchten wir darauf hinweisen, dass ein beachtlicher Teil der Terminologie unübersetzt, also auf Englisch bleibt. Englisch dominiert sowohl das Geschäft als auch – und das interessiert am meisten – die Interviewsprache. Es ist sehr gängig, von einem Balance Sheet statt von einer Bilanz zu sprechen. Daher werden im Folgenden bewusst die englischen Fachbegriffe eingeführt.

II.1.1. Warum fusioniert und übernimmt man?

Bevor wir zur Unternehmensbewertung und technischen Fragestellungen kommen, sollte allerdings kurz diskutiert werden, warum Unternehmen überhaupt andere Unternehmen übernehmen oder mit diesen fusionieren.

1) Synergien! Auf diese Art und Weise können die Technologie, der Marktanteil und sonstige Expertise des anderen Unternehmens genutzt werden.

2) Eine Akquisition eines Unternehmens ist oft auch die Umsetzung einer generischen Wettbewerbsstrategie. So können neue Produkte und Märkte akquiriert werden, um neue Kundengruppen anzusprechen, die man bis dato als einzelnes Unternehmen nicht bedienen konnte.

3) Oft werden Unternehmen übernommen, um deren Marke zu akquirieren.

4) Und der Kreis schließt sich wieder bei den Synergien: Wenn zwei Unternehmen zusammengeführt werden und unter Umständen ähnliche Produkte vertreiben, dann werden durch M&A Skaleneffekte realisiert und folglich Kosten reduziert, die zu erhöhter Profitabilität führen.

Und warum sollte man nicht fusionieren oder übernehmen? Hier gäbe es einige Aspekte, von denen einer die oft sehr schwierige Post-Merger-Integration (kurz: PMI) darstellt. Hier ist vor allem ein „clash of corporate cultures" zu vermeiden (denken Sie an aktuelle Beispiele und führen Sie jene durchaus im Interview an, wenn Sie einen ähnlichen Fall diskutieren!).

Zusammengefasst kann man folgende Entscheidungsfaktoren für M&A-Transaktionen festhalten:

Better-off	Cost of entry	Attractiveness	Culture
Profitiert der Käufer von der Akquisition?	Ist der Kapitalwert positiv, sind also die Akquisitions- kosten niedriger als die erwarteten Einnahmen?	Ist die angepeilte Industrie attraktiv? Was sagen Porter's Five Forces dazu?	Sind die beiden Unternehmens- kulturen inte- grationsfähig/ kompatibel?

II.1.2. Grundlagen der externen Rechnungslegung

Um ein Unternehmen bewerten zu können, was – zumindest im Hinblick auf die Zahlen – auf Basis des sog. Financial Modelling geschieht, müssen die Inputs bekannt sein. Diese kommen aus den Financial Statements. Daher findet man auch oft den Begriff Financial Statement Modelling anstelle von Financial Modelling, wenn es um Modellierung und Unternehmensbewertung im Bereich M&A geht.

Die für uns relevanten Grundlagen der externen Rechnungslegung heißen in der bei den zumeist amerikanischen Investmentbanken gängigen englischen Terminologie wie folgt:

- Bilanz – Balance Sheet
- Gewinn- und Verlustrechnung – Income Statement
- Cash Flow Statement

Der Aufbau einer Bilanz sollte bekannt sein:

AKTIVA	PASSIVA
ASSETS	**EQUITY**
	LIABILITIES

Unter Equity (also Eigenkapital) findet man den Teil eines Unternehmens, der an die Eigenkapitalgeber (Investoren) geht. Dem stehen die Liabilities (Verbindlichkeiten) gegenüber, die das Unternehmen den Gläubigern schuldet. Equity und Liabilities werden zumeist als Equity und Debt bezeichnet und entsprechen zusammen den Assets eines Unternehmens.

Der Jahresüberschuss oder -fehlbetrag der Gewinn- und Verlustrechnung (kurz: GuV) erhöht oder reduziert die Eigenkapitalposition (Equity). Somit erklärt sich der Zusammenhang zwischen Balance Sheet und Income Statement. Der Jahresüberschuss lässt sich folgendermaßen herunterbrechen:

Sales
- COGS (Cost of Goods Sold)
= Gross Profit
- Operating Expenses
= Operating Income / EBITDA (Earnings before Interest, Tax, Depreciation and Amortization)
- Depreciation and Amortization
= Net Operating Income / EBIT (Earnings before Interest and Tax)
- Net Interest Expense
= EBT (Earnings before Tax)
x (1–tax rate)
= Net Income
- Dividenden
= Retained Earnings

Bleibt das Cash Flow Statement: Dieses unterscheidet zwischen drei Arten von Cash Flows: solchen aus Operating, Investing und Financing Activities. Unter Operating Activities versteht man grundsätzlich alles, das durch das Income Statement läuft. Die Investing Activities stocken dagegen die Asset-Seite auf, während Financing Activities das Verhältnis zwischen Equity und Debt festhalten. Die folgende Tabelle zeigt, welche Positionen die jeweiligen Cash Flows erhöhen oder senken:

Cash Flows from Operating Activities	+ Jahresüberschuss / – Jahresfehlbetrag + Abschreibungen – Erhöhung der Forderungen + Erhöhung der kurzfr. Verbindlichkeiten
Cash Flows from Investing Activities	– Kauf einer Immobilie + Verkauf eines Langzeit-Investments (z. B. Immobilien)
Cash Flows from Financing Activities	– Dividendenausschüttung + Eigenkapitalerhöhung durch Aktienemission

II.1.3. Unternehmensbewertung oder: What it's all about

Die Grundlagen der externen Rechnungslegung befähigen einen Banker zur Unternehmensbewertung, genauer: zur Kalkulation von Cash Flows. Ausgerechnet wird nämlich der Unternehmenswert (Firm Value). Dieser kann entweder als Anreihung auf die Gegenwart abdiskontierter zukünftiger Cash Flows oder als sog. Multiple interpretiert werden. Aber Schritt für Schritt ...

Der Unternehmenswert (Firm Value) umfasst alle Beteiligten an einem Unternehmen: Investoren/Eigentümer und Gläubiger (das können Banken, Individuen etc. sein). Den aktuellen Marktwert des Eigenkapitals eines Unternehmens kalkuliert man relativ leicht über die Marktkapitalisierung; diese entspricht bei einem börsennotierten Unternehmen dem Aktienpreis multipliziert mit der Zahl der emittierten Aktien. Unter den Banken gibt es zumeist andere Auffassungen bzgl. der Begrifflichkeiten, da es nicht 100-prozentig korrekt ist, den Equity Value (Marktwert) eines Unternehmens mit dessen Marktkapitalisierung gleichzusetzen. Wir nehmen dies allerdings im Folgenden an.

Wie kommt man nun vom Equity Value zum Firm Value (auch Enterprise respektive Asset Value genannt)? Da der Marktwert lediglich die (Eigenkapital-)Investoren umfasst, fehlen nur noch die Gläubiger (wir erinnern uns: Equity → Investoren; Debt → Gläubiger). Diese werden in einem Block namens Net Debt abgehandelt. Net Debt entspricht

Debt – Cash. Unter Debt versteht man Long-term Debt, Short-term Debt, Minority Interest sowie Preferred Stock. Die Definition von Langfrist- und Kurzfristverbindlichkeiten liegt auf der Hand. Minority Interest sind Minderheitsbeteiligungen. Wenn beispielsweise ein anderes Unternehmen in der Art an unserem fiktiven Unternehmen beteiligt ist, dass es unser Unternehmen nicht kontrolliert (also nicht über 50 % der Stimmrechte besitzt), dann wird genau diese Beteiligung in unserer Bilanz ausgewiesen, und zwar als Minority Interest. Jeweilige Jahresüberschüsse dieser Minderheitsbeteiligung schulden wir den Minderheitsbeteiligten, so dass Minority Interest als Verbindlichkeit auf unserer Bilanz ausgewiesen wird. Unter Preferred Stock letztendlich versteht man nichts anderes als Vorzugsaktien. Das bedeutet, dass die Inhaber dieser Vorzugsaktien im Falle einer Liquidierung gegenüber den Inhabern gewöhnlicher Aktien (auch Ordinary Shares genannt) zuerst ausgezahlt werden. Vorzugsaktien haben keinerlei Stimmrechte, was sie erneut von gewöhnlichen Aktien unterscheidet.

Was versteht man unter Cash? Cash, aber auch Cash Equivalents wie z. B. Marketable Securities (diese sind oft im ausführlichen F-20-Bericht der börsennotierten Unternehmen auffindbar) sind beispielsweise Anleihen und Aktien von anderen Unternehmen.

Vorsicht: Ziehen Sie Cash nur dann von Debt ab, wenn Cash auch tatsächlich dazu genutzt wird, um Debt abzubezahlen. Dies ist genau dann der Fall, wenn die Zinsen, die Sie auf den Cash erhalten, niedriger sind als die Zinsen, die für Ihr Debt fällig sind. Dies macht ökonomisch Sinn, da Sie sonst keinerlei Debt heute abbezahlen würden, sondern tendenziell morgen (übermorgen, überübermorgen...). Dies rührt daher, dass Sie in der Zeit mehr Geld durch das Anlegen des Cash verdienen würden, als Sie durch die Zinszahlungen (auf Ihr Debt) verlieren würden.

Der Firm Value entspricht nun dem Equity Value zuzüglich Net Debt, wobei Net Debt sich aus der Differenz zwischen Debt und Cash errechnet (Net Debt = Debt – Cash).

Zusammenfassend kann man also illustrieren:

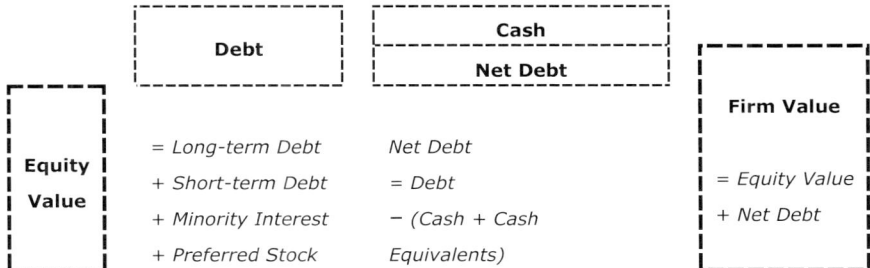

Ganz rechts sehen wir also das Ziel bzw. hoffentlich auch das Ergebnis einer jeden Unternehmensbewertung: den Firm Value.

Mögliche Interviewfrage hierzu: ***Wie errechnet man den Equity Value aus dem Firm Value?***

Um den Firm Value zu kalkulieren, gibt es verschiedene Methoden, von denen bei Investmentbanken die folgenden zwei überwiegend eingesetzt werden: Die Discounted-Cash-Flow-Methode (DCF) interpretiert den Firm Value als die Summe der auf die Gegenwart abdiskontierten zukünftigen Cash Flows der Unternehmung. Dieses Modell basiert auf sehr starken Annahmen und ist dementsprechend sensibel gegenüber Veränderungen derselben. Es ist trotzdem sehr gängig und dominiert das Feld der Unternehmensbewertung (Valuation).

Als zweite wichtige Methode gelten Multiples. Hierbei wird das zu analysierende Unternehmen einfach mit Peer Companies (weitere Unternehmen in derselben Industrie) verglichen, von denen man sog. Multiples bereits hat: Diese Multiples basieren auf dem Verhältnis zwischen dem Unternehmenswert und einer Finanzkennziffer, so dass die Multiplikation mit der entsprechenden Finanzkennziffer des zu bewertenden Unternehmens zu einer annähernden Kalkulation des dazugehörigen Unternehmenswerts führt.

Multiples werden verwendet, wenn sehr wenige Angaben über ein Unternehmen gegeben sind. Dies ist beispielsweise in den ersten Runden von

Bieterprozessen der Fall, wenn das Unternehmen nicht öffentlich gelistet ist. Je mehr Informationen gegeben sind, desto eher kommt die DCF-Methode zum Tragen (und desto eher funktioniert jene auch).

II.1.3.1. Discounted-Cash-Flow-Methode (DCF)

Zunächst versuchen wir, die DCF-Methode zu durchdringen. Eine DCF-Bewertung funktioniert wie die Kalkulation des Kapitalwerts, mit dem Unterschied, dass hier nicht immer der gleiche Zinssatz zum Tragen kommt und man im Voraus festlegen muss, wie man die Cash Flows kalkuliert. Grundsätzlich unterscheidet man drei Methoden, und zwar jeweils für den Equity Value, Firm Value und Adjusted Present Value (APV). Wir behandeln die ersten beiden Methoden gemeinsam und betrachten den APV separat.

Je nach Methode verwendet man unterschiedliche Cash-Flow-Definitionen, für die Firm-Value-Methode sinnvollerweise den *Free Cash Flow to the Firm*, der sich folgendermaßen zusammensetzt:

Free Cash Flow to the Firm
= Net Income
+ Depreciation & Amortization
+ After-tax Net Interest Expense
+ Other Non-cash Charges
− Capital Expenditure (CapEx)
− Δ Net Working Capital

Zugegeben: Das hört sich alles sehr englisch an. Und das ist es ja auch. Bemühen wir uns also um eine verständliche Übersetzung:

Ein Cash Flow soll genau die Einnahmen berücksichtigen, die eine Einzahlung bewirken, und genau die Ausgaben davon abziehen, die eine Auszahlung zur Folge haben. Der Unterschied zwischen Einnahmen / Ausgaben und Einzahlungen / Auszahlungen ist, dass nur Letztere wirklich zu einem Eingang oder Ausgang von Geld führen. Alle

Einnahmen, die keine Einzahlungen sind, werden vom Cash Flow abgezogen, und alle Ausgaben, die keine Auszahlungen sind, werden zum Cash Flow hinzuaddiert. Die simpelste Rechnung „Einzahlungen minus Auszahlungen" ist der Jahresüberschuss, unser Net Income. Hierzu addieren wir die Abschreibungen (Depreciation) sowie die Abschreibung immaterieller Vermögensgegenstände (Amortization). Die Abschreibung immaterieller Vermögensgegenstände ist nur dann möglich, wenn jene entgeltlich erworben (=derivativ) bzw. nicht vom Unternehmen selbst erschaffen (=originär) wurden. Derivativer Goodwill entsteht z. B. beim Kauf eines anderen Unternehmens, wohingegen ein Patent als originärer Goodwill gilt.

Alle weiteren Ausgaben, die keine Auszahlungen sind, werden auch hinzuaddiert (Other Non-cash Charges). Doch was sind die „After-tax Net Interest Expenses"? Die Aufnahme von Schulden bedeutet, dass man Zinsen zahlt. Diese Zinsauszahlungen (netto, denn man hat u. U. auch Zinseinzahlungen) vermindern den Jahresüberschuss und somit die Steuerlast. Die After-tax Net Interest Expense wird zum Jahresüberschuss nach Steuern (und nach Zinszahlungen) hinzuaddiert, der Steuereffekt also nicht berücksichtigt. Ist diese Vorgehensweise gerechtfertigt? Wenn wir bedenken, dass wir diesen Free Cash Flow mit (After-tax) WACC abzinsen werden, bleibt die Vorgehensweise korrekt und trägt dem Steuereffekt angemessen Rechnung. After-tax Net Interest Expense errechnet man folgendermaßen:

Interest Expense
– Interest Income
= Net Interest Expense
x (1 – Tax Rate)
= After-tax Net Interest Expense

Die After-tax Net Interest Expense stellen den subtilsten Unterschied zwischen dem Free Cash Flow to the Firm (FCFF) und dem Free Cash Flow to Equity (FCFE) dar. Während der FCFF ein Cash-Flow nach Steuern, aber vor Fremdfinanzierung ist (schließlich werden die Zahlungsströme an alle Stakeholder der Unternehmung berücksichtigt), ist der FCFE ein Cash

Flow nach Steuern und nach Fremdfinanzierung (d. h. nur die Zahlungs-ströme an die Eigenkapitalgeber werden berücksichtigt). Dadurch ist der FCFF ein Cash Flow, der unabhängig von der Kapitalstruktur ist, da man annimmt, die Unternehmung sei komplett eigenfinanziert (dies ist nicht paradox, da man explizit die gesamten Zahlungsströme an alle Kapital-geber berücksichtigt und jene folglich eine Einheit im Modell bilden!). Beim FCFE wird dagegen explizit der Fremdfinanzierung Rechnung getragen, da die Eigenkapitalgeber separat von anderen Stakeholdern wie den Fremdkapitalgebern betrachtet werden. Daraus ergibt sich für das Verhältnis zwischen FCFE und FCFF:

FCFF = FCFE + After-tax Net Interest Expense – Netto-Erhöhungen in den Schulden (Debt)

Was versteht man des Weiteren unter Capital Expenditure (kurz: CapEx)? Dies sind lediglich Ausgaben für den Kauf und die Instandhaltung von Long-term Assets wie z. B. Immobilien. Wie im früheren Kapitel über die Grundlagen der Externen Rechnungslegung erklärt, findet man die CapEx im Cash Flow Statement unter Cash Flows from Investing Activities.

Zu guter Letzt bleibt das Δ Net Working Capital. Dies umfasst die Forderungen + Inventar abzüglich der Verbindlichkeiten. Damit wird klar, dass ein positives Δ Net Working Capital (mehr Forderungen und Inventar als Verbindlichkeiten) vom Net Income abzuziehen (Einnahmen, die noch keine Einzahlungen sind) und ein negatives Δ Net Working Capital (mehr Verbindlichkeiten als Forderungen und Inventar) zum Net Income (Ausgaben, die noch keine Auszahlungen sind) hinzuzuaddieren ist. Das Delta (Δ) berechnet die Veränderungen (also Erhöhung oder Reduktion des Net Working Capital) zur Vorperiode.

Heraus kommt ein *Free Cash Flow to the Firm (FCFF)/Free Cash Flow to Equity (FCFE)*, mit dem man den Firm Value/Equity Value kalkuliert.

Mögliche Interviewfrage hierzu: **Wie erhält man Schritt für Schritt aus Sales (Umsatz) den Free Cash Flow to the Firm?**

Man kann vereinfachend auch folgende FCFF-Formel anwenden, die lediglich Net Income + After-tax Net Interest Expense als EBIT (Earnings before Interest and Tax) x (1 – Tax Rate) zusammenfasst:

EBIT x (1 – Tax Rate)
+ Depreciation & Amortization
+ Other Non-cash Charges
– Capital Expenditure (CapEx)
– Δ Net Working Capital

Nun werden die Free Cash Flows to the Firm mit dem WACC abdiskontiert, während die FCFE mit den Eigenkapitalkosten einer fremdfinanzierten Unternehmung abdiskontiert werden.

Da bleibt nur ein Freiheitsgrad, den wir beiseite schaffen müssen: das Beta zwecks Kalkulation der Eigenkapitalkosten.

Das Beta berechnet man wie folgt:

Wir brauchen ein sogenanntes levered Beta, da wir keine rein eigenfinanzierte Firma annehmen. Dieses errechnet sich aus dem unlevered Beta, sofern das levered Beta nicht schon gegeben sein sollte:

$\beta^L = \beta^U \times [1+(1 - Tax\ Rate) \times Debt\ /\ Equity]$

Die Grundannahmen sind hier, dass unser Debt konstant ist und keinerlei Risiko hat, Zahlungsfähigkeit also angenommen werden kann.

Die hier benutzte Relation zwischen Debt und Equity bezieht sich auf die sog. Target Ratios, die für eine Langfristsicht nach der Übernahme gelten. Der Käufer könnte nämlich Finanzierungsmaßnahmen vornehmen wollen, welche den Verschuldungsgrad Debt / Equity betreffen würden (z. B. eine stärkere Fremdfinanzierung). Darüber hinaus gilt allgemein, dass Marktwerte von Debt und Equity anzuwenden sind. Der Marktwert des Equity entspricht bei einem börsennotierten Unternehmen der Zahl der emittierten Aktien multipliziert mit dem Aktienpreis. Der

Marktwert der Schulden entspricht vereinfacht (unter der Annahme ausbleibenden Kreditrisikos) in etwa dem Buchwert.

Die Eigenkapitalkosten einer fremdfinanzierten Unternehmung errechnen Sie mittels der zuvor vorgestellten CAPM-Formel, wobei Sie das levered Beta benutzen. Dies sind gleichzeitig die Eigenkapitalkosten, welche in Ihre WACC-Kalkulation einfließen.

Um Ihnen ein Gefühl für typische Industriewerte zu geben, sollten Sie sich folgende Tabelle anschauen:

Industrie	FK/(FK+EK) [in %]	Levered Beta	WACC [in %]
Elektrizität und Gas	43,2	0,58	8,1
Ernährung	22,9	0,85	11,0
Papier und Plastik	30,4	1,03	11,4
Retail	21,7	1,19	13,2
Chemie	7,3	1,34	14,7
IT	3,5	1,33	16,2

Annahmen: Risikoloser Zins @ 6 %, Marktprämie @ 8 %, Fremdkapitalkosten @ 7,5 %, Steuer @ 35 %

Jetzt, wo wir wissen, was wir abdiskontieren (die Free Cash Flows) und mit welchem Zinssatz (dem WACC bzw. den Eigenkapitalkosten einer fremdfinanzierten Unternehmung), können wir uns konkrete Gedanken über das DCF-Bewertungsmodell machen.

Da die Bewertungen für Equity und Firm Value methodisch äquivalent sind, fahren wir exemplarisch mit dem Firm Value fort.

Für den Firmenwert einer Unternehmung, deren Cash Flows wir im Zeitraum von t=0 bis t=n kennen, gilt:

$$Firm\ Value \ = \ FCFF_{t=0} \ + \ \frac{FCFF_{t=1}}{(1+WACC)} \ + \ ... \ + \ \frac{FCFF_{t=\infty}}{(1+WACC)^n}$$

Aber was ist der „letzte" Cash Flow? Wir können schließlich nicht bis in die Ewigkeit Cash Flows explizit vorhersagen. Hierfür gibt es die Perpetual Growth Rate (g). Diese „ewige Wachstumsrate" gibt an, um wie viel Prozent die Cash Flows ab einem gewissen t=n bis in die Ewigkeit hinein steigen. Der Free Cash Flow in t=n ist folglich der letzte uns bekannte Cash Flow. Auf diese Art und Weise kalkuliert man den Terminal Year Free Cash Flow (TYFCF):

$$TYFCF = \frac{FCF_{t=n} \times (1 + g)}{(WACC - g)}$$

Dieser Terminal Year Free Cash Flow wird zum Free Cash Flow in t=n hinzuaddiert und mit jenem diskontiert, so dass die endgültige Firm Value-Formel mittels DCF-Bewertung folgendermaßen lautet:

$$Firm\, Value = FCFF_{t=0} + \frac{FCFF_{t=1}}{(1 + WACC)} + ... + \frac{FCFF_{t=n} + TYFCF}{(1 + WACC)^n}$$

In einem Interview kann eine „technische" Frage darauf abzielen, diesen Prozess zu erläutern. Da es zeitlich keinen Sinn macht, unzählige fiktive Cash Flows in einem Interview abzudiskontieren, bleiben derartige Rechnungen den Kandidaten in den normalerweise 30-minütigen Einzelinterviews erspart.

Zum Schluss kommen wir zur **Adjusted-Present-Value-Methode**: Auch hier wird von einer komplett eigenfinanzierten Unternehmung ausgegangen, so dass mit Free Cash Flows to the Firm (FCFF) gearbeitet wird. Die Besonderheit bei der APV-Methode besteht darin, dass sämtliche Finanzierungseffekte auf den Firm Value separat berücksichtigt werden. Auf die Art und Weise errechnet sich der Firm Value aus den abdiskontierten Free Cash Flows to the Firm zuzüglich des abdiskontierten Gesamteffekts der Finanzierung. Da die Finanzierung nun gesondert behandelt wird, werden die Free Cash Flows to the Firm nicht mehr wie gehabt mit dem WACC abdiskontiert, sondern mit den Eigenkapitalkosten einer eigenfinanzierten Unternehmung. Jene errechnen sich über die CAPM-Formel, allerdings unter Hinzunahme des unlevered(!) Beta.

Was nun den Finanzierungseffekt angeht, sollten wir uns noch einmal ins Bewusstsein rufen, was darunter überhaupt zu verstehen ist, nämlich z. B. der die Steuerlast reduzierende Effekt von Zinszahlungen. Mit welcher Sicherheit dieser Effekt eintritt, beeinflusst allerdings den Zinssatz, mit dem wir den Barwert des Effekts ermitteln. Grundsätzlich berechnet sich der o. g. Finanzierungseffekt (auch Tax shield genannt):

Tax shield = Tax rate x FK-Kosten x FK

Bei der Abdiskontierung gilt nun folgende Faustregel (wir gehen davon aus, dass dieser Effekt „bis in die Ewigkeit" anhalten wird, so dass wir lediglich durch den jeweiligen Zinssatz dividieren):

Es wird mit den FK-Kosten abdiskontiert, d. h. der Barwert entspräche dann *Tax Rate x FK-Kosten x FK / FK-Kosten = Tax Rate x FK*, falls die Fremdkapitalhöhe konstant ist. Sollte lediglich das Verhältnis *FK / (FK+EK)* als konstant angenommen werden, dann wird wie bei den FCFFs mit den Eigenkapitalkosten einer eigenfinanzierten Unternehmung abdiskontiert. Die ökonomische Begründung hierfür ist, dass das Risiko des Steuerspareffekts dem Risiko der Assets der Unternehmung entspricht (Assets, weil jene logischerweise dem Eigenkapital einer nicht fremdfinanzierten Unternehmung gleichkommen).

Hieraus leitet sich ein wichtiger Hinweis für die Anwendbarkeit der APV-Methode ab: Sollte die Fremdkapitalhöhe während der Laufzeit des zu betrachtenden Projekts für jede Periode bekannt sein, können die Finanzierungseffekte hier separat bewertet werden (dies ist vor allem für Leveraged Buy-Outs relevant, wo es das Ziel ist, nach jeder Periode Schulden abzubezahlen). Bei der üblichen Kalkulation des Firm Value mittels des WACC-Zinssatzes angenommen, dass das Verhältnis *FK / (FK+EK)* konstant ist. Nur in diesem zweiten Fall erzielen wir eine Äquivalenz der beiden Verfahren!

II.1.3.2. Multiples

Wie gesehen, benötigt man für eine DCF-Unternehmensbewertung sehr viele Input-Daten, allen voran die zukünftigen Cash Flows der Unternehmung. Vor allem bei nicht börsennotierten Unternehmen kommt es zu Problemen. Hier können u. a. Multiples aushelfen.

Wie weiter oben dargelegt, gibt es zwei Sichtweisen: All-Equity (rein eigenfinanziert) sowie levered (fremdfinanziert). Bei einer All-Equity-Sicht errechnet man den Equity Value und bezieht sich beim dazugehörigen Equity-Value-Multiple auf eine Finanzkennziffer, die ausschließlich die Eigenkapitalgeber berücksichtigt. Im Gegensatz hierzu benutzt ein Firm-Value-Multiple eine Finanzkennziffer, die sowohl die Eigenkapitalgeber als auch die Gläubiger berücksichtigt. Die Berücksichtigung von Gläubigern erkennt man zumeist daran, dass z. B. anstelle vom Net Income eine Finanzkennziffer wie EBIT benutzt wird, die auch „Interest" (Zinszahlungen) enthält, was ein Indiz für Fremdfinanzierung ist. Bei einer rein eigenfinanzierten Unternehmung entspräche EBIT nämlich EBT, wobei der EBT-Multiple ein Equity-Value-Multiple ist.

Anhand des zuvor gezeigten Income Statements kann man recht eindeutig zeigen, wo die Linie zwischen Equity-Value- und Firm-Value-Multiples zu ziehen ist:

Sales	
– COGS (Cost of Goods Sold)	
= *Gross Profit*	**Firm**
– Operating Expenses	**Value**
= *Operating Income / EBITDA*	
– Depreciation and Amortization	
= *Net Operating Income / EBIT*	
– Net Interest Expense	
= *EBT*	
x (1 – Tax Rate)	**Equity**
= *Net Income*	**Value**
– Dividenden	
= *Retained Earnings*	

Man unterscheidet also zwischen Equity-Value- und Firm-Value-Multiples, wobei der Equity bzw. Firm Value dabei stets im Zähler steht und z. B. folgende Kennziffern jeweils im Nenner des Multiples stehen (alle kursiv gedruckten Größen in der obigen Tabelle wären theoretisch denkbar!):

Equity-Value-Multiples	Firm-Value-Multiples
Jahresüberschuss (Multiple auch Price to Earnings, kurz: P/E, genannt)	Sales (Umsatz)
After-tax Cash Flow	EBIT
Buchwert des Eigenkapitals	EBITDA
EBT	Free Cash Flow to the Firm

Mögliche Interviewfrage hierzu: **Welcher Multiple ist grundsätzlich höher – EBIT oder EBITDA?**

Wozu ist nun so ein Multiple gut?
Man muss sich zunächst darüber im Klaren sein, welches Unternehmen man bewertet und welche vergleichbaren Unternehmen somit in Frage kommen. Wichtige Kriterien bei dieser Auswahl können sein:

- Produkte
- Produktmix
- geografische Märkte
- Kundenbasis
- Umsatzvolumen
- Profitabilität
- Leverage (Grad der Fremdfinanzierung)

Sind die entsprechenden Peer Companies ausgewählt, errechnet man für diese beispielsweise den P/E-Multiple: Equity Value / Net Income. Dies ergibt mehrere Multiples der Form „5.0x" (ein Fünfer Multiple, d. h. der Equity Value entspricht fünfmal dem Jahresüberschuss). Von diesen Multiples errechnet man daraufhin das arithmetische Mittel bzw. den Median, um einen „industrietypischen" Multiple in der Hand zu haben.

Mit diesem multipliziert man nun das dementsprechende Net Income des zu bewertenden Unternehmens und erhält per definitionem den abgeschätzten Equity Value des zu bewertenden Unternehmens:

Equity Value / Net Income → Median → 5.0x

→ 5 x Net Income$_{zu\ bewertendes\ Unternehmen}$

= Equity Value$_{zu\ bewertendes\ Unternehmen}$

Vorsicht: Je nach Multiple erhält man den Equity Value oder den Firm Value des zu bewertenden Unternehmens. Da allerdings der Firm Value das Ziel der Unternehmensbewertung ist, gilt es, bei allen errechneten Equity Values das Net Debt hinzuzuaddieren, um zum Firm Value zu gelangen!

Aufgabenbeispiele für potenzielle Fragen im Interview:

- Bewertung eines Unternehmens anhand unterschiedlicher Bewertungsmethoden
- Darstellung der Vorgehensweise bei der Ermittlung von Kapitalkosten für eine bestimmte Bewertungsmethode
- Multiples schätzen (unter Angaben von industrietypischen Werten für diverse Finanzkennziffern)
- Bewertungsmethoden generell erklären
- Begründung für die Wahl spezifischer Multiples in unterschiedlichen Industrien (z. B. Finanzdienstleister!)

II.1.3.3. Sonstige Bewertungen

Was gibt es dem hinzuzufügen?

a) Mittels der Multiples vergleicht man Unternehmen miteinander, doch ist es auch möglich, den zu zahlenden Preis für ein Unternehmen, der sich am Firmenwert orientiert, anhand vergleichbarer vorangegangener Unternehmenskäufe festzulegen.

Diese Methode wird stets zu höheren Werten führen als die Kalkulation des Firmenwerts über DCF und/oder Multiples, da im effektiven Kaufpreis bereits die vom Käufer gezahlte Prämie enthalten ist. Wichtig ist hier zu wissen, dass sich diese Prämie u. a. an den Synergien orientiert, die sich der Käufer durch die Akquisition des zu verkaufenden Unternehmens erhofft.

b) Was darüber hinaus den Vergleich von Unternehmen angeht, so ist bis dato angenommen worden, dass die Cash Flows sich stets auf dasselbe Geschäftsjahr (Januar bis Dezember) beziehen. Das geschieht aber nicht häufig, so dass man die Cash Flows „kalendarisieren" muss, um sie vergleichbar zu machen. Man passt hierbei stets die Cash Flows des zu verkaufenden Unternehmens an das Geschäftsjahr des Käufers an.

Wenn das Geschäftsjahr des Käufers von November bis Oktober verläuft, die Cash Flows des zu verkaufenden Unternehmens sich allerdings auf ein Geschäftsjahr von Januar bis Dezember beziehen, kalendarisiert man folgendermaßen:

Unternehmen 1 übernimmt Unternehmen 2.

Unternehmen 1:
11/2002-10/2003: 2.500 €
11/2003-10/2004: 5.000 €

Unternehmen 2:
01/2002-12/2002: 1.000 €
01/2003-12/2003: 1.100 €
01/2004-12/2004: 1.200 €

Gesucht ist der Cash Flow im Zeitraum 11/2003-10/2004 von Unternehmen 2. Da der Ziel-Zeitraum zwei Monate des Jahres 2003 sowie zehn Monate des Jahres 2004 umfasst, addiert man demnach 2/12 der 1.100 € zu 10/12 der 1.200 €, um 2/12 x 1.100 + 10/12 x 1.200 = 1.183,33 € zu erhalten.

c) Schließlich gibt es noch eine Bewertungsmethode, mit der man von Anfang an abschätzen kann, ob ein Merger „accretive" oder „dilutive" ist, will heißen, ob unmittelbar (und ganz explizit nicht langfristig!) nach der Fusion die Earnings per Share (EPS) steigen (Accretive Merger) oder fallen werden (Dilutive Merger). Hierfür vergleicht man jeweils die P/E-Multiples sowie die aktuellen EPS der beiden Unternehmen.

Folgende Tabelle gibt die Kriterien für die jeweilige Bezeichnung der Fusion an:

$P/E_{Käufer} > P/E_{Verkäufer}$ UND $EPS_{Käufer} < EPS_{Verkäufer}$	**→ Accretive Merger**
$P/E_{Käufer} < P/E_{Verkäufer}$ UND $EPS_{Käufer} > EPS_{Verkäufer}$	**→ Dilutive Merger**

Mögliche Interviewfrage hierzu: ***Reicht eines der beiden Kriterien aus? Falls ja, welches? Falls nein, wieso nicht?***

Die manuelle Berechnungsmethode – und damit der wichtigste Hinweis für die Beantwortung dieser Frage – bestünde einerseits darin, die Earnings der beiden Unternehmungen aufzuaddieren und durch die summierte Zahl der Aktien zu dividieren.

Andererseits kann man plausiblerweise annehmen, dass der Kehrbruch des P/E-Multiples (also Net Income / Equity Value = Net Income / (Zahl der Aktien x Aktienkurs)) proportional zu den EPS ist (also Net Income / Zahl der Aktien). Was passiert also, wenn das Unternehmen 1 mit höherem P/E-Multiple (Käufer) das Unternehmen 2 (Verkäufer) akquiriert?

$P/E_{Käufer} = 10 \rightarrow E/P_{Käufer} = 1/10$

$P/E_{Verkäufer} = 5 \rightarrow E/P_{Verkäufer} = 1/5$

Hieraus ergibt sich: *1/10 < 1/5*, also $E/P_{Käufer} < E/P_{Verkäufer}$

Nach der Fusion gilt : $\dfrac{E_{Käufer} + E_{Verkäufer}}{P_{Käufer} + P_{Verkäufer}} = \dfrac{2}{15} > \dfrac{1}{10}$!

Nach der Fusion ist also E/P größer als $E/P_{Käufer}$ und die Fusion somit „accretive". Woran liegt das?

Folgende Definitionen seien gegeben:

$P/E_{Käufer} = x$

$P/E_{Verkäufer} = y$

Wenn *x > y*, dann ist *1/x < 1/y*.

Zu zeigen: $\dfrac{1+1}{x+y} > 1/x$

Durch Multiplikation mit dem jeweiligen Nenner des anderen Terms erhält man:

$\dfrac{x(1+1)}{x(x+y)} > \dfrac{(x+y)}{x(x+y)}$

Dies entspricht:

$\dfrac{2x}{x(x+y)} > \dfrac{x+y}{x(x+y)}$

Und wenn man den Nenner, der gleich ist, weglässt:

2x > x+y

Da *x > y*, ist *2x > x+y*! Somit wäre bewiesen, dass es zu einem Accretive Merger kommt, wenn der Käufer einen höheren P/E-Multiple hat.

Was die EPS angeht, sollte einleuchten, dass die EPS nach der Fusion ansteigen, wenn sie (= die EPS des Käufers) vor der Fusion geringer waren als die EPS des Verkäufers.

Folglich lautet die Antwort auf die potenzielle Interviewfrage: Ja, ein Kriterium allein – egal, welches – reicht aus, aber die beiden Kriterien gehen sowieso immer miteinander einher!

II.2. Kapitalmärkte

In diesem Abschnitt beschäftigen wir uns mit den theoretischen Grundlagen, die in einem Capital-Markets-Interview im Mittelpunkt stehen. Hierfür nehmen wir eine grobe Zweiteilung in Equities und Debt vor. Innerhalb jener Kapitel behandeln wir die Grundlagen des jeweiligen Kapitalmarkts, wobei einige zuvor angesprochene Basics vertieft werden, sowie derivative Strukturen (bzw. die Bewertung solcher Produkte).

II.2.1. Equity Capital Markets

Wie bereits in Kapitel A vorgestellt, sind die Investmentbank-Aktivitäten im Bereich Equities durch Research, Sales und Trading geprägt. Folglich möchten wir Ihnen Grundlagen mit auf den Weg geben, die Sie in allen drei Rollen vor einem Interview abrufbereit haben sollten.

In einem ersten Schritt diskutieren wir weiteres Grundlagenwissen im Bereich Aktienmärkte, bevor wir in einem zweiten Schritt auf die Logik der Optionsbewertung eingehen werden. Letztere sollten Sie vor allem aufgrund ihrer weitläufigen Anwendbarkeit als Vorbereitung auf jede denkbare Tätigkeit im Bereich Kapitalmärkte verinnerlichen.

II.2.1.1. Zur Analyse von Aktienmärkten

Die grundsätzlich marktgetriebene Sicht auf die Eigenkapitalrendite haben wir zuvor durch das CAPM-Modell erläutert. Bei öffentlich gehandeltem Eigenkapital, also Aktien, spielt jene Sicht daher die wichtigste Rolle. Vor diesem Hintergrund untersuchen wir in diesem Abschnitt das CAPM-Modell, dessen Implikationen sowie Implementierung näher. Relevante Interviewfragen könnten um das Verständnis des Modells, aber auch um die Abschätzung einzelner Modellparameter kreisen.

Hierfür sollten wir uns die CAPM-Formel erneut ins Gedächtnis rufen:

Eigenkapitalkosten = risikoloser Zinssatz + β (Marktrendite – risikoloser Zinssatz)

Während es nahezu trivial scheint, den risikolosen Zinssatz anhand der aktuellen Term Structure abzulesen (achten Sie hierbei darauf, dass die Maturität / Laufzeit Ihrem Abschätzungszeitraum der zukünftigen Cash Flows entsprechen sollte), bereitet uns das Beta weit mehr Kopfschmerzen. Wie bereits im M&A-Teil zur Unternehmensbewertung besprochen, spielt hier die Kapitalstruktur der Unternehmung insofern eine Rolle, als dass das Beta entweder levered oder unlevered ist und dementsprechend abgeschätzt werden muss. Doch was ist Beta in der Praxis?

Das Beta spiegelt das Verhältnis zwischen dem systematischen Risiko einer Aktie, d. h. dem Risiko einer Aktie, das explizit durch den Markt erklärt werden kann, und dem Marktrisiko wider. In anderen Worten: Beta entspricht der Steigungsrate in einer Regression (OLS bzw. Kleinstquadratmethode), in der man die Aktienrendite durch die Marktrendite erklären möchte! Mit dieser Interpretation im Hinterkopf können wir schlussfolgern, dass Beta angibt, inwiefern die Veränderung der zu betrachtenden Aktienrendite von einer Veränderung in der Marktrendite abhängt.

Was aber, wenn die zu betrachtende Unternehmung gar nicht öffentlich gelistet ist und dementsprechende Aktien nicht gehandelt werden? Dieses Szenario ist zum einen relevant im M&A, wo Sie viele Unternehmen betrachten, die nicht öffentlich gelistet sind, aber auch in Equity Capital Markets, z. B. wenn Sie Renditen abschätzen müssen, bevor ein Unternehmen gelistet wird, d. h. vor einem IPO.

In diesem Fall sollten Sie wie folgt vorgehen: Betrachten Sie öffentlich gelistete Peer Companies. Jene sind in der Realität meistens fremd-finanziert, so dass Sie von all diesen Unternehmungen levered Betas erhalten können. Diese Betas sollten Sie allesamt unlevern mit folgender Formel zum Verhältnis zwischen unlevered und levered Beta:

$$\beta^U = \beta^L / [1+(1- \text{Tax Rate}) \times \text{Debt} / \text{Equity}]$$

Berechnen Sie daraufhin den Median, d. h. den industrietypischen Wert, für das unlevered Beta unter den Peer Companies. Für die zu bewertende Unternehmung steht Ihnen die geplante Kapitalstruktur zur Verfügung, so dass Sie nun den Median mit eben dieser Kapitalstruktur levern können, um eine Annäherung für das levered Beta Ihrer noch nicht öffentlich gelisteten Unternehmung zu erhalten.

Nachdem wir nun über die Abschätzung des Betas im CAPM-Modell diskutiert haben, bleibt nur noch die Frage nach der Marktprämie, d. h. der Differenz zwischen Marktrendite und risikoloser Rendite. Sollten Sie im Interview auf einen typischen Wert zurückgreifen müssen, könnte es nützlich sein, wenn Sie sich mit folgender Tabelle vertraut machen, die als Richtwerte bzw. Orientierungshilfe eine Zusammenstellung historischer durchschnittlicher Marktprämien enthält:

Land	Marktprämie [in %]
Deutschland	5,9
Großbritannien	6,3
Frankreich	9,3
Benelux	5,7
Skandinavien	6,2
Spanien	5,3
Italien	10,7
Südafrika	8,2
USA	7,6
Japan	10,0
Australien	8,6

Es sollte Ihnen spätestens jetzt auffallen, dass im CAPM-Modell die Aktienrendite durch ein Portfolio bestehend aus risikoloser Investition und Marktrendite erklärt wird; dies ergibt sich durch folgende simple Umstellung:

Eigenkapitalkosten = risikoloser Zinssatz + β (Marktrendite – risikoloser Zinssatz) = (1 – β) x risikoloser Zinssatz + β x Marktrendite

Der Gewichtungsfaktor in diesem Portfolio ist also unser Beta!

In gewisser Weise sind es eben nicht die komplizierten Zusammenhänge, die im Interview gefordert werden, sondern Sie können leicht (und auch hoch) punkten, indem Sie sich firm in den Basics zeigen und die grundsätzlichen Zusammenhänge aus mehreren Blickwinkeln ausleuchten können!

Aufgabenbeispiele für potenzielle Fragen im Interview:

- Abschätzen eines Beta für eine spezifische Industrie
- Eigenkapitalkosten von Firmen mit unterschiedlichen Fremdfinanzierungsgraden abschätzen
- CAPM allgemein erklären

II.2.1.2. Aktienderivate / Optionen

Nachdem wir die Grundlagen der Modellierung von Aktienrenditen besprochen haben, widmen wir uns nun sog. derivativen Strukturen, denen Aktien zugrunde liegen – auch Optionen genannt. So stellt sich zunächst die Frage:

Was ist eine Option?

Es gibt zwei grundsätzliche Arten von Optionen: Eine *Call-Option* ist das Recht, nicht die Pflicht, eine Aktie zu einem im Voraus festgelegten

Ausübungspreis (Strike) zu *kaufen*. Eine *Put-Option* ist dagegen das Recht, nicht die Pflicht, eine Aktie zum Strike zu *verkaufen*.

Der Käufer wird die Option also nur ausüben, wenn er von deren Ausübung profitieren kann. Sollte er die Option nicht ausüben, verfällt sie zum Fälligkeitsdatum, und der Käufer schuldet dem Verkäufer lediglich eine Optionsprämie.

Die Auszahlungsstruktur sieht für den Käufer einer Call-Option bei einem Spot (gegenwärtiger Marktpreis) von 100 und einem Strike von 120 sowie einer Optionsprämie von 5, die der Käufer zahlen muss, folgendermaßen aus (wir berücksichtigen auch die Käuferprämie in unseren Payout-Diagrammen, allerdings stellen Payout-Diagramme üblicherweise ausschließlich die Auszahlung nach der Laufzeit der Option dar, d. h. wir nehmen hier einen Zinssatz von 0 % an):

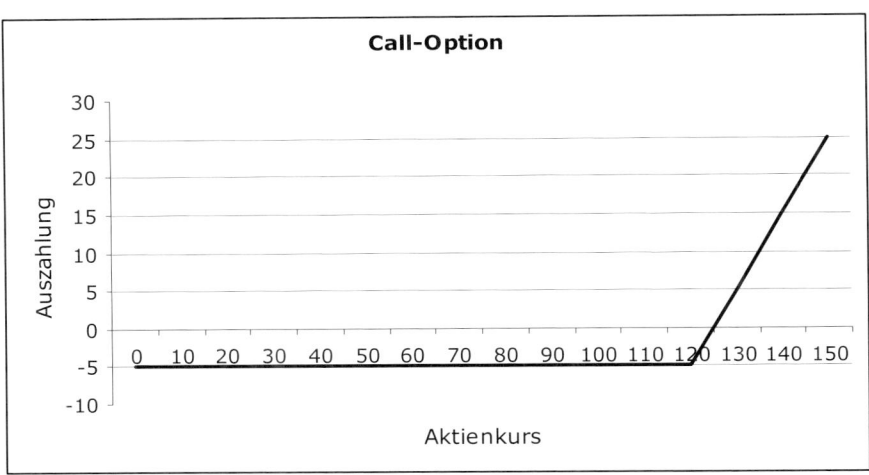

Analog die Auszahlungsstruktur für den Käufer einer Put-Option bei einem Spot von 100, einem Strike von 80 sowie einer Optionsprämie von 5:

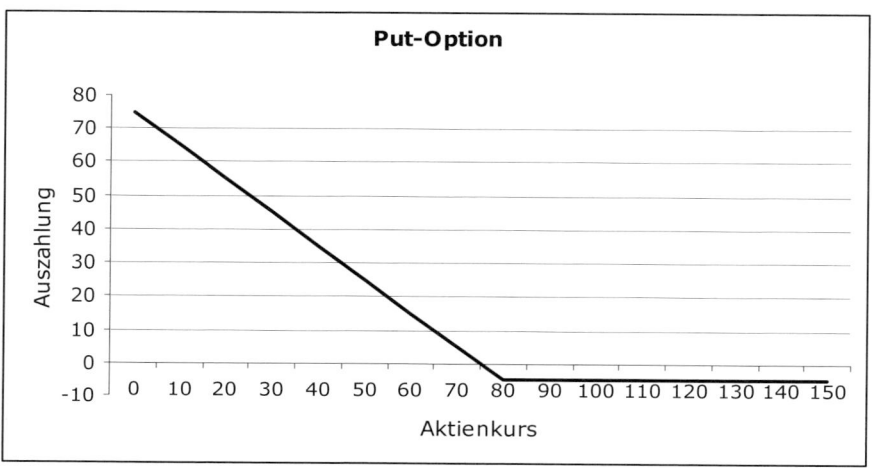

Dementsprechend sieht die Auszahlungsstruktur für einen Verkäufer einer Option genau gespiegelt aus – am Beispiel der Call-Option:

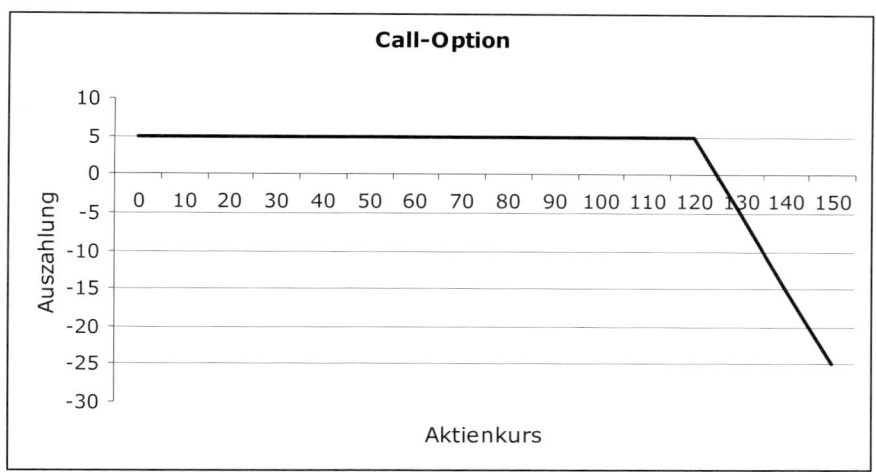

Analog für eine Put-Option:

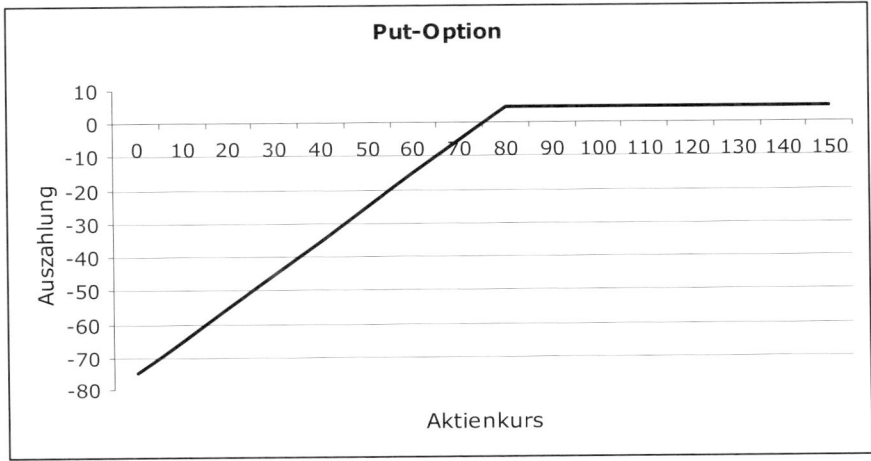

Die positive Auszahlung entspricht 5, also der Optionsprämie, die der Verkäufer der Call- bzw. Put-Option erhält.

Was wäre ein Beispiel für eine Hedging-Transaktion?

Eine Bank, die eine Aktie hält (man sagt: die Bank ist long die Aktie), sich aber gegen Risiken schützen will, kann einen recht einfachen Hedge (=Sicherungstransaktion) dank Call- und Put-Optionen anwenden, um seine Downside zu begrenzen. Da es aber kein „free lunch" gibt, bezahlt man, indem man einen Teil des Aufwärtspotenzials aufgibt.

Eine Möglichkeit für einen solchen Hedge wäre ein *Collar*, bei dem man eine Put-Option kauft und eine Call-Option verkauft. Gehen wir davon aus, dass wir eine Aktie zum Preis von 100 gekauft haben und sie fortan halten (d. h. beim Verkauf für 100 würden wir einen Gewinn/Verlust von 0 realisieren), dann impliziert dies für die Auszahlungsstruktur ohne Hedge logischerweise:

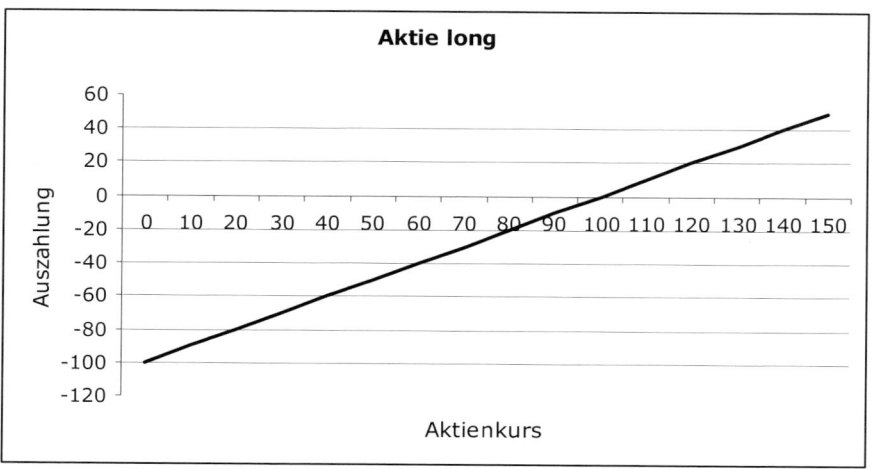

Wenn nun eine Put-Option zum Strike von 70 gekauft sowie eine Call-Option zum Strike von 130 verkauft wird, sieht man, wie man den maximalen Verlust auf 30 (=100–70) und den maximalen Gewinn auf 30 (=130–100) festlegt bzw. beschränkt (wir gehen davon aus, dass die beiden Optionsprämien sich gegenseitig aufheben, d. h. dass die Höhe der beiden Optionsprämien gleich ist):

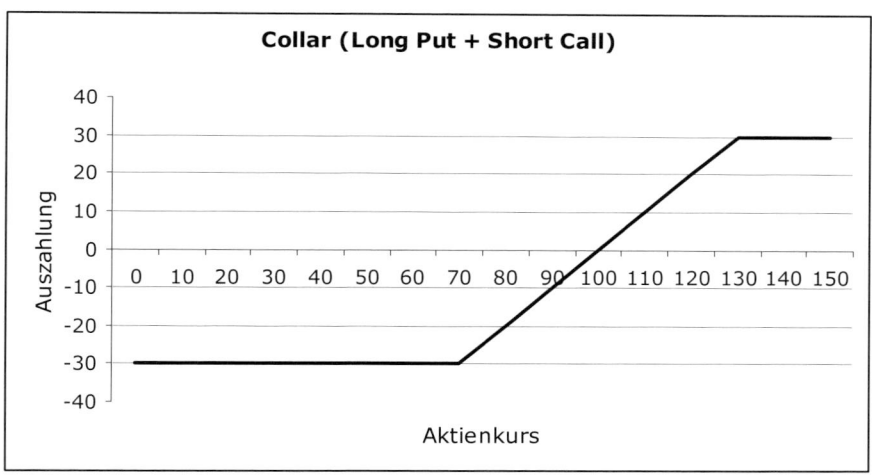

Solche grundsätzlichen Fragestellungen sind vor allem in Interviews mit Abteilungen wie Equities oder Derivatives relevant.

Doch soll hier auch auf die Relevanz beispielsweise eines Collars für die M&A-Praxis hingewiesen werden. Bei einem Unternehmenskauf durch Aktien ist man einem gewissen Aktienkursrisiko ausgesetzt. Als Gegenmittel unterscheidet man z. B. zwischen Fixed Value Pricing und Fixed Exchange Ratio Pricing. Beim Fixed Value Pricing wird ein Collar eingesetzt, um in einem bestimmten Bereich des Aktienkurses des Käufers einen konstanten Zielaktienpreis beizubehalten (Beispiel: im Bereich von 30 bis 50 Euro zahlt der Käufer 40 Euro in eigenen Aktien pro Aktie des Verkäufers). Beim Fixed Exchange Ratio Pricing wird der Collar dazu genutzt, in einem bestimmten Bereich des Aktienkurses des Käufers eine konstante Aktientauschquote zu fixieren (Beispiel: im Bereich von 30 bis 50 Euro zahlt der Käufer 0,5 eigene Aktien pro Aktie des Verkäufers).

Aus dem obigen Beispiel können Sie außerdem einen sehr wichtigen Zusammenhang bei der Bepreisung von Optionen ablesen, dem wir uns als Nächstes widmen werden, die sog. Put-Call-Parität:

Aktie + Put = Barwert einer risikolosen Anleihe + Call

Um dies zu verifizieren, addieren Sie einfach die jeweiligen Graphen und erhalten: Aktie + Put = Call parallel nach oben verschoben. Dabei gibt die Verschiebung nach oben das konstante Payout-Profil der Anleihe wieder; die Kosten des Aktienkaufs werden nicht berücksichtigt. Damit entspricht das Payout-Profil der Aktie der ersten Winkelhalbierenden in den obigen Graphen.

Nachdem wir auf den eigentlichen Charakter von Optionen eingegangen sind, kommen wir nun zur konkreten Bewertung.

Hierfür betrachten wir ein diskretes Modell, die sog. Bewertung über den Binomialbaum, und diskutieren weitergehende Implikationen für die Bewertung von Aktienderivaten.

Zunächst eine gute Nachricht: So neu ist Ihnen dieses Konzept gar nicht, denn wir haben uns bereits bei der Vorstellung von Realoptionen in Kapitel B.I.2.2. eines Binomialbaums bedient. Doch: Warum überhaupt *binomial*?

Wenn Sie heute eine Aktie halten, können Sie für morgen ganz grob *zwei* mögliche Ausgänge annehmen – der Wert der Aktie kann steigen oder fallen. Dies impliziert (wenn „heute" der Periode 0 entspricht), dass wir in Periode 1 zwei mögliche Ausgänge haben, in Periode 2 drei (wenn wir annehmen, dass die relative Änderung des Aktienkurses für beide Fälle in jeder Periode gleich bleibt), in Periode 3 vier und in Periode n folglich n+1 Ausgänge.

Die beiden wichtigen Freiheitsgrade bestehen in der Determinierung der Jump-Größe, d. h. der relativen Veränderung des Aktienkurses in beiden Fällen (im Folgenden *u*(p) und *d*(own)), sowie den jeweiligen Wahrscheinlichkeiten *p* (für up) und *(1–p)* (für down). Im sog. Cox-Ross-Rubinstein-Modell sind diese Probleme angesichts der Tatsache gelöst worden, dass eine Option perfekt durch Aktien und Anleihen repliziert werden kann. Die Lösungen lauten:

$u = e^{\sigma\sqrt{n}}$

$d = 1/u$

$p = (1+r–d)/(u–d)$

Dabei entspricht σ der Volatilität der zugrunde liegenden Aktie, *n* der Laufzeit pro Periode (=Maturität der Option dividiert durch die Zahl der Perioden im Modell) und *r* dem risikolosen Zins pro Periode.

In diesem Rahmen ist es angebracht anzumerken, dass sich Volatilitäten mit der Wurzel der Zeit, Renditen allerdings linear mit der Zeit erhöhen.

Nun zu einem zweiperiodigen Beispiel, um die Bewertung einer Option anhand des Binomialbaums zu verdeutlichen. Wir nehmen folgende Parameter an:

- **Call-Option**
- Aktienkurs in t=0: 100 €
- Strike @ 110 €
- Maturität der Option: ein Jahr
- Perioden: zwei, d. h. $n = \frac{1}{2}$
- Risikoloser Zins: 5 % p. a.
- Volatilität p. a.: $\sigma = 20$ %
- $u = 1,152$ und somit $d = 0,868$
- $p = (1+0,05/2-0,868)/(1,152-0,868) = 0,55$

Daraus ergibt sich unser Binomialbaum:

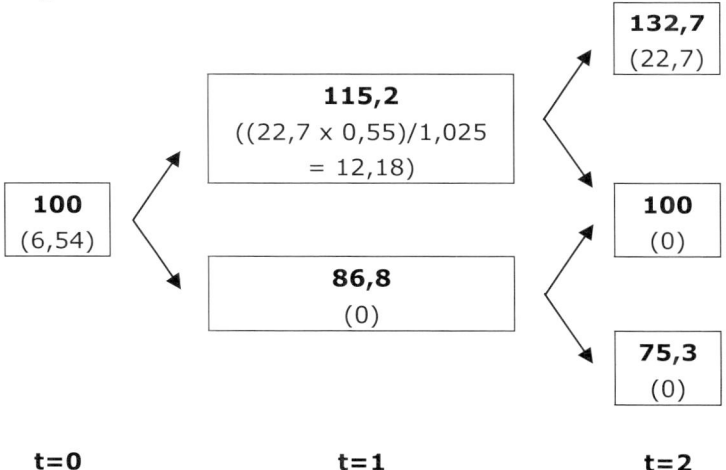

Fett gedruckt sehen Sie die Aktienkurse, in Klammern die dazugehörigen Optionspreise.

Der Optionspreis in t=0 entspricht 6,54 = (12,18 x 0,55) / 1,025.

Binomialbäume, obgleich so simpel, vermitteln das ökonomische Konzept von Optionen. Zunächst sollte festgehalten werden, dass ein zweiperiodiger Binomialbaum eine enorme Simplifizierung darstellt und der eigentliche Optionspreis der oben dargelegten Struktur daher von 6,54 € abweicht. Die zeitstetige Version, d. h. unter der Annahme, dass *dt* gegen Null strebt, man also die Laufzeit der Option in unendlich viele Perioden unterteilt, ist das sog. Modell von Black & Scholes. Doch auch mit einem so simplen Binomialbaum wie dem unseren können wir die wichtigsten Implikationen für die Bepreisung von Optionen ableiten. An dieser Stelle sollte erneut darauf hingewiesen werden, dass im Finance-Interview weniger die Kenntnis von Herleitungen und Formeln gefragt ist, sondern Einsichten in die grundsätzliche Logik von Modellen eine weit wichtigere Rolle spielen.

Was also passiert, wenn die Volatilität der zugrunde liegenden Aktie steigt? Aufgrund der Downside Protection einer Call-Option steigt der Wert der Option, da wir einerseits die Upside durch die erhöhte Volatilität mitnehmen, aber gegen sämtliche Aktienkurse unter dem Strike abgesichert sind bzw. kein Geld verlieren (bis auf den Preis, den wir für die Call-Option an sich bezahlen müssen). In der zeitstetigen Version von Black & Scholes entspricht dieser Zusammenhang der Tatsache, dass die Ableitung des Call-Optionspreises nach der Volatilität positiv ist (auch Vega genannt). Letztendlich liegt es auch an der Downside Protection, dass die Volatilität des Optionspreises unter der eigentlichen Volatilität der Aktie liegt.

Die grundsätzliche Logik der Bepreisung von Optionen werden Sie teilweise bei der nachfolgenden Bewertung von Kreditderivaten wiedererkennen, aber auch in anderen Zusammenhängen für nützlich befinden, z. B. bei der Bewertung von Realoptionen oder generell bei der Analyse von unsicheren Investitionsprojekten. Beherzigen Sie die dargelegte Logik als nützliches analytisches Framework!

Aufgabenbeispiele für potenzielle Fragen im Interview:

- Abhängigkeit des Optionspreises von Parametern des Underlying (sog. Greeks)
- Vergleich zweier Optionsstrukturen (welche ist profitabler?)
- Konzept des Binomialbaums erklären
- Put-Call-Parität zur Bestimmung des Verhältnisses von Call- und Put-Preisen bestimmen
- Zeitstetige Konzepte wie das Modell von Black & Scholes erläutern

II.2.2. Debt Capital Markets

Wir gehen hier wie bei den Aktienmärkten vor und stellen Ihnen zunächst die Grundlagen für eine Analyse von Anleihenmärkten vor und gehen danach auf derivative Strukturen ein.

II.2.2.1. Grundlagenwissen Anleihenmärkte

Die grundlegende Frage dieses Kapitels ist natürlich zunächst:

Was sind Anleihen?

Anleihen sind neben langfristigen Bankkrediten ein klassisches Instrument zur Finanzierung kapitalmarktfähiger Unternehmen. Das Geld stammt von anonymen Kreditgebern auf dem Kapitalmarkt. Die wichtigsten Ausstattungsmerkmale sind:

1. Nominalwert
2. Ausgabekurs
3. Zinscoupon

Der Nominalwert entspricht der tatsächlich „geliehenen" Geldsumme, die es zurückzuzahlen gilt. Es fallen des Weiteren regelmäßig Couponzahlungen an, die den Anleihenkurs – dies ist der Wert der Anleihe – anheben lassen, so dass der Anleihenkurs sich wie folgt zusammensetzt:

$$Anleihenkurs \ = \ \sum_{t=1}^{T-1} \frac{Coupon}{(1+i)^t} \ + \ \frac{Rückzahlungskurs}{(1+i)^T}$$

T: Fälligkeitstermin der Anleihe
i: Diskontierungssatz (Kapitalmarktzins)
Rückzahlungskurs: Coupon + Nominalwert (Nominalwert = 100)

Streng genommen müsste der Kapitalmarktzins *i* eine Funktion von *t* sein, da der Kapitalmarktzins nicht konstant ist und somit Fluktuationen unterliegt. Diese Information entnehmen Sie der aktuellen Term Structure. Eine typische Term Structure sähe wie folgt aus:

Periode	Government Bond
1 Jahr	3,70 %
2 Jahre	3,74 %
3 Jahre	3,78 %

Wenn Sie also einen Cash Flow in zwei Jahren abdiskontieren, dann benutzen Sie dafür einen Kapitalmarktzinssatz von 3,74 %.

Weil es oft relevant ist: Womit diskontieren Sie allerdings einen Cash-Flow ab, der im Jahr 2 auftritt, aber nur bis auf das Jahr 1 abdiskontiert werden soll? Sie bedienen sich hierbei der sog. Forward Rate. Jene ergibt sich aus folgender Beziehung:

Anleihenkurs(0,x) x Anleihenkurs(x,y) = Anleihenkurs(0,y),

wobei *(x,y)* für Start- und Fälligkeitstermin der Anleihe steht.

Aus diesem Verhältnis errechnen Sie die Forward Rate, da sich jene aus dem *Anleihenkurs(x,y)* ergibt. Bei diesen Anleihenkursen handelt es sich um sog. Zero Bonds (hierzu später mehr).

Ein simples Beispiel:

Der Coupon sei 5 (also 5 % des Nominalwertes), der Kapitalmarktzins sei 6 %, die Laufzeit der Anleihe sei 3 Jahre:

$$Anleihenkurs = \frac{5}{1,06} + \frac{5}{1,06^2} + \frac{105}{1,06^3} = 97,33$$

Die Anleihe wird also zum Kurs von 97,33 % des Nominalwerts ausgegeben, doch man leistet jedes Jahr eine Couponzahlung von 5 % des Nominalwertes sowie im letzten Jahr den Nominalwert von 100.

Klassische Anleihen werden als Straight Bonds bezeichnet. Dies führt uns zur nächsten Frage:

Welche verschiedenen Arten von Anleihen gibt es?

Neben Straight Bonds gibt es Zero Bonds (Nullcoupon-Anleihen). Zero Bonds erfordern keine Zinszahlungen während der Laufzeit, also beim o. g. Beispiel:

$$Anleihenkurs \ = \ \frac{100}{1{,}06^3} \ = \ 83{,}96$$

Der offensichtliche Unterschied zu Straight Bonds besteht darin, dass sich Veränderungen des Marktzinsniveaus stärker auf Zero Bonds auswirken, weil dort Zinsveränderungen auf „alle Zinszahlungen" (es gibt quasi nur eine) aus der Anleihe Einfluss nehmen.

Darüber hinaus existieren sog. Convertible Bonds (Wandelschuldverschreibungen), bei denen ein Straight Bond mit einer Umtauschoption ausgestattet wird. Diese ermöglicht es dem Gläubiger, die Anleihe in Anteile (z. B. in Form von Aktien) umzuwandeln. Dies entspricht einem Umtausch von Fremd- in Eigenkapital.

Bitte beachten Sie, dass der Coupon auch vom Marktzins, z. B. EURIBOR, abhängen kann. Da der Coupon in seiner Höhe dann von Periode zu Periode variieren wird, spricht man hier von einer sog. Floating Rate Note (FRN).

Wie bemisst man das Risiko von Anleihen?

Im Abschnitt, der Sie auf die für Ratings relevante Theorie vorbereitet, werden Risikomaße eine tragende Rolle spielen. Das Risikomaß für Anleihen soll allerdings bereits hier diskutiert werden.

Während die Volatilität das relevante Risikomaß für Aktien darstellt, betrachtet man bei Anleihen die sog. Duration. Die Duration entspricht der Sensitivität des Anleihenkurses im Hinblick auf eine Veränderung des zugrunde liegenden Zinses. Man sagt beispielsweise: Wenn eine Anleihe eine Duration von sieben Jahren hat, dann fällt der Anleihenkurs um ungefähr 7 %, wenn der Zins um 1 % ansteigen sollte. Es handelt sich hierbei lediglich um eine Annäherung aufgrund der Tatsache, dass die Duration nichts anderes ist als die Tangente an einen konvexen Graphen, die das Verhältnis zwischen Anleihenkurs und Zinsrate beschreibt. Die Duration ist also eine lineare Approximation an eine eigentlich konvexe Funktion!

Exakt ausgedrückt entspricht die Duration dem mit dem Fälligkeitszeitpunkt gewichteten Durchschnitt aller Zahlungen einer Anleihe, also:

$$D\ (uration)\ =\ \sum_{t=1}^{T} \frac{t\ x\ Coupon_t\ /\ (1+i)^t}{Anleihenkurs_{insgesamt}}$$

wobei $Coupon_t$ der Couponzahlung zum Zeitpunkt t entspricht.

Aufgabenbeispiele für potenzielle Fragen im Interview:

- Diverse Anleihentypen diskutieren, Unterschiede herausstellen
- Fremdkapitalkosten abschätzen (Tipp: CAPM mit Debt Beta verwenden)
- Duration erklären

II.2.2.2. Kreditderivate

Nachdem wir bereits Aktienderivate wie z. B. Call-Optionen diskutiert haben, fällt die Analyse von Bond-Optionen nicht schwer – mit dem Unterschied, dass sich nun in den Up- und Down-Szenarien der Anleihenkurs an sich verändert, und zwar in Abhängigkeit der Veränderung des Zinses! Es ist also bei der Anwendung des Binomialbaums nötig, dass gleichzeitig ein Zins-Prozess modelliert und somit ein dementsprechendes Modell angenommen wird.

Relevante Zinsmodelle wurden z. B. von Ho & Lee sowie von Hull & White entwickelt. Letztere lassen in ihrem sog. Two Factor Model sogar offen, welche weiteren Faktoren in den Zinsmodellierungsprozess aufgenommen werden sollten, denkbar wären z. B. Wechselkurse. Im Folgenden stellen wir Ihnen zwei verwandte Kreditderivate vor, nämlich Credit Default Swaps (CDS) sowie Total Return Swaps (TRS). Der Hintergrund beider Strukturen ist der Handel mit Kreditsicherheit. Wir gehen davon aus, dass ein Unternehmen A in eine Anleihe von Unternehmen B investiert hat, d. h. Unternehmen B leiht sich (implizit, also über den Kapitalmarkt) Geld von Unternehmen A. Es handele sich hierbei um 100 Mio. €, der Coupon liege bei 6 % und die Anleihe habe eine Laufzeit von 4 Jahren.

Gehen wir darüber hinaus davon aus, dass eine gewisse Wahrscheinlichkeit besteht, dass Unternehmen B den Zahlungsverpflichtungen nicht nachkommen könnte, so hat Unternehmen A einen Anreiz, sich gegen diese Ausfallwahrscheinlichkeit abzusichern. Zunächst müssten wir definieren, was unter einem Ausfall zu verstehen ist. Hier gibt es mehrere Möglichkeiten, gängig wäre die Charakterisierung eines Ausfalls über Bankrott, Zahlungsunfähigkeit, Zahlungsverzögerungen um X Monate, die Notwendigkeit von Restrukturierungsprozessen etc.

Unternehmen A könnte in diesem Fall einen Vertrag mit Unternehmen C eingehen. Hierbei zahlt Unternehmen A dem Unternehmen C eine Swapprämie (die man gleichzeitig als Versicherungsprämie verstehen kann), und im Gegenzug vergütet Unternehmen C dem Unternehmen A den Ausfall der Zahlungen von Unternehmen B.

Bei einem CDS würde man den Vertrag folgendermaßen spezifizieren:

- Risikoverkäufer: Unternehmen A
- Risikokäufer: Unternehmen C
- Swapprämie: 80 bps (Basispunkte, wobei 1 Basispunkt = 1/100 %)
- bei Ausfall: 60 % des Nominalwerts (nicht aber der Coupon-zahlungen!) kann wiederhergestellt werden

- Definition des Ausfalls: Bankrott oder Zahlungsunfähigkeit
- Coupon-Zahlungen: jährlich

Die Zahlungsströme hängen dann davon ab, ob ein Zahlungsausfall bei Unternehmen B auftritt oder nicht:

		B zahlt A	A zahlt C	C zahlt	Netto-Position A
kein Zahlungs-ausfall	Jahr 1	6,0	0,8	0	5,2
	Jahr 2	6,0	0,8	0	5,2
	Jahr 3	6,0	0,8	0	5,2
	Jahr 4	106,0	0,8	0	105,2
	Summe	124,0	3,2	0	120,8
Zahlungs-ausfall	Jahr 1	6,0	0,8	0	5,2
	Jahr 2	6,0	0,8	0	5,2
	Jahr 3	6,0	0,8	0	5,2
	Jahr 4	60,0	0,8	40,0	99,2
	Summe	78,0	3,2	40,0	114,8

Was nun den Total Return Swap angeht, zahlt Unternehmen C dem Unternehmen A nicht mehr den Fehlbetrag des Nominalwerts, sondern in der letzten Periode den Nominalwert und über die komplette Laufzeit hinweg einen Coupon, der sich aus dem Kapitalmarktzins (hier: risiko-loser Zinssatz wie z. B. EURIBOR) zuzüglich einer Prämie zusammen-setzt.

Bei einem TRS würde man den Vertrag nun wie folgt spezifizieren:

- Risikoverkäufer: Unternehmen A
- Risikokäufer: Unternehmen C
- Unternehmen A zahlt Unternehmen C alle Cash Flows aus der Anleihe von Unternehmen B
- Unternehmen C zahlt Unternehmen A einen Coupon, der sich aus dem EURIBOR-Zins + 1,5 % zusammensetzt (Floating Rate Note)

- bei Ausfall: 60 % aller Zahlungen (Nominalwert und Couponzahlungen) können wiederhergestellt werden
- Definition des Ausfalls: Bankrott oder Zahlungsunfähigkeit
- Coupon-Zahlungen: jährlich

Die Zahlungsströme hängen (wie beim CDS) davon ab, ob ein Zahlungsausfall bei Unternehmen B auftritt oder nicht:

		Einjahres-EURIBOR (p. a.)	A zahlt C (erhalten von B)	C zahlt A	Netto-Position C
kein Zahlungs-ausfall	Jahr 1	3,0 %	6,0	4,5	1,5
	Jahr 2	3,5 %	6,0	5,0	1,0
	Jahr 3	4,0 %	6,0	5,5	0,5
	Jahr 4	4,1 %	106,0	105,6	0,4
	Summe		124,0	120,6	3,4
Zahlungs-ausfall	Jahr 1	3,0 %	6,0	4,5	1,5
	Jahr 2	3,5 %	6,0	5,0	1,0
	Jahr 3	4,0 %	6,0	5,5	0,5
	Jahr 4	4,1 %	0,6 x 106 = 63,6	105,6	– 42,0
	Summe		81,6	120,6	– 39,0

Spätestens bei Betrachtung der Netto-Position von Unternehmen C sollte auffallen, dass die Bepreisung des TRS sich – wie bereits bei der Bepreisung von Optionen – nach dem sog. No-Arbitrage-Prinzip richtet, d. h. man kann äquivalente Strukturen (Verträge) gleichsetzen und daraus die „korrekte" Prämie ableiten. In unserem oben dargestellten Vertrag haben wir ganz willkürlich 1,5 % angenommen, die zum EURIBOR hinzuaddiert werden (für die Zahlungen von Unternehmen C an Unternehmen A).

Grundsätzlich ist diese Prämie aber folgendermaßen zu berechnen: Der Zahlungsstrom von Unternehmen A zu Unternehmen C leitet sich aus dem Anleihen-Vertrag zwischen den Unternehmen A und B ab. Man berechnet also den Barwert dieser Anleihe unter Berücksichtigung des Kreditrisikos, welches sich in erhöhten Fremdkapitalkosten wider-spiegelt. Dieser Barwert muss im Gleichgewicht genauso hoch sein wie der Barwert der Zahlungen von Unternehmen C an Unternehmen A. Die jeweiligen Cash Flows entsprechen den Coupons (= EURIBOR + zu bestimmende Prämie). Wichtig ist nun: Womit werden diese Cash Flows abdiskontiert? Korrekterweise mit dem risikolosen Zinssatz – hier: EURIBOR – da die Zahlungen von Unternehmen C an Unternehmen A sicher sind. Wenn wir nun die beiden o. g. Barwerte gleichsetzen, haben wir eine Gleichung und genau eine Unbekannte (die Prämie), so dass wir nach der Prämie auflösen und so den Gleichgewichtspreis für den Total Return Swap berechnen können.

Zur Praxisrelevanz: Gerade im Hinblick auf die Subprime-Krise im Sommer 2007 – ausgelöst durch minderwertige Kredite im US-amerikanischen Immobiliengeschäft – erscheint der Kreditmarkt als treibende Kraft mit enormen Folgen für die Funktionalität des Kapitalmarkts. Nicht wenige Bewerber haben uns in letzter Zeit von Fragen im Interview berichtet, die um die Subprime-Krise kreisen. Arbeiten Sie vorausschauend und bereiten Sie sich dementsprechend vor – nutzen Sie die hier präsentierte Theorie, um sie auf aktuelle Bezüge der Wirtschaftswelt anzuwenden.

Aufgabenbeispiele für potenzielle Fragen im Interview:

- Strukturen von Kreditderivaten erklären (Was ist ein CDS? Was ist ein TRS?)
- Bestimmung von Forward-Rates
- Verhältnis von CDS-Preisen und Kreditrisiko im Allgemeinen diskutieren (hierzu auch unsere Hinweise im Kapitel B.V. über Ratingagenturen beachten!)

III. Private Equity

Unter Private Equity versteht man ein Investmentbanking-affines Geschäft, das kaufmännischen Interessen folgt: Vermögensgegenstände kaufen und versuchen, sie möglichst gewinnbringend zu verkaufen. Da einige Themen aus dem Bereich Private Equity auch für Interviews bei Investmentbanken relevant sein können, wollen wir das Thema aus mehreren Perspektiven beleuchten.

III.1. Warum Eigenkapital? Mehr als eine Einführung

Das Interesse an Fremdkapital war in den letzten beiden Jahrzehnten stets stärker als dasjenige an Eigenkapital, was nicht zuletzt daran lag, dass die Aufnahme von Fremdkapital die Steuerlast reduziert.

Durch Basel II sind allerdings die Anforderungen an die Bonität sich verschuldender Unternehmungen verschärft worden. Dies führt zu einem Nachfrageanstieg nach Eigenkapital, der in vielfachen Situationen durch Private-Equity-Firmen bedient wird. Welche Arten von Private Equity gibt es also?

Venture Capital: Unter Venture Capital (oder auch Growth Capital) versteht man die Finanzierung mit Eigenkapital oder eigenkapitalähnlichen Mitteln von Unternehmen, die noch nicht profitabel sind. Dementsprechend ist mit einer solchen Investition ein höheres Risiko verbunden.

Leveraged Buy-Out (LBO): Hier erfolgt der Erwerb des Unternehmens unter Beanspruchung möglichst hoher Fremdfinanzierung, deren Tilgung abhängig ist von den zukünftigen Cash Flows des zu kaufenden Unternehmens („Debt Paydown"). Sollte das Management, das bereits im Unternehmen ist, sich an diesem Erwerb mit einem Beitrag in Form von Eigenkapital beteiligen, spricht man auch von einem Management Buy-Out (MBO). Ein Management Buy-In (MBI) impliziert dagegen den Erwerb eines Unternehmens durch ein außenstehendes Management.

Mezzanine: Mezzanine Finanzierungen stehen zwischen Eigen- und Fremdkapital, stellen also eine Mischung von Eigen- und Fremdkapital-charakteristika und dem entsprechenden Risiko-Rendite-Profil dar.

Private-Equity-Firmen organisieren sich in Fonds. Sie müssen beim sog. Fundraising versuchen, so viel Geld wie möglich einzusammeln. Um dies zu erreichen, sollte natürlich die vergangene Performance/Rendite der investierten Fondsgelder stimmen. Private-Equity-Fonds stehen also unter dem ständigen Druck, lohnenswerte Deals aufzuspüren. Dieses Geschäftsmodell besitzt aber eine verschachtelte Risikostruktur: Ist der vielversprechende Deal, von dem niemand sonst Kenntnis hat, gefunden, stellt sich die Frage, ob die Finanzierungsstruktur adäquat ist, die Rendite stimmt, die vorhergesagten Cash Flows auch fließen werden. Kurz: Private Equity ist ein riskantes Geschäft, das von seinen Akteuren enorme Erfahrungswerte verlangt. Nach einem Rückschlag im Investitionsvolumen im Jahre 2002 steigen die Bruttoinvestitionen allerdings wieder stetig.

Dies wirkt sich auch auf das Recruiting dieser Tage in den Investment-banken aus: Gerade für LBOs werden immer wieder Analysten in den Investmentbanken gesucht, die in dementsprechenden Abteilungen untergebracht werden (zumeist Principal Investing / Private Equity oder Leveraged Finance). Aber auch kleinere Private-Equity-Firmen rekru-tieren ganz offiziell – oft sogar von der Hochschule. Fragen rund um LBOs sind auch im M&A-Interview gängig, da es sich hierbei erneut um einen Unternehmenskauf handelt. Daher sind die nachfolgenden Erläut-erungen zu Private Equity teilweise allgemein gehalten, um dem weiten Spektrum an Anwendungsmöglichkeiten in Interviews gerecht zu werden.

III.2. Ablauf und Finanzierungsstruktur eines Private-Equity-Investments

Die Finanzierungsstruktur eines PE-Investments bezeichnet man oft als „Deal Structure". Diese Struktur definiert auch die Beziehungen zwischen den am Investment beteiligten Parteien: dem Private-Equity-Investor, dem Management, den Banken sowie anderen Finanzierungsquellen.

Ziel ist ein attraktiver Exit aus dem Unternehmen, sei es durch einen Weiterverkauf oder durch einen Börsengang. Doch bis solche Exits realisiert werden können, müssen die Interessenkonflikte zwischen den o. g. Parteien während der Finanzierungsphase durch eine intelligente Beteiligungsstruktur beigelegt werden.

Man unterscheidet zwischen Early-Stage- und Later-Stage-Beteiligungen. Bei Early-Stage-Beteiligungen sind die Cash Flows unsicher, das Investment also sehr riskant, so dass Eigenkapital die einzige Finanzierungsart darstellt. Later-Stage-Investments umfassen dagegen verschiedenste Arten von Buy-Outs, bei denen Fremdkapital aufgenommen wird und die Finanzierungsstrukturen komplexer werden und mehr Parteien (z. B. das Management selbst) involvieren.

III.2.1. Early-Stage-Investitionen

Die grundlegende Frage bei Early-Stage-Investitionen (zumeist unter dem Dachbegriff Venture Capital zusammengefasst) lautet: Wie viel Geld soll investiert werden, um einen risikoadäquaten Exit in absehbarer Zeit erreichen zu können? Für Venture Capitalists ist dies die wichtigste Frage: Sie sehen den Exit, bevor sie den Eingang sehen!

Oder anders: Wie viel Geld kann ich mit Blick auf das damit verbundene Risiko guten Gewissens investieren, wenn in angemessener Zeit Gewinne aus diesem Geschäft gezogen werden sollen?

Diese vermeintlich einfache Frage bereitet allen Venture Capitalisten enorme Kopfschmerzen – warum?

1) Das Risiko kann man nur schwer vorhersagen und noch schwerer quantifizieren.
2) Das Unternehmen, in das investiert wird, hat bis dato noch nicht auf dem Markt operiert, so dass weder Umsatz- noch Kostenstrukturen bekannt sind.
3) Daher ist auch unbekannt, wie viel das Unternehmen, in das investiert wird, überhaupt wert ist. Ziel muss sein, diesen Wert in der Art zu steigern, dass auf das investierte Kapital eine Rendite erzielt wird.

Um zu bestimmen, wie viel Startkapital benötigt wird, gibt es grundsätzlich drei Tools:

- Analyse des Business Plans
- Due Diligence
- Industrieanalyse

Der Business Plan verrät mehr über die vom Unternehmen gesetzten Ziele. Diese gilt es zu hinterfragen – z. B. mittels einer Industrieanalyse (Porter's Five Forces lassen grüßen), deren Konklusion auch durchscheinen lassen sollte, wie lange ein potenzielles Investment bis zum Exit brauchen dürfte.

Ein Tool, das wir genauer untersuchen wollen, ist die Due Diligence.

III.2.2. Arten der Due Diligence

Das Risiko bei Early-Stage-Investments besteht u. a. in den Freiheitsgraden der Informationen, die verfügbar sind. Je niedriger die Zahl der Freiheitsgrade ist, desto geringer ist das Risiko. Also ist eine Due Diligence so etwas wie ein Urteil über die Güte eines Investments anhand diverser Informationen, also eine Unternehmensbewertung sowohl qualitativer als auch quantitativer Natur.

Grundsätzlich führt eine Due Diligence zu einer der folgenden drei Investitionsentscheidungen:

- Go!
- No go!
- Das Unternehmen hat Probleme, die einer gewissen Restrukturierung bedürfen und somit auf Verhandlungsbasis den Kaufpreis senken könnten.

Es existieren vier Arten der Due Diligence, die folgendermaßen miteinander verknüpft sind:

Market Due Diligence	Competitive Due Diligence	Management Due Diligence	Customer Due Diligence

Nach einer Analyse des Marktes wird bewertet, wie sich das Unternehmen in diesem Umfeld positioniert und ob es das Humankapital in Form von Management innehat, um gegebene Ziele in diesem Markt zu erreichen. Dann wird der Kunde ins Visier genommen, um gegebenenfalls unbefriedigte Konsumentenbedürfnisse und dementsprechende Wachstumsmöglichkeiten des Unternehmens ausfindig zu machen.

Sollte in einem Interview von einer Due Diligence die Rede sein, so ist man mit folgenden Stichpunkten zu den vier Arten der Due Diligence gut beraten:

Market Due Diligence – welches Umsatzpotenzial beherbergt dieser Markt?

- Marktdefinition
- Marktgröße
- Marktwachstum
- Marktsegmentierung
- Wettbewerber im Markt
- Konsumentenbedürfnisse in diesem Markt
- Kaufentscheidungsprozess des Konsumenten in diesem Markt

- Chancen und Risiken (O und T aus SWOT gelten als Pfeiler der externen Marktachse, doch wo sind S und W ...?)
- Profitabilitätsanalyse des Marktes (übersteigen die Umsatzmöglichkeiten die Kosten?)

Competitive Due Diligence – wie ist das Unternehmen positioniert?

- Umsatz in der Vergangenheit sowie Umsatzvorhersagen
- Entwicklung der Gewinnmargen
- Umsatz je Geschäftseinheit (absolut wie auch relativ als Marktanteil)
- Vertriebskanalanalyse
- Marketingstrategie
- Stärken und Schwächen (da sind ja S und W, die beiden Pfeiler der internen Unternehmensachse!)
- Produktion
- Service
- Forschung, Entwicklung sowie Innovationsmöglichkeiten

Management Due Diligence – können die Ziele mit dem vorhandenen Management realisiert werden?

- Operationelle Kompetenz
- Strategische Kompetenz
- Kommunikative Kompetenz
- Weiterbildungskompetenz
- Kulturelle Einheit zwischen Zielen und Management des Unternehmens

Customer Due Diligence – wie stark sind die Kunden jetzt schon an das Unternehmen gebunden? Wie können sie auch in Zukunft gebunden werden?

- Unbefriedigte Bedürfnisse der Kunden
- Analyse des momentanen Kaufentscheidungsprozesses der Kunden

- Vergleich zwischen den Kundenbedürfnissen und den Kernkompetenzen des Unternehmens
- Untersuchung der Kosten für den Kunden, zwischen mehreren Unternehmen und ihren Produkten zu wechseln
- Serviceanalyse

Nach einer Due Diligence sollte also eine erste Entscheidung darüber gefällt werden können, ob ein Early-Stage-Investment weiterverfolgt werden soll oder nicht.

III.2.3. Later-Stage-Beteiligungen

Im Gegensatz zu Early-Stage-Beteiligungen ist das Risiko der unsicheren Cash Flows nicht gegeben, so dass man bei Buy-Outs stets auf eine ausgereifte Umsatz- und Kostenhistorie zurückgreifen kann. Darauf basierend macht die Anwendung beispielsweise einer DCF-Bewertung wieder Sinn. Diesem reduzierten Risiko steht allerdings wieder eine größere Komplexität gegenüber, da bei einem Buy-Out mehr Parteien beteiligt sind, wie die nachfolgende Darstellung illustriert:

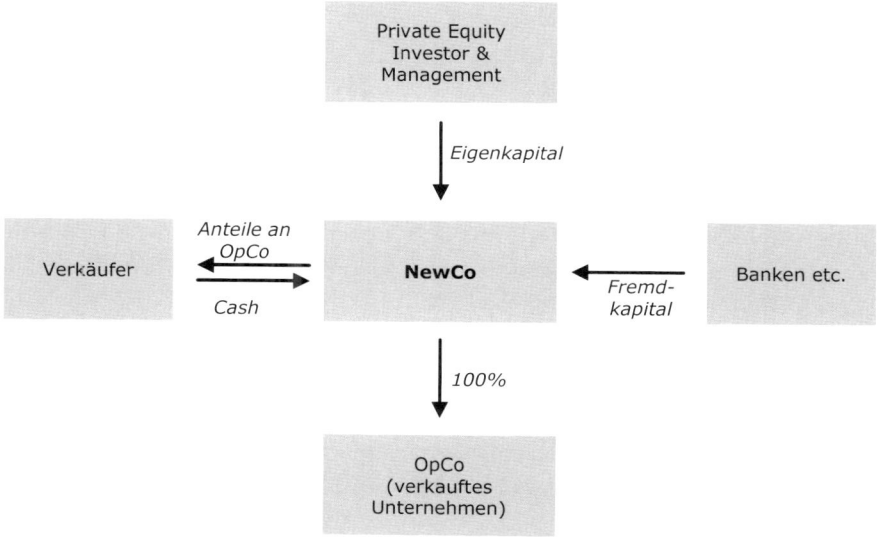

Der Verkauf der OpCo erfolgt über eine allein für diese Transaktion gegründete Holding-Gesellschaft (NewCo). Der Verkäufer erhält also über die NewCo seinen Verkaufspreis und gibt an sie seine Anteile an der OpCo ab. Der Kauf wird finanziert durch Eigenkapital, das von einem PE-Investor sowie vom Management der OpCo kommen kann, als auch durch Fremdkapital, das von Banken, vom Kapitalmarkt etc. stammt. Die Fremdfinanzierung charakterisiert die sog. Leveraged Buy-Outs.

Warum ist eine Fremdkapitalverschuldung hier nützlich bzw. erstrebenswert? Die Hebelwirkung kann durch ein einfaches Zahlenbeispiel sichtbar gemacht werden:

	→ Verschuldung nimmt zu →		
	0 %	**25 %**	**50 %**
Kauf des Unternehmens für 100			
Gesamtwert	100	100	100
Eigenkapital	100	75	50
Fremdkapital	0	25	50

Verkauf des Unternehmens für 150			
Gesamtwert	150	150	150
Eigenkapital	150	125	100
Fremdkapital	0	25	50
Rendite auf Eigenkapital	**50 %**	**67 %**	**100 %**

→ höhere Rendite →

Man kann also für Leveraged Buy-Outs festhalten: Mit zunehmender Fremdkapitalverschuldung erhöht sich der potenzielle Gewinn für die Investoren und das Management (bei Management Buy-Outs).

III.2.4. Der MBO-Prozess

Wie läuft ein solcher MBO jenseits der Finanzierungsdetails eigentlich ab? Das wird in den nachfolgenden Kapiteln genauer untersucht.

Es gibt mehrere MBO-Erscheinungsformen, die grundsätzlich davon abhängen, ob das zu veräußernde Unternehmen eine unabhängige oder eine von einer Muttergesellschaft abhängige Unternehmung ist. Unabhängige Unternehmen können hier einerseits nicht börsennotiert sein (Private Sellers genannt, z. B. Familienunternehmen). Bei ihnen stellen Nachfolgeregelungen, normale Divestments (=Desinvestitionen) und Unternehmenskrisen die üblichen Ursachen für einen Verkauf dar. Börsennotierte unabhängige Unternehmen (Public Sellers genannt) werden dagegen durch das Management und/oder einen Private-Equity-Investor übernommen, wenn unerwünschte Übernahmen abgewehrt werden sollen. Eine weitere wichtige MBO-Erscheinungsform beim Verkauf börsennotierter Unternehmen ist das „Going Private", bei dem das bereits beteiligte Management durch Rückkauf der restlichen Aktien die Nachteile einer Börsennotierung aufzuheben versucht (z. B. PR-Arbeit, Investor Relations und sonstige Publizierungspflichten). Ein in 2004 bekannt gewordener „Going Private"-Fall stellt die Firma Celanese dar, die vom PE-Investor Blackstone übernommen werden sollte.

Zu den abhängigen Unternehmungen (Corporate Sellers genannt): Wie bei den Private Sellers können bei ihnen eine Unternehmenskrise oder ein normales Divestment Gründe für eine Veräußerung sein. Des Weiteren kommt noch ein Spin-off in Frage, bei dem die Muttergesellschaft versucht, sich auf das Kerngeschäft zu konzentrieren (Rückbesinnung auf das Kerngeschäft).

Der MBO-Prozess organisiert sich zumeist in drei Phasen: der Evaluations-, Investitions- und der Exitphase. Während der Evaluations-phase prüfen und verhandeln das Management und seine Finanzpartner den Kauf der Unternehmung (mittels der zuvor behandelten Due Diligence). Zu Beginn der Investitionsphase wird der Kauf vollzogen. Grundsätzlich wird hier der Business Plan umgesetzt, der Teil der Due Diligence während der Evaluationsphase war. Letztendlich soll ein zeitnaher Exit erreicht werden. Die Dauer bis zum Exit wird verlängert, wenn das Going Public als Ausstiegsroute gewählt werden sollte. Da die Finanzinvestoren, im Gegensatz zu einem industriellen Verkauf, bei einem Going Public nicht vollständig desinvestieren, sondern sich erst ca. ein bis zwei Jahre danach definitiv aus der Unternehmung zurückziehen.

III.3. Finanzierungsformen

Wie in den vorangegangenen Kapiteln dargestellt, gibt es grundsätzlich zwei Arten der Finanzierung: durch Eigen- oder Fremdkapital. Um die Renditen bei Private-Equity-Investments zu maximieren, werden die Finanzierungsformen variiert und abgestimmt. Daher ist es wichtig, einen Überblick über die Eigen- und Fremdkapitalformen zu haben.

III.3.1. Eigenkapital

Die wohl typischste Eigenkapitalform bei börsennotierten Unternehmen sind Aktien. Wie zuvor schon beschrieben, besteht der Unterschied zwischen Aktien und Vorzugsaktien darin, dass die Besitzer letzterer gegenüber denen gewöhnlicher Aktien zuerst ausgezahlt werden. Vorzugsaktien haben für gewöhnlich keinerlei Stimmrechte, was sie erneut von gewöhnlichen Aktien unterscheidet.

III.3.2. Quasi-Eigenkapital

Quasi-Eigenkapital kommt zum Zug, wenn der vom Private-Equity-Investor bezahlte Preis den Wert ihrer Beteiligung am Unternehmen überschreitet. Warum sollte etwas so Unökonomisches in der Realität stattfinden? Ein triftiger Grund dürfte hier der „Kauf der Verkaufsbereitschaft" des Managements sein. Damit der Private-Equity-Investor daraus keine Nachteile zieht und sich das Investment trotzdem lohnt, wird das „überschüssige Geld" in Quasi-Eigenkapital investiert. Dieses hat bei der Liquidierung, der Verteilung von Dividenden etc. eine höhere Priorität. Ein Beispiel hierfür wären rückzahlbare Vorzugsaktien. Sollte sich das Investment als sehr stark im Hinblick auf die Cash Flows erweisen, kann das Unternehmen jederzeit die Anteilshaber (in diesem Fall Besitzer von rückzahlbaren Vorzugsaktien) auszahlen und sich damit frühzeitig rekapitalisieren.

III.3.3. Fremdkapital

Es gibt viele Möglichkeiten der Fremdfinanzierung. Eine grundsätzliche Unterscheidung gilt für Senior und Junior Debt. „Seniores" Fremdkapital hat Rückzahlungspriorität und ist gesichert. Junior Debt ist nicht immer gesichert und hat daher keine Priorität bei Rückzahlung. Dementsprechend kostet Junior Debt auch mehr, da das Risiko für den Fremdkapitalgeber höher ist (geringere Rückzahlungspriorität für den, der die Schulden hat). Das hat zur Folge, dass die Marge des Junior Debt über dem Zins der Europäischen Zentralbank, oft auch doppelt so hoch sein kann wie die Marge des Senior Debt.

Debt	Marge über EZB-Zinssatz
Senior Debt	2,25–3,25 %
Junior Debt (Bsp.: mezzanine Finanzierung)	3,5–4 %

Zunächst zu *Senior Debt*:

Das einfachste Beispiel ist ein Bankkredit. Eine Besonderheit hierbei stellen die sog. Covenants dar, das sind Finanzkennzahlen, die der Bank regelmäßig geliefert werden müssen. Sollten die Covenants von der Erwartungshaltung der Bank abweichen, kann dies katastrophale Folgen für das fremdfinanzierte Unternehmen haben, da die Bank nur wenig Zeit zum Ausgleich der Schulden lassen wird.

Beispielhafte Covenants sind:

- EBITDA / Net Interest Expense → Wie oft decken die Einkünfte vor Zinszahlungen, Steuern, Abschreibungen materieller wie immaterieller Vermögensgegenstände die Netto-Zinszahlungen ab?

- Free Cash Flow / Schulden → Wie hoch ist der Anteil des Free Cash Flows der Unternehmung an den Gesamtschulden? Ist das Unternehmen vielleicht überschuldet?

Nun zu *Junior Debt*, wozu z. B. auch die mezzanine Finanzierung zählt:

Wie der Name sagt, liegt diese Finanzierungsart „inmitten", genauer: zwischen Junior Debt und Senior Equity. Solche Schulden sind über zehn Jahre strukturiert. Da mezzanine Anleihen nicht gesichert sind, werden die Fremdkapitalgeber (meistens Investmentbanken) für dieses Risiko mit folgenden Features vergütet:

- Payment in Kind (PIK), d. h. Zinszahlungen (zusätzlich zu der gegenüber Senior Debt erhöhten Verzinsung), die sich auf 2 bis 4 % pro Jahr belaufen und in Form einer zusätzlichen Anleihe dargereicht werden
- ein sog. Equity Kicker gewährt den Fremdkapitalgebern Optionsscheine als Art der Rückzahlung (sog. Warrants)

Manchmal können Anbieter mezzaniner Finanzierung als Investoren agieren, indem sie sich als Rückzahlung Wandelvorzugsaktien herausgeben lassen. Sollten die Cash Flows des Unternehmens darauf hinweisen, dass es bald nicht mehr in der Lage sein könnte, die Schulden zu tilgen, kann der Fremdkapitalgeber seine Vorzugsaktien in gewöhnliche Aktien umwandeln. Mit ihnen sind wiederum Stimmrechte verbunden, die dem Fremdkapitalgeber Einfluss auf das Unternehmen verschaffen.

Solche Wandelvorzugsaktien sowie der o. g. Equity Kicker kennzeichnen die Flexibilität mezzaniner Finanzierungen, die aus dem Risiko dieser Finanzierungsart resultieren. Risiko wird hier als Chance verstanden und dementsprechend in der unternehmerischen Praxis eingesetzt. Vorsicht ist allerdings bei den Steuern geboten, da die sonstigen Zahlungen (neben den normalen Zinsen) an die Fremdkapitalgeber nicht als Dividenden erklärt werden dürfen, sondern ebenfalls als Zinszahlungen; sonst sind diese Zahlungen steuerlich nicht abzugsfähig.

Aufgabenbeispiele für potenzielle Fragen im Interview:

- LBO bewerten, Fremdfinanzierungsarten erläutern
- Investment-Cases (Würden Sie investieren? Markteinschätzung)
- Start-up-Ideen diskutieren, Investment-Proposals analysieren
- Restrukturierungen (Welche Kostenschraube? Personalreduktion)

IV. Corporate-Finance-Beratung

In diesem Abschnitt wollen wir Ihnen einige Konzepte aus der Strategie-beratung vorstellen, die eine Relevanz im Alltagsgeschäft eines Corporate-Finance-Beraters haben. Bei einer Bewerbung in der Corporate-Finance-Beratung sollten Sie vor allem den M&A-Teil dieses Buchs studieren, da Sie sich in Ihrer Arbeit als Corporate-Finance-Berater immer wieder mit Bewertungsfragen auseinandersetzen werden. Darüber hinaus werden Corporate-Finance-Berater oft im Due-Diligence-Prozess (vgl. Kapitel B.III.2.2.) eingesetzt, so dass für die Market und die Competitive Due Diligence auch folgende Frameworks aus der Strategieberatung eine Hilfestellung bieten können.

"Unternehmensberater zu sein erfordert schon einen überdurch-schnittlichen Zeiteinsatz. Aber das ist auch bei Großkanzleien oder im Investmentbanking nicht anders."

Dr. Philipp Härle, Principal,
McKinsey & Company

Ein letzter Hinweis: Neben den Corporate-Finance-Abteilungen finden sich in Unternehmensberatungen auch speziell auf Fragen des Risiko-managements ausgerichtete Gruppen. Die für solche Abteilungen rele-vante Theorie finden Sie im nächsten Abschnitt über Ratingagenturen.

Wertschöpfungskette:

Aus den Case-Interviews von Unternehmensberatungen bekannt, helfen Strategie-Tools auch im Corporate-Finance-Geschäft aus. M&A ist, das sollte man nicht vergessen, ein hochstrategisches Thema. Einer der häufigsten Gründe für Unternehmenszusammenschlüsse sind Synergien, die sich der Käufer durch diesen Zukauf erhofft. Wenn man also im Interview etwa danach gefragt wird, wie man eine Kaufpreisprämie bemessen würde, die sich an den Synergien orientiert, dann könnte eine Analyse der Wertschöpfungskette behilflich sein, potenzielle Synergien aufzudecken. Mit ihrer Hilfe lässt sich der gesamte Prozess der Leistungserbringung durchleuchten und strategisch ausrichten. Die Leistungserbringung wird in primäre und unterstützende Aktivitäten gegliedert: Primäre Aktivitäten beziehen sich auf die Herstellung der

Leistung sowie den Leistungsaustausch mit den Kunden. Unterstützende Aktivitäten beschaffen und erzeugen erforderliche Inputs, damit die primären Aktivitäten durchgeführt werden können.

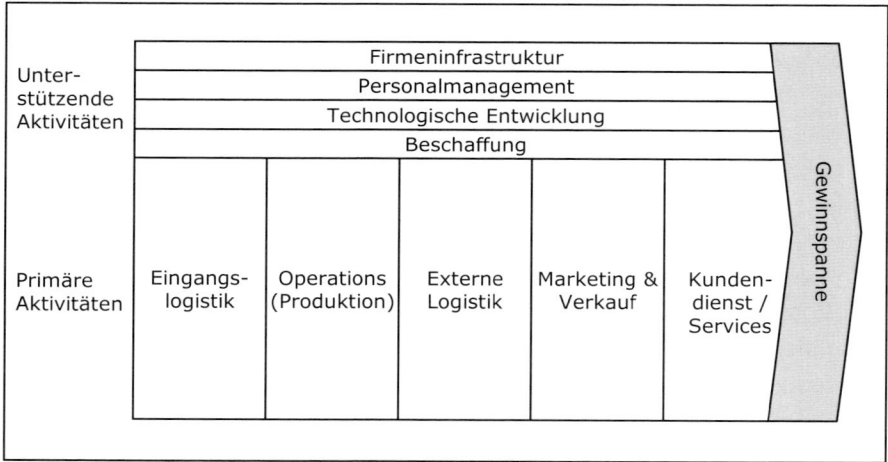

So können potenzielle Synergien aufgedeckt werden – z. B. in der Beschaffung im Bereich der Eingangslogistik und der Operations. Vielleicht kann man neue Verträge mit einem Lieferanten aushandeln, wenn Unternehmen A und B fusionieren. Dies wäre ein Grund für ein strategisches Angebot und eine dementsprechend bemessene Kaufpreisprämie.

Analyse und Bewertung von Synergien:

Unter Synergien versteht man das, was häufig als „2+2=5"-Effekt umschrieben wird. Dieser Effekt kann sich auf unterschiedlichen Ebenen der Gewinn-und-Verlustrechnung niederschlagen, woraus sich drei elementare Arten von Synergien und dementsprechende Bewertungsansätze ergeben:

- **Kostensynergien** oder Kosteneinsparungspotenziale (Personalreduktion, Realisierung von Skaleneffekten etc.) werden zumeist als ziemlich sicher eingestuft, so dass sie mit den Fremdkapitalkosten abdiskontiert werden.

- **Umsatzsynergien**, z. B. aus Cross-Selling, werden allgemein mit den Eigenkapitalkosten einer fremdfinanzierten Unternehmung abdiskontiert, weil das Risiko in etwa dem des Eigenkapitals entspricht.

- **Finanzielle Synergien** basieren auf einer sehr starken Annahme, nämlich der Idee, dass mit einer größeren Unternehmung eine verbesserte Bonität und somit reduzierte Gesamtkapitalkosten (gemessen am WACC) einhergehen. Diese Annahme ist sehr stark, so dass finanzielle Synergien bei Bewertungsfragen häufig nicht sehr stark ins Gewicht fallen.

Um Synergien tatsächlich zu realisieren, fallen operative Kosten an, so dass wir zur Analyse der Profitabilität von Synergien auf das altbekannte Konzept des Netto-Barwerts zurückgreifen. Die jeweiligen unsicheren Cash Flows modellieren wir mittels einer Wahrscheinlichkeitsverteilung, so dass man z. B. einen Binomialbaum aufstellen könnte. Hier und an anderen Stellen im Buch sollten Sie feststellen, dass zuvor (und in einem anderen Kontext) präsentierte Konzepte durchaus flexibel angewendet werden können, u. a. auch um Ihre Gedankengänge im Interview zu strukturieren und zu kommunizieren.

Porter's Five Forces:

Porter's Five Forces ist das bekannteste und wirkungsvollste Framework zur Analyse der Attraktivität von Branchen und Märkten. Es kann auf alle Branchen angewendet werden. Dieses Framework ist besonders hilfreich, wenn Sie einen Case zur Beurteilung der Potenziale eines neuen Marktes bearbeiten müssen. Weil es in einem Interview aber oft zu lange dauert, alle Bereiche des Frameworks zu diskutieren, nennen wir Ihnen hier die wichtigsten Punkte, die eine Industrie oder Branche attraktiv machen:

- Hohe Eintrittsbarrieren für neue Wettbewerber
- Niedrige Eintrittsbarrieren speziell für Ihr Unternehmen
- Geringe Verhandlungsmacht der Abnehmer und Lieferanten

- Wenige Substitutionsprodukte
- Kein unvernünftiger Konkurrenzkampf, der die Gewinne vernichtet

SWOT-Analyse:

Bei Marktanalysen (vor allem in der Due Diligence) erweist sich die SWOT-Analyse als gutes Tool für eine erste Abschätzung der Unternehmenssituation. Denn sie berücksichtigt sowohl interne Erfolgs-faktoren des Unternehmens (namentlich Strengths & Weaknesses) als auch wichtige externe Marktfaktoren (Opportunities & Threats).

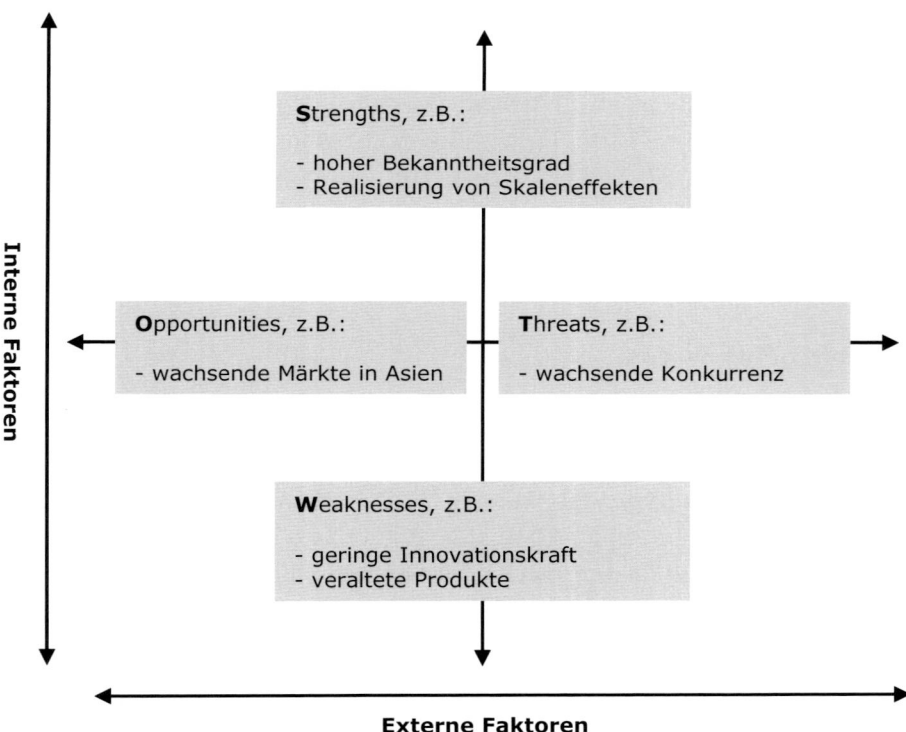

Weitere Strategie-Tools

Das squeaker.net-Buch „Das Insider-Dossier: Bewerbung bei Unternehmensberatungen" bietet inzwischen in einer überarbeiteten, vierten Auflage eine Sammlung zahlreicher weiterer Strategie-Tools und Beispiele, die bei der Case-Lösung im Consulting-Interview nützlich sind. Weitere Informationen finden Sie auf → www.squeaker.net/consulting

Aufgabenbeispiele für potenzielle Fragen im Interview:

- Synergien abschätzen
- Markteintrittsstrategien
- Marktattraktivität abschätzen
- Finanzierungsstrategien diskutieren
  (IPO, Fremdfinanzierung etc.)
- Restrukturierungsfälle (wie würden Sie folgendes Unternehmen restrukturieren? Kostenschraube, Personalreduktion etc.)

V. Ratingagenturen

Wenn Sie sich bei Ratingagenturen bewerben – aber auch bei den Risikomanagement-Abteilungen von Unternehmensberatungen – werden Sie mit dem Themenkomplex der Risikobemessung konfrontiert. Das geschieht hier in zwei Schritten: Zunächst führen wir Sie anhand der Idee der Optionspreistheorie in die Bemessung von Kreditrisiko ein. Im Anschluss daran diskutieren wir Maßnahmen und Ideen des Risikomanagements, die Sie in Interviews abrufbar haben sollten.

V.1. Kreditrisiko

Wir haben Ihnen in Kapitel B.II.2.1.2. die Logik der Optionspreistheorie näher gebracht. In diesem Kontext erwähnten wir das zeitstetige Modell von Black & Scholes, das eine optionspreistheoretische Sicht auf die Bemessung von Kreditrisiko enthält. Wir veranschaulichen den Wertverlauf von Eigen- und Fremdkapital anhand eines Payout-Diagramms:

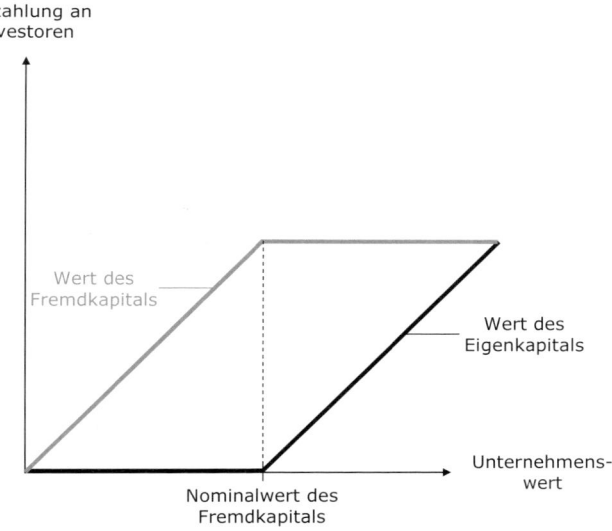

Dem obigen Diagramm können wir Folgendes entnehmen: Die Auszahlung an die Eigenkapitalinvestoren verhält sich wie eine Call-Option, deren Strike beim Nominalwert des Fremdkapitals liegt. Auf die Fremdkapitalgeber entfällt dagegen der gesamte Firmenwert, solange der Firmenwert unter dem Nominalwert des Fremdkapitals liegt. Sobald der Firmenwert den Nominalwert des Fremdkapitals übersteigt, erhalten die Fremdkapitalgeber den Nominalwert – ungeachtet des Firmenwerts, d. h. wie viel höher jener ist als der Nominalwert des Fremdkapitals. Auf diese Art und Weise ähnelt der Zahlungsstrom an die Fremdkapitalgeber einer risikolosen Anleihe in Höhe des Nominalwerts in Verbindung mit dem Leerverkauf (Short Sale) einer Put-Option auf die zugrunde liegende Unternehmung (auch Default Put genannt). Je höher der Wert dieser Put-Option ist, desto niedriger ist der Cash Flow für die Fremdkapitalgeber. Jedoch: Je höher der Wert dieser Put-Option ist, desto niedriger ist der Wert der Call-Option der Eigenkapitalgeber – dies entspricht im obigen Diagramm dem Abschnitt links vom Nominalwert des Fremdkapitals. Die Wahrscheinlichkeit, dass der Firmenwert bei Maturität in diesem Bereich liegt, d. h. in dem Bereich, in dem die Fremdkapitalgeber nicht den gesamten Nominalwert zurückerstattet bekommen und die Eigenkapitalgeber keine Zahlung erhalten, entspricht der Ausfallwahrscheinlichkeit. Der Default Put ist eine steigende Funktion der Ausfallwahrscheinlichkeit, die Call-Option der Eigenkapital-geber ist eine fallende Funktion der Ausfallwahrscheinlichkeit.

Nach Black & Scholes berechnet sich die Ausfallwahrscheinlichkeit wie folgt:

$$P_{default} = N(-d_2) = N\left(-\frac{ln(S_0 / K) + (r - \sigma^2 / 2)T}{\sigma\sqrt{T}}\right)$$

Hierbei steht S_0 für den anfänglichen Aktienkurs, K für den Nominalwert des Fremdkapitals, r für den risikolosen Zins, σ für die Volatilität der zugrunde liegenden Aktie und T für die Maturität der Option.

Vor diesem Hintergrund können drei sehr wichtige Treiber von Kreditrisiko herausgearbeitet werden:

- **Idiosynkratische Volatilität**: Dies ist der Teil der Volatilität einer Aktie, der nicht durch Marktschwankungen erklärt werden kann. Es erscheint logisch, dass bei firmeninternen Turbulenzen auch das Kreditrisiko steigt. Die eigentliche Schwierigkeit besteht in der Bemessung des idiosynkratischen Risikos, da man hierfür die relevanten stetigen Variablen, die allein von der Unternehmung abhängen, eruieren und modellieren muss.

- **Verschuldungsgrad**: Je höher der Verschuldungsgrad, d. h. je höher der Strike im obigen Diagramm ausfällt, desto höher ist das Kreditrisiko.

- **Wachstumspotenzial der Unternehmung**: Je mehr Wachstums-möglichkeiten das Unternehmen hat, d. h. je mehr Ventile zur Steigerung der Cash Flows bestehen, desto geringer ist das potenzielle Kreditrisiko. Demnach ist es hier – wie bei der idio-synkratischen Volatilität – sehr schwierig, einen angemessenen Proxy für Wachstumsmöglichkeiten zu finden. Häufig wird hier z. B. die Price-to-book Ratio (Verhältnis zwischen Markt- und Buchwert einer Aktie) zu Rate gezogen.

Wenn Sie sich bei Ratingagenturen bewerben, sollten Sie vielleicht über folgendes Verhältnis nachdenken: Der Preis von Credit Default Swaps (CDS), die wir zuvor in Kapitel B.II.2.2.2. vorgestellt haben, ist eine steigende Funktion der o. g. Ausfallwahrscheinlichkeit. Aufgrund der zeitweise hohen Liquidität von CDS, z. B. in den USA, ist der Informations-fluss, der von CDS-Preisen widergespiegelt wird, sehr stetig. Welches Verhältnis zwischen CDS-Preisen und Ratings lässt dies vermuten?

CDS-Preise inkorporieren Marktinformationen über das Kreditrisiko von Unternehmen schneller, als Ratingagenturen auf tatsächlich gesteigertes Kreditrisiko reagieren. Dies liegt an der Anreizstruktur der Rating-agenturen. Sobald ein Downgrade (Abwertung der Kreditwürdigkeit eines Unternehmens) vorgenommen wird, würde es der Glaubwürdigkeit der Ratingagentur schaden, jenes Urteil kurz darauf zu revidieren. Daher müssen Ratingagenturen sehr bedacht mit ihren Gutachten umgehen, was allerdings Flexibilität und Schnelligkeit von Ratings negativ beeinflusst. Wir zeigen das Antizipationspotenzial von CDS-Preisen exemplarisch für den Automobilhersteller Ford, dessen Aktienkurse und CDS-Preise öffentliche Informationen darstellen:

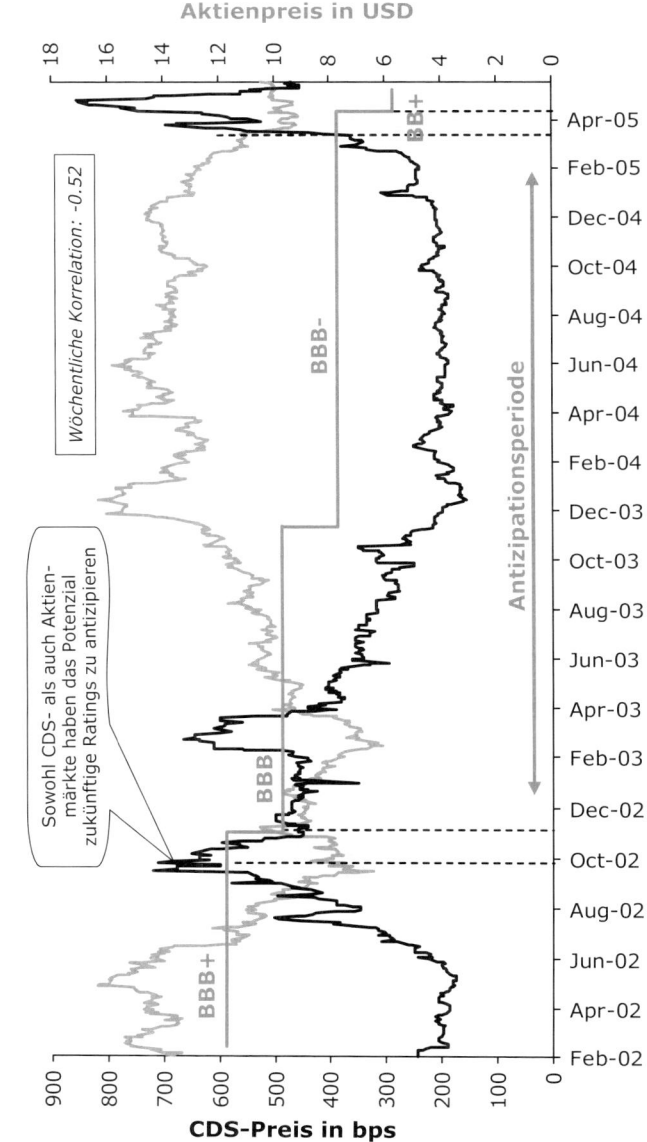

Entwicklung Aktienkurs und CDS-Preis von Ford (5-Jahres-CDS) / Ratinghistorie (S&P)

Die Grafik auf der vorherigen Seite könnte auf den ersten Blick überwältigend wirken. Daher sollten wir sie sukzessiv entschlüsseln.

Zunächst zeigt der Graph die Downgrades der Ratingagentur Standard & Poor's an. Hierfür wäre es relevant, den Überblick über die generelle Interpretation von Ratings von S&P zu gewinnen: S&P bewertet die (langfristige) Kreditwürdigkeit von Unternehmen auf einer Skala von AAA bis D. Dabei ist AA schlechter als AAA und A schlechter als AA. Darüber hinaus gibt es Abstufungen, die durch + oder – signalisiert werden (z. B. BBB+, BBB und BBB–).

Ab BB spricht man vom sog. „Non-Investment Grade", von Junk Bonds, deren Kreditrisiko sehr hoch ist. Wir sehen im obigen Graphen, dass Ford sich diesem Non-Investment Grade sukzessiv annähert. Darüber hinaus können wir feststellen, dass sowohl die CDS-Preise als auch der Aktienkurs diese Downgrades antizipieren, indem die CDS-Preise im Voraus steigen bzw. die Aktienkurse fallen (man beachte die negative empirische Korrelation zwischen Aktienkursen und CDS-Preisen).

V.2. Risikomanagement

Nachdem wir nun eine optionspreistheoretische Sicht und deren Implikationen für die Bemessung von Kreditrisiko besprochen haben, stellen wir zu guter Letzt ein Standardinstrument im Risikomanagement vor, das auf einigen Risikomaßen aufbaut, die wir bereits vorgestellt haben: Value at Risk.

Doch bevor wir Value at Risk analysieren, sollten wir uns ins Bewusstsein rufen, vor welchem regulatorischem Hintergrund das Risikomanagement in den letzten Jahren an Bedeutung gewonnen hat.

Im Rahmen der finalen Version des Basel-II-Abkommens (Mitte 2004) wurden die Banken dazu angehalten, Methodologien zum angemessenen Risikomanagement zu entwickeln sowie zu implementieren. Grundsätzlich gilt es, folgende Richtlinie einzuhalten: Das regulatorische Kapital entspricht mindestens 8 % der risikogewichteten Assets und erfüllt damit die Kapitalanforderungen zur Deckung von Kredit-, Markt- und operationellen Risiken. Die Mindestkapitalanforderung stellt nur eine der drei Säulen des Basel-II-Abkommens dar. Die beiden anderen Säulen sind der bankaufsichtliche Überprüfungsprozess, der eine frühe Intervention ermöglicht, und die erweiterte Offenlegung, welche die Markttransparenz fördern soll.

Für die Säule der Mindestkapitalanforderung steht die Bemessung von Risiken im Vordergrund. Nachdem wir den Themenkomplex des Kredit-risikos bereits angesprochen haben, wollen wir mit der Einführung des Konzepts des Value at Risk die Bemessung von Marktrisiken näher betrachten.

Value at Risk (VaR) bemisst zunächst den maximalen Verlust, den eine Bank mit einer gewissen Wahrscheinlichkeit unter bestimmten Kapital-marktpositionen verzeichnet. Man unterscheidet vier Arten von Marktrisiken: Zins-, Aktienmarkt-, Währungs- sowie Commodityrisiken. Hierbei gilt für die jeweiligen Positionen:

VaR = Wert der Position x z-Wert x Risikomaß

Dabei entspricht der *z-Wert* dem Perzentil der Normalverteilung, d. h. (für einseitige Tests) 1,645 für 95 % etc.

Was uns also besonders interessiert, sind die relevanten Risikomaße. Hierbei können wir auf bereits Gelerntes zurückgreifen. Die folgende Tabelle fasst die Risikomaße zusammen:

Kapitalmarktinstrument	Risikomaß
Festverzinsliche Wertpapiere, z. B. Anleihen	Duration x Zins-Volatilität
Aktien	Beta x Volatilität des Aktienmarkts
Fremdwährungen	Volatilität

Die oben dargelegten Risikomaße sollten sich ganz natürlich aus unseren Definitionen von Duration und Beta ergeben. Die Duration stellt die Zins-sensitivität des Anleihenkurses dar, wohingegen Beta (grob gesprochen) das Verhalten von systematischem Risiko zu Marktrisiko beschreibt. Daraus ergeben sich die Multiplikationen mit der Zins-Volatilität bzw. mit der Volatilität des Aktienmarkts (und *nicht* der Aktie selbst!).

Vorsicht: Da hier mit Volatilitäten gerechnet wird, sollten Sie sich daran erinnern, dass jene mit der Quadratwurzel der Zeit (und nicht linear!) wächst.

In diesem Zusammenhang sollte zuletzt der Portfolio-Effekt der Risikodiversifizierung umrissen werden. Dadurch, dass die o. g. Risikopositionen nicht perfekt miteinander korrelieren, besteht die Möglichkeit der Risikodiversifizierung. In diesem Fall liegt der VaR des diversifizierten Portfolios unter dem des undiversifizierten Portfolios.

Im Risikomanagement und in Ratingagenturen sind noch viele weitere Konzepte relevant, z. B. die Messbarkeit operationeller Risiken, deren Häufigkeit variiert, so dass unterschiedliche Wahrscheinlichkeits-verteilungen zugrunde gelegt werden. Verstehen Sie also die Hinweise in diesem Kapitel als Inspiration und machen Sie sich darüber hinaus mit den Grundlagen der Wahrscheinlichkeitstheorie vertraut, um auf eher technische Fragen vorbereitet zu sein.

Aufgabenbeispiele für potenzielle Fragen im Interview:

- VaR für diverse Positionen berechnen
- Fragen aus der Stochastik (Verteilungsfunktionen, Abschätzungsmethoden, Regressionen)
- Modellierung von Volatilitäten (stochastisch: Heston-Modell), Zinsen (Hull/White, Ho/Lee, LIBOR Market Model, Jarrow/Turnbull etc.), Aktienkursen (geometrische Brownsche Bewegung, d. h. Wiener Prozess mit Drift), Wechselkursen
- Determinanten des Kreditrisikos diskutieren
- Zusammenhang zwischen Kreditrisiko und Optionsbepreisung erläutern

C. Die Bewerbung

Der Bewerbungsprozess in der Finance-Branche ist i. d. R. zweigeteilt – genau wie dieses Kapitel. Zunächst füllen Sie die Online-Bewerbung aus. Bei Interesse des Arbeitgebers werden Sie zu Interviews und oft auch einem Mathematik-Test in das Büro eingeladen.

Im ersten Teil beleuchten wir die notwendigen Schritte auf dem Weg zum Interview. Im zweiten Teil geht es dann ausführlich um mögliche Formen und Inhalte des Interviews.

I. Tipps zur Vorbereitung auf die Bewerbung

In diesem Abschnitt wollen wir den (schriftlichen) Bewerbungsprozess skizzieren, d. h. die Phase, in der Sie sich bei den Unternehmen bewerben, die Sie interessieren.

Wie kontaktiert man Unternehmen? Wie bewirbt man sich?

Eine simple Fragestellung, doch angesichts der Vielzahl der Branchenbereiche, die wir in diesem Buch betrachten, gibt es einige Anmerkungen, die vom üblichen Rat abweichen und sehr erwähnenswert sind. Sicherlich ist es zum Standard in der Wirtschaft geworden, dass man sich zunächst online bewirbt. Vor allem für Ihre Bewerbungen im Investmentbanking sollten Sie sich zunächst darauf einstellen, sehr viele Online-Formulare auszufüllen. Ähnliches gilt für Positionen in der Corporate-Finance-Beratung sowie in Ratingagenturen. All diese Unternehmen rekrutieren auf breiter Basis und schaffen sich durch die Online-Bewerbungen mehr Transparenz.

Sie sollten in Ihrer Online-Bewerbung genauestens auf Ihre Motivation eingehen. Schreiben Sie keine zu langen Antworten, aber bleiben Sie nicht oberflächlich. Erklären Sie sich, Ihren Hintergrund sowie Ihre Beweggründe für Ihre Bewerbung hinreichend, ohne Informationen zu wiederholen, die aus anderen Angaben bereits ersichtlich sind (z. B. Noten, welche Sie separat angeben werden).

Sollten Sie nicht von einer sog. Target School kommen (dies können Sie sehr leicht feststellen, indem Sie sich erkundigen, ob das jeweilige Unternehmen sich an Ihrer Hochschule, z. B. in Form von Unternehmenspräsentationen, engagiert), fallen Ihre Noten stärker ins Gewicht. Vor allem in London wird das Äquivalent eines „upper second (2.1)" gefordert, welches an Elitehochschulen wie der London School of Economics als Median-Note für Wirtschaftsabsolventen aufgefasst

> *„Ein absolutes K.O.-Kriterium ist die Vorspiegelung falscher Tatsachen."*
>
> Miriam Eger, Head of Graduate Recruitment Germany, **Deutsche Bank**

wird. Lassen Sie sich also nicht täuschen und geben Sie sich so viel Mühe wie nur möglich in Ihrem Studium – ein „upper second" sollten Sie nicht mit einem knapp guten Notendurchschnitt übersetzen! Andererseits sollten Sie sich nicht zu sicher fühlen, wenn Sie Ihr Studium mit Auszeichnung abschließen sollten – schließlich bewerben Sie sich nicht als wissenschaftlicher Mitarbeiter, sondern als Analyst in der Praxis. Noten sind nur ein Türöffner für viele Bewerber.

Ein ehemaliger Bewerber berichtete uns von seinem Praktikum in einer großen (amerikanischen) Investmentbank und schilderte uns, wie sich seine Kollegen im Team-Raum über einen anderen Bewerber unterhalten haben, der gerade in jenem Moment interviewt wurde. Zu hören waren Wortfetzen wie „aber er kommt aus Cambridge", „ich weiß nicht, ob er sich ausreichend mit der Materie auseinandergesetzt hat" sowie „er scheint mir motiviert genug". Behalten Sie diese Szenerie als Exempel in Ihrem Hinterkopf, wenn Sie interviewt werden. Eine erfolgreiche Bewerbung besteht aus mehr als nur dem einfachen Abhaken von Charakteristika. Sie müssen viele Menschen überzeugen, die sich selbst nur wenige Minuten mit Ihnen nach dem Gespräch befassen werden, den Großteil der Zeit aber damit verbringen werden, mit anderen Interviewern über Sie zu diskutieren!

Auf die Interviews werden wir im nächsten Abschnitt dieses Buchs näher eingehen. Vorher stellt sich die Frage: Wie erringen Sie ein Interview für rare Stellen, wie informieren Sie sich und wie netzwerken Sie effektiv im Voraus?

Bevor Sie sich bewerben, ergibt sich u. U. die Möglichkeit, mit Unternehmensvertretern, z. B. auch mit Analysten einer Investmentbank, für die Sie sich interessieren, im Rahmen einer Unternehmenspräsentation an Ihrer Hochschule in Kontakt zu treten. Nutzen Sie diese Kontakte! Je „seniorer" der jeweilige Repräsentant ist, desto höher ist die Wahrscheinlichkeit, dass der-/diejenige in der Lage sein wird, Ihre Bewerbung mit Nachdruck an die jeweilige Personalabteilung weiterzureichen. Aber auch online besteht die Möglichkeit, jeweilige Mitarbeiter zu kontaktieren, z. B. auf Netzwerk-Plattformen wie XING (→ www.xing.com). Nutzen Sie diese Option aber bedacht, Sie wollen schließlich nicht als Spam eingeordnet werden…

„Grundsätzlich unterscheiden sich Bewerbungen für das Investmentbanking nicht fundamental von Bewerbungen für andere Bankbereiche. Wichtig ist, dass der CV vollständig und lückenlos ist. Arbeitszeugnisse und Notenblätter gehören auf alle Fälle dazu. Gleichzeitig muss beim Anschreiben die Motivation für das Investmentbanking klar herausgearbeitet sein. Idealerweise bringt der Bewerber schon Bankenerfahrung mit; wenn dies in einer IB war, dann umso besser!"

Ana Nastic, Recruiting Investmentbanking, **UBS** Zürich

Diese Ratschläge für Bewerbungen erweisen sich vor allem bei jenen Unternehmen als sehr nützlich, die aktiv nach Talenten Ausschau halten und dementsprechend viele Bewerbungen erhalten. Anders sieht dies in einem von Seniorität und Erfahrungen getriebenen Branchenbereich wie Private Equity aus. Hier sollten Sie wohl tiefer in die Trickkiste greifen, um sich ein Interview zu verschaffen.

Unter anderem gibt es auf Private Equity spezialisierte Headhunter, die für die jeweiligen Fonds Kandidaten vorselektieren bzw. jene proaktiv ansprechen. Sollten Sie allerdings noch nicht zur Gruppe derer gehören, die bereits zwei, drei Jahre lang für die führenden Unternehmensberatungen und Investmentbanken dieser Welt gearbeitet haben, sind Sie für den Kontakt verantwortlich. Private-Equity-Fonds geben sehr selten Personaler-Kontakte auf der Homepage frei. Aber auch diese

Fonds suchen hin und wieder Analysten und bieten dementsprechende Einstiegspositionen an.

Sollte es auf Sie zutreffen, dass Sie a) hervorragende Noten im Studium erzielt, b) viele und qualitativ hochwertige Praktika bei Unternehmens-beratungen und Investmentbanken absolviert haben und c) viel Know-how für die Branche mitbringen, dann sollten Sie all Ihr Selbstbewusstsein sowie Ihre Fähigkeiten in die Hände nehmen und an die Private-Equity-Fonds herantreten!

Aber wie kommen Sie mit jemandem in Kontakt, der Ihre Bewerbung unterstützen könnte? Das Internet und vor allem die E-Mail-Kommunikation stellen nicht umsonst Grundpfeiler der heutigen Geschäftswelt dar. Finden Sie die Mailadresse eines relevanten Mitarbeiters heraus und senden Sie ihm Ihren Lebenslauf samt einigen Erläuterungen zu – all dies sollten Sie mit einer nicht allzu ausgeprägten Penetranz versehen. Vermarkten Sie sich, aber werden Sie nicht aufdringlich oder gar peinlich!

Hierfür könnte folgender Rat eines ehemaligen Bewerbers hilfreich sein: Nehmen wir an, Sie wollen sich beim Private-Equity-Fonds „Hyper-rendite" bewerben. Sie wissen, dass die Domain „hyperrendite.com" lautet. Des Weiteren kennen Sie den Namen eines Analysten, der auf der Homepage mit vollem Namen aufgeführt wird, z. B. „Anton Analyst". Wie erreichen Sie Anton, wenn seine Mailadresse – was normalerweise der Fall sein wird – nicht auf der Homepage der Unternehmung erscheint? Nutzen Sie eine Suchmaschine und suchen Sie nach der Domain des gewünschten Fonds, z. B. „@hyperrendite.com". Auf die Art und Weise suchen Sie gezielt nach sämtlichen Mailadressen dieser Unternehmung, die im World-Wide-Web irgendwo erwähnt werden. Unter anderem werden Sie vielleicht eine Website entdecken, welche die Mailadresse einer Sekretärin namens „Sigrun Sekretär" enthält, z. B. sigrun_sekretaer@hyperrendite.com. So erfahren Sie, dass die üblichen Mailadressen dieses Private-Equity-Fonds nach folgender Systematik aufgebaut sind: <Vorname>_<Nachname>@hyperrendite.com. Oft wird es Ihnen aber nicht so leicht gemacht! Andere Variationen wären z. B. <Nachname><erster Buchstabe des Vornamens>@hyperrendite.com, also sekretaers@hyperrendite.com im obigen Beispiel. Auch hier gilt der Hinweis, dass Sie diese Option bedacht ausüben sollten – Sie wollen schließlich den Unternehmen nicht im Vorfeld negativ auffallen.

Seien Sie kreativ und geben Sie vor allem nicht zu früh auf! Es macht schließlich ökonomisch Sinn, dass Sie in einem hart umstrittenen Markt Ihre Qualifikationen so eindeutig wie möglich gegenüber den Marktpartnern, d. h. Ihrem potenziellen Arbeitgeber, signalisieren.

Da der Recruitingprozess der Investmentbanken repräsentativ für die Finance-Branche ist, konzentrieren wir uns im Folgenden auf das Investmentbanking. Doch gibt es sicherlich unterschiedliche Bewertungsschwerpunkte im Recruitingprozess der einzelnen Branchenbereiche, die wir in diesem Buch ausleuchten. Z. B. wird die Persönlichkeitskomponente im netzwerklastigen Private-Equity-Geschäft tendenziell stärker ins Gewicht fallen als bei den Ratingagenturen.

Präsentations-Tipps von **Goldman Sachs**:

- Je besser Sie über das Thema sowie Ihre Adressaten informiert sind und je gründlicher Sie die Inhalte vorbereiten, desto selbstsicherer und vertrauenswürdiger wirken Sie.

- Trainieren Sie so lange, bis Sie Ihr Thema ohne Notizen sicher vortragen können. Wenn Sie sich Antworten auf potentielle Fragen frühzeitig überlegen, wird Sie niemand aus dem Konzept bringen können.

- Zählen Sie bis drei, wenn Sie einen wichtigen Satz oder Punkt beendet haben. Das Schweigen macht Sie vielleicht zunächst nervös, aber es wird Ihre Argumente hervorheben und dem Zuhörer die Möglichkeit geben, Ihre Worte zu reflektieren.

- Versetzen Sie sich in die Lage des Zuhörers und überlegen Sie sich, wie Ihre Aussagen wahrgenommen werden.

- Ein Geheimnis überzeugender Rednern ist es, nicht permanent zu reden – sie stehen vielmehr mit ihren Zuhörern im Dialog.

- Stellen Sie Fragen. Auch wenn Sie den Eindruck haben, sie seien überflüssig, wird Ihnen Ihr Publikum so mehr Aufmerksamkeit schenken.

II. Ziele eines Finance-Interviews und potenzielle Inhalte

Sie haben also ein Interview in einer Investmentbank ergattert? Glückwunsch! Die Bank hält Sie und Ihren CV für vielversprechend. Doch was erwartet Sie beim Interview? Wie viele Runden wird es geben? Und von einem Mathetest hört man ja auch oft …

Ein Kandidat wird die Investmentbank meistens in zwei Runden kennen lernen – in der ersten Runde trifft man bis zu vier Interviewpartner, normalerweise Analysts und Associates, in Einzelinterviews. Die Einzelinterviews weisen eine zweigeteilte Struktur auf: Der erste Teil der Einzelinterviews prüft den Kandidaten eher persönlich als fachlich. In einem zweiten Teil werden technische Details, auf die wir Sie im Kapitel B vorbereitet haben, abgefragt. In der zweiten Runde erwartet den Kandidaten oft eine Art Assessment Center, das aus folgenden Modulen bestehen kann:

- Einzelinterviews wie in der ersten Runde,
- ein Mathetest
- eine Gruppendiskussion und
- eine Präsentation.

Um diese Struktur des Bewerbungsprozesses aufzugreifen, werden in den nachfolgenden Kapiteln zunächst die persönlichen Aspekte des Einzelinterviews diskutiert (oft unter dem Dachbegriff Personal Fit zusammengefasst). Da Mathetests entweder online vor dem Interview oder erst beim Assessment Center durchgeführt werden, findet sich danach ein kurzer Refresher für Mathematik-Grundlagen. Zum Schluss führen wir dann in die Thematik von Cases und Fachfragen ein.

Nach der ersten Runde und den Einzelinterviews folgt im gewöhnlichen Bewerbungsprozess oft ein Assessment Center (zumeist in der europäischen Zentrale in London). Die Gruppendiskussionen sind zwar nicht bei jeder Bank üblich, wenn sie aber durchgeführt werden, dann diskutiert der Kandidat zusammen mit weiteren Mitstreitern über Common-Sense-Business-Cases. Eine kleine Auswahl zusammen mit technischen Beispielaufgaben aus den Einzelinterviews findet sich im Kapitel D dieses Buchs.

Case-Studies und Gruppendiskussionen stellen allerdings nicht immer die einzige Herausforderung da. So müssen Bewerber manchmal nach kurzfristiger Vorbereitung auch eine Präsentation halten und Thesen aus einem breit gefächerten Themenspektrum verteidigen.

II.1. Der Personal Fit

Der Personal Fit ist nicht zu unterschätzen – oft erzählt man sich davon, wie wichtig es ist, mit den Kollegen auszukommen. Das gilt besonders, wenn man mit den Kollegen auch noch 80 Stunden und mehr pro Woche verbringt. Bewirbt man sich um ein Praktikum oder einen Job in der Finance-Branche, dann erinnert das oft an die Sportstunden in der Schule, wenn die Mannschaften ausgewählt worden sind. „Will ich den in meinem Team haben?", fragt sich so mancher Interviewer, wenn der Kandidat ihm im Einzelgespräch gegenübersitzt.

Interview-Tipps von **Goldman Sachs**:

Machen Sie sich darüber Gedanken, warum Sie das Investmentbanking interessiert. Was wissen Sie über das Unternehmen? Was reizt Sie an Ihrem potentiellen Arbeitgeber?

Denken Sie über das Arbeitsumfeld und die Kultur des Unternehmens nach, das Sie beeindrucken möchten. Üben Sie Ihre Antworten auf schwierige Fragen im Vorfeld.

Worauf kommt es hier an? Vor allem auf den Kandidaten und seine Persönlichkeit. Nachfolgend stellen wir eine Interviewsituation nach, insbesondere die Fragen des Interviewers, die wir einzeln und nacheinander kommentieren. Der Kandidat befindet sich in einem Interview mit einem Associate der fiktiven „Dealmaker" Bank.

Interviewer: Willkommen bei Dealmaker. Mein Name ist Danny Dealmaker. Um mich vielleicht kurz vorzustellen, ich habe an der Business School in Vallera studiert, im letzten Studienjahr ein Praktikum bei Dealmaker gemacht und arbeite seitdem im M&A, mittlerweile im vierten Jahr. Wie steht es mit Ihnen?

Hinweise für den Kandidaten: Der Interviewer hat sich kurz vorgestellt. Das bedeutet zwar nicht, dass der Kandidat sich genauso kurz halten muss, aber eine Vollversion des Lebenslaufs braucht er auch nicht abzuliefern. Dennoch sollte man sich die Zeit nehmen zu erklären, was man wo studiert hat und woher die praktischen Erfahrungen kommen. Kurz: Man sollte erläutern - nicht rechtfertigen - warum man jetzt vor dem Interviewer in der Investmentbank sitzt, und sich selbst als interessante Person präsentieren, die etwas zu erzählen hat.

Interviewer: Warum Investmentbanking?

Hinweise: Sie arbeiten gern mit smarten Menschen zusammen – egal, wie lange. Investmentbanking wird oft auch als besonders intensiv umschrieben. Des Weiteren sind Sie firm im Umgang mit Zahlen, suchen gerne nach der besten Lösung für den Kunden und denken unternehmerisch. Unternehmerisches Denken ist insofern gefragt, als dass es Quartale gibt, in denen sehr viele Pitches (eine Art Bewerbung einer Bank, sich einer Fusion annehmen zu dürfen) durchgeführt werden. Wer da nicht unternehmerisch denkt und das Ziel des nächsten Auftrags im Auge hat, dessen Motivation wird möglicherweise schnell nachlassen. Und das drückt auf die Stimmung im Team, was sich eine Investmentbank nicht leisten kann, die versucht, so effizient wie möglich zu arbeiten.

Interviewer: Sehr schön. Was mir allerdings aufgefallen ist: Sie haben noch keine praktischen Finance-Erfahrungen. Was also hat Sie nun dazu veranlasst, sich bei einer Investmentbank zu bewerben?

Hinweise: Noch nie bei einer Bank ein Praktikum absolviert? Keinen Wettbewerb in Finanzwirtschaft gewonnen? Kein Problem. In jedem Job gibt es quantitative Module – beispielsweise in der Unternehmens-beratung. Hier macht es Sinn, die eigene Leidenschaft für Zahlen in den Vordergrund zu stellen und klar herauszustellen, dass man sich mit Finance nicht mehr nur am Rande beschäftigen möchte. Doch Vorsicht: Wer übertreibt, ist vielleicht fehl am Platze! In einer Investmentbank werden nur selten Quantenphysiker und High-Fly-Mathematiker gesucht, obgleich quantitative Fähigkeiten ein wichtiges Kriterium darstellen. Im

M&A beispielsweise besteht die Herausforderung eher darin, einen guten Überblick über die vielen Zahlen zu behalten und sie fix analysieren zu können.

Interviewer: Die Investmentbanking-Branche ist sehr konjunkturabhängig. Warum wollen Sie wirklich ins Investmentbanking?

Hinweise: Dies ist ein Beispiel für hartnäckiges Fragen. Dabei bedient sich der Interviewer der Zyklizität des Geschäfts, um Ihre Motivation für Ihren Brancheneinstieg abzuklopfen. Seien Sie also auf solche oder ähnliche Folgefragen vorbereitet!

Interviewer: Warum Dealmaker?

Hinweise: Gute Frage. Womöglich eine der gängigsten und zugleich wichtigsten. Es ist absolut unerlässlich, sich über die Investmentbank, bei der man sich bewirbt, zu informieren – zum Beispiel anhand der Informationen in diesem Buch. Sehr gut sind stets auch Hinweise auf Präsentationen der jeweiligen Bank an der Hochschule, wo man erste Kontakte geknüpft hat und eine bestimmte Investmentbank einem an sympathischsten war.

> *„In meinem Interview bei HSBC Trinkaus wurden meine fachlichen Kompetenzen kaum abgeprüft. Vielmehr lag der Fokus auf aktuellen wirtschaftspolitischen Themen. Bereits einige Wochen vor dem Interview solle man daher unbedingt die Tageszeitung lesen."*
>
> Ein Bewerber

Interviewer: Aha. Und warum *nicht* Dealmaker?

Hinweise: Geschockt? Am besten ist es, diese Frage ehrlich zu behandeln. Gibt es Vorurteile gegenüber der Bank, die anfangs für Bedenken gesorgt haben? Des Weiteren: Nicht jeder Deal gelingt – wer sich im Vorfeld sehr gut über die Deal History der Investmentbank informiert hat, kann vielleicht einige Geschehnisse der Vergangenheit nennen, die gegen eine bestimmte Bank sprechen, sei es ein weniger glücklich verlaufener Merger oder eine strategische Krise der Führungsspitze der Bank. Am Ende sollte aber klar sein: Der Kandidat steht zu seiner Bewerbung, kennt die Bank angemessen gut und vor allem die Unterschiede zur Konkurrenz.

Interviewer: Was treibt, was fasziniert Sie?

Hinweise: Oft gefragt, selten einfach zu beantworten. Sollten Sie sich für analytische Raffinessen faszinieren können, so ist das absolut förderlich. Das kann sich in vielen Hobbies und Interessen widerspiegeln: z. B. Literatur, Analyse künstlerischer Werke im Allgemeinen, Naturwissenschaften, Schach etc. Aber neben analytischen Fähigkeiten ist in einer Investmentbank vor allem Durchhaltevermögen gefragt. Dieses kann sich vor allem in sportlichen Betätigungen des Kandidaten zeigen. Aus der Kategorie „don't try this at your favourite investment bank": Sportlichkeit an sich ist absolut ausreichend. Weltrekorde beim New York Marathon im Lebenslauf zu verzeichnen, kann aber in die Hose gehen, wenn der Banker den Marathon selbst mitgelaufen ist und in der Datenbank online nachschaut, wie schnell man wirklich war.

squeaker.net-Tipp zu Kompetenzbasierte Fragen:

Die zu erwartende Arbeitsleistung eines Bewerbers lässt sich gut aus seinem Verhalten in früheren Situationen ableiten. Daher möchte der Interviewer mit diesem Fragetypus möglichst genau herausfinden, wie Sie ein konkretes Problem in der Vergangenheit gemeistert haben.

Antworten Sie auf Fragen wie bspw. „Waren Sie schon einmal in einer schwierige Situation? Wie haben Sie das Problem gelöst?" also unbedingt mit einem Beispiel, das Sie tatsächlich erlebt haben. Seien Sie außerdem auf detaillierte Nachfragen vorbereitet.

Solche Peinlichkeiten mögen zunächst amüsant sein, sie unterminieren aber bereits die Vertrauensbasis, noch ehe sie vollständig aufgebaut ist. In der alltäglichen Arbeit muss sich das zukünftige Team voll und ganz auf einen verlassen können, wenn beispielsweise der Vorgesetzte unterwegs anruft und einige Zahlen anfordert. Es ist wichtig, dies zu verinnerlichen, um eine dementsprechend professionelle Einstellung mit ins Interview zu bringen.

Bei der Beantwortung der Frage kommt es vielmehr darauf an, dass Sie ein rundes Profil aufweisen können. Es sollte klar werden, dass Sie die Schritte, die Sie bis dato in Ihrem Leben(slauf) gegangen sind, aus

Eigeninteresse gegangen sind. Investmentbanking orientiert sich beim Auswahlprozess sehr stark an der Persönlichkeit des Kandidaten. Auch wenn Konsistenz womöglich ein sehr wichtiges Kriterium bei Ihrer Bewerbung ist, bedeutet dies nicht, dass rätselhafte Persönlichkeiten, Menschen mit komplexeren Vorstellungen und solche mit unge-wöhnlichen Lebenswegen mit ver-minderten Chancen in die Interviews gehen. Im Gegenteil: Zeigen Sie, worauf es bei Ihrer Person ankommt. Wer auch bei einem sehr generalistisch-breiten Profil drei Schlagworte nennen kann, die ihn für die Bank interessant machen, zeigt, dass er sich auf das Wesentliche beschränken kann.

„BNP Paribas führt vor dem Bewerbungsgespräch ein Telefon-Interview durch. Dabei wurden mir keine Fachfragen, sondern vor allem kompetenzbasierte Fragen gestellt. Man sollte sich also vorher schon Situationen überlegen, in denen man Führungsstärke bzw. Teamfähigkeit gezeigt hat oder in denen man einen Fehler gemacht hat."

Ein Bewerber

Interviewer: Investmentbanking setzt sich vor allem aus Rechnungs-legung und Unternehmensbewertung zusammen. Womit sollen wir also anfangen?

Hinweise: Sie halten sich für extrem firm? Sehr schön. Aber das verleitet Sie hoffentlich nicht dazu, auf diese Frage mit „egal" zu antworten. Vor kurzem ist dies nämlich einem Ihrer Kollegen passiert, der daraufhin etwas schwierigere Interviewfragen beantworten durfte. Es war ihm ja schließlich „egal" …

Weitere Hinweise: Generell ist der Personal Fit als eines der wichtigsten Auswahlkriterien anzusehen. Hierfür kann man einen Associate einer Top-M&A Bank zitieren, der vor kurzem im Interview vortrug: „Ich bringe dir DCF in sehr kurzer Zeit bei. Aber damit ich dir das Ganze beibringe, müssen wir uns verstehen. Auf einer persönlichen Ebene."

Man erkennt: Die fachlichen Grundlagen sind oft nicht sehr komplex, aber über so manche Lücke hilft einem auch ein potenzieller Kollege – wenn man seine Sympathie im Interview gewinnen konnte. Der Personal

Fit ist bewusst subjektiv gehalten, er lässt sich nicht messen, aber er gibt einen ersten Eindruck davon wieder, inwiefern man selbst in eine gewisse Investmentbank passt oder nicht. Seien Sie ehrlich und verstellen Sie sich nicht im Interview, denn es ist in Ihrem Sinne wie auch im Sinne der Investmentbank herauszufinden, ob man zusammenarbeiten sollte oder nicht. Daher empfehlen wie Ihnen, unsere Hinweise nicht als Antwortschablone zu verwenden, sondern als Anregung, sich ehrlich und eingehend selbst zu befragen, um überzeugende Antworten zu finden.

„Haben Sie noch irgendwelche Fragen?"

Einige werden diese Frage aus Interviews kennen. Bevor Sie sich klammheimlich aus dem Raum schleichen können, werden Sie noch um „irgendwelche offenen Fragen" gebeten. Sie können sich also doch nicht so schnell aus dem Staub machen, wie es Ihnen vielleicht lieb wäre. Doch wie soll man diese letzten Minuten des Interviews füllen?

Im Folgenden möchten wir Ihnen einige Vorschläge für Ihre letzten Fragen im Interview machen:

- Diskutieren Sie die Unternehmenskultur und persönliche Beweggründe des Interviewers, die dazu geführt haben, dass jener sich für die Firma entschieden hat, in der er heute arbeitet.
- Zeigen Sie, dass Sie Ihre Hausaufgaben gemacht haben: Diskutieren Sie Ihre Bewerbung für diese spezifische Abteilung und hinterfragen Sie Ihr eigenes Verständnis der Aktivitäten der Abteilung. Haken Sie nach, zeigen Sie Interesse und hören Sie gut zu, wenn der Interviewer Ihnen offenlegt, wie er seine Abteilung sieht.
- Seien Sie ehrlich, falls Ihr Interviewer Sie nach Ihren sonstigen Optionen (für den Job, das Praktikum etc.) fragen sollte. Denn es würde ihn nur eine Minute kosten, Ihre Angaben zu überprüfen!
- Durchforsten Sie die Pressemitteilungen über das Unternehmen und fragen Sie Ihren Interviewer ggfs. nach dessen Erfahrungen, z. B. bei einer bestimmten Transaktion.

- Sie haben Finanzökonomie studiert? Sehr gut. Sie können aktuelle Forschungsthemen in Verbindung mit dem Praxiskontext bringen? Umso besser! Erzählen Sie von Ihren Ideen, seien Sie dabei aber nicht überschwänglich oder zu kreativ – bleiben Sie bei den Tatsachen und stellen Sie Relevantes heraus. Eine aktuelle Forschungsfrage, die beispielsweise häufig auch parallel von der Presse diskutiert wird, ist das Investitionsverhalten der Private-Equity-Fonds der Investmentbanken, da u. U. Interessenkonflikte mit der M&A-Abteilung hervorgerufen werden (eine Bank, deren Private-Equity-Sparte für Industrieunternehmen bietet, wird von den dementsprechenden Kandidaten tendenziell nicht mehr für die Begleitung von M&A-Transaktionen engagiert).

Fazit

Ein Einzelinterview ist eine besonders intensive Erfahrung. Auch wenn Sie die theoretischen Grundlagen beherrschen, können Ihnen viele „weiche" Aspekte den Weg zu Ihrem Traumjob verbauen. Vor diesem Hintergrund möchten wir an dieser Stelle ein paar Ratschläge für Ihr Verhalten in Einzelinterviews hervorheben:

- Seien Sie selbstsicher, aber unter keinen Umständen arrogant! Ihr Interviewer ist auch nur ein Mensch und möchte wissen, ob er mit Ihnen zusammenarbeiten kann. Arroganz wird von Fachwissen keinesfalls übertrumpft. Es gibt viele Studenten, die fit in der Theorie sind – ein makelloses Uni-Zeugnis allein überzeugt die meisten Interviewer aber nicht.
- Seien Sie ehrlich und beweisen Sie so Vertrauenswürdigkeit.
- Lassen Sie sich von der vermeintlichen Lockerheit Ihres Interviewers nicht dazu verleiten, mit jenem wie mit einem Kumpel umzugehen. Bewahren Sie die Professionalität in jeder Lage, ohne unbedingt unterkühlt zu wirken.
- Achten Sie auf professionelle Kleidung und eine generell gepflegte Erscheinung am Tag Ihres Interviews. Oftmals übernachten Sie in der Nacht vor Ihrem Interview in einem Hotel

– nutzen Sie die Ihnen dort gebotenen Ressourcen, um sich auch äußerlich auf das Interview vorzubereiten.

- Geben Sie möglichst kurze, klare Antworten – und, vor allem, antworten Sie allein auf die Frage, die Ihnen gestellt wurde! Verschwenden Sie keine Zeit, die Ihnen vielleicht am Ende des Einzelinterviews beim Case fehlen könnte.

- Noch ein Gebot der Professionalität: Sollten Sie mal bei der Konkurrenz ein Praktikum absolviert und jenes nicht als sehr angenehm empfunden haben, reden Sie unter keinen Umständen schlecht über Ihre alten Kollegen. Die Branche ist gut vernetzt, man kennt sich.

II.2. Mathetests

Fast jede Investmentbank hat einen eigenen Mathetest, der einen Teil der Gesamtbewertung ausmacht. Da meist kein Taschenrechner mitgegeben wird, ist der Kandidat auf seine Kopfrechenkünste angewiesen. Daher schieben wir hier einen kurzen Mathe-Exkurs mit Beispielen ein.

Es sei jedem ans Herz gelegt, die eigene Fitness in schriftlichen Grundrechenarten , im „Einmaleins" und im Kopfrechnen noch einmal zu überprüfen. Darüber hinaus sollte man einige Dreisatz-Aufgaben noch mal üben. Nichts ist ärgerlicher, als im Ansatz einer leichten Rechnung alles richtig zu machen und dann auf der Zielgeraden zu stolpern.

Beispiele:

Schriftliche Multiplikation:

93 x 24
  186
+ 372
= 2232

Schriftliche Division:

```
537 : 3 = 179
−3
 23
−21
  27
 −27
   0
```

Große Zahlen:

Achten Sie auch auf typische Fehlerquellen im Umgang mit „großen Zahlen" und Prozentangaben. Beim Multiplizieren von Zahlen mit vielen Stellen gilt die einfache Regel, dass die Zahl der Nullen des Ergebnisses sich aus der Summe der Nullen der Faktoren zusammensetzt.

20.000 x 3.000.000 ergibt 2 x 3 mit 4 + 6 = 10 Nullen, also 60.000.000.000 (= 60 Milliarden). Trennen Sie die Stellen in Tausenderschritten mit einem Punkt, und Sie behalten den Überblick.

Prozentzahlen und Promille:

1 ‰ sind 0,001 − 1 ‰ von 32.384 = 32,384. Man muss in diesem Fall das Komma um die Anzahl der Stellen nach links verschieben.

1 % sind 0,01 − also sind 1 % von 19,50 € = 19,5 Cent.

6 % x 7 % sind nicht 6 x 7 = 42 %, sondern 0,06 x 0,07 = 0,0042 = 0,42 %

100 % entspricht 100/100=1. Also sind 200 % gleich 200/100=2. 200 % von 30 € sind also 2 x 30 € = 60 €.

Eine prozentuale Wertsteigerung (z. B. einer Aktie) errechnet sich wie folgt: Wert 12/2002: 25 €. Wert 12/2003: 50 €. Wertsteigerung: 50/25− 1 = 1; Eine Verdoppelung (50/25=2) entspricht einer *Steigerung* um 100 % (=1).

Eine Steigerung um 300 % ist nicht etwa eine Verdreifachung (also 25 x 3 = 75) sondern 3 x 25 plus die ursprünglichen 25 = 100.

Potenzen:

$3^2 = 9$
$(3^2)^2 = 3^{2 \times 2} = 3^4 = 81$
$3^2 \times 3^3 = 3^{2+3} = 3^5 = 243$

Und was ist die Wurzel aus 29?

Keine Panik, wenn Sie der Interviewer mit einer solchen Frage konfrontieren sollte. Zwischen welchen beiden Zahlen dürfte die Wurzel aus 29 liegen? Wohl zwischen 5 und 6, da $5^2 = 25 < 29 < 6^2 = 36$. Wie bestimmt man nun die Dezimalstellen? Die Differenz zwischen 36 und 25 beträgt 11. Von dieser Differenz wollen wir 29 – 25 = 4 abgreifen, also 4/11 der Differenz. Als Annäherung dürfte dies reichen, so dass wir 5 4/11 erhalten, was in Dezimalschreibweise ca. 5,4 entspricht. Zur Probe: $5,4^2 = 29,16$.

Sechs Beispielaufgaben aus Einzelinterviews:

a) Sie haben dreimal die Zahl 9 zur Verfügung und sollen diese für die Konstruktion einer Basis sowie eines Exponenten nutzen, um das höchste Ergebnis zu erzielen. Beispiel: 99^9

Gehen Sie alle Möglichkeiten durch und begründen Sie – denken Sie hierbei laut! – warum einige Möglichkeiten überboten werden.

$(9^9)^9 = 9^{81}$
$9^{99} > 9^{81}$
99^9 entspricht in etwa $81^9 = (9^2)^9 = 9^{18}$ (Annäherung; natürlich ist $9^2 = 81$ noch etwas von 99 entfernt!) und ist somit definitiv kleiner als 9^{99} (an solchen Größenunterschieden rüttelt auch die Annäherung nicht).

Ist 9^{99} unser Sieger?

Wer hat schon gesagt, dass Klammern keinen Unterschied machen? Wie steht es denn um $9^{\wedge}(9^9)$? Da 9^9 als Exponent definitiv höher ist als der Exponent 99, haben wir hiermit die Lösung gefunden: $9^{\wedge}(9^9)$.

b) Sie sollen die Zahl 24 aus den Zahlen 3, 3, 8, 8 errechnen. Alle diese Zahlen müssen bei der Rechnung genau einmal vorkommen. Sie dürfen nur die vier Grundrechensymbole (+, –, x, /) sowie Klammern verwenden. Aus 3 und 8 dürfen Sie nicht 3,8 machen. Benutzen Sie lediglich Punkt- und Strichrechnung. Also zum Beispiel: 3+3+8+8 = 22 oder 3 x (3+8+8) = 57.

Es gibt viele Wege, aber nur einer führt hier ans Ziel: Man braucht strukturiertes Denken und eine gewaltige Portion Glück, um in einer Minute auf die Lösung zu kommen. Wie erhält man 24? Eine Primfaktorzerlegung zeigt: 24 = 2 x 2 x 2 x 3 = 8 x 3
8 x 3 entspricht aber auch 8/(1/3).
Die 8 haben wir schon. Was bleibt, ist 1/3. Das erhalten wir durch 3 – 8/3 (Punkt vor Strichrechnung). So erhalten wir als Lösung:
8/(3 – 8/3) = 8/(1/3) = 8 x 3 = 24.

c) Sie wollen die Kovarianzen von 100 Aktien untereinander kalkulieren. Wie viele Kovarianzen erhalten Sie?

Wie so häufig im Leben gilt auch hier: Schritt für Schritt. Wenn wir von exemplarischen 5 Aktien ausgingen, bräuchte man: 5 x 5 = 25. Aber die Kovarianzen von Aktien mit sich selbst ergeben 1 und interessieren uns nicht, also fallen noch mal 5 (Aktie 1 mit Aktie 1, Aktie 2 mit Aktie 2, Aktie 3 mit Aktie 3, Aktie 4 mit Aktie 4, Aktie 5 mit Aktie 5) Kovarianzen weg. Es bleiben 20 übrig. Da die Reihenfolge irrelevant ist (die Kovarianz von Aktie 1 mit Aktie 2 ist äquivalent zur Kovarianz der Aktie 2 mit Aktie 1), halbiert sich auch diese Summe, so dass wir 20/2 = 10 Kovarianzen erhalten. Im Falle von 100 erhält man: 100 x 100 = 10.000, 10.000 – 100 = 9.900, 9.900/2 = 4.950 Kovarianzen bei unterschiedlichen 100 Aktien. In welcher Form auch immer Sie diese Frage gestellt bekommen, anwendbar ist stets die Formel:

$$\frac{n \times (n-1)}{2}$$

d) Wie groß ist die Summe aller Winkel in einem 32-Eck?

Ausnahmsweise wird hier unverblümt nach Ihren mathematischen Fähigkeiten gefragt. Ist Ihnen die allgemeine Formel für die Berechnung einer Winkelsumme noch bekannt? Dann fällt es Ihnen sicher nicht schwer, das Ergebnis zu berechnen. Wahrscheinlicher und durchaus zu entschuldigen ist es, wenn Sie diese Formel spontan nicht mehr parat haben. Macht nichts, solange Sie wissen, dass die Summe der Winkel in einem Dreieck immer 180° ist. Man kann in jedes n-Eck n Dreiecke einzeichnen, die sich in der Mitte treffen. Sie können die Winkelsumme in einem 32-Eck berechnen, wenn Sie die Summe der Winkel der Dreiecke (32 x 180°) nehmen und davon die Winkel der Dreieckspitzen in der Mitte des 32-Ecks abziehen. Die Winkelsumme der Dreieckspitzen entspricht genau 360°. Die Lösung lautet:

$$32 \times 180° - 360° = 5.400°.$$

Wenn es Ihnen schwer fällt, diese Überlegungen nachzuvollziehen, dann skizzieren Sie einfach ein Viereck oder ein Sechseck und zeichnen Sie die entsprechenden Dreiecke ein. Spätestens dann wird der Ansatz klar.

Die allgemeine Formel für die Berechnung einer Winkelsumme lautet übrigens:
Summe der Winkel in einem n-Eck = (n − 2) x 180°.

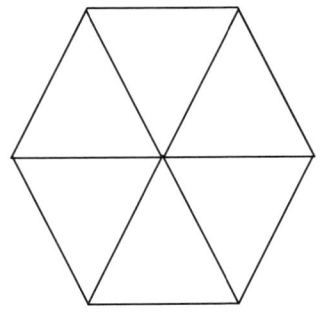

Formel: 6-Eck
6 x 180° - 360° = 720°

Beispiel: 6-Eck

statt

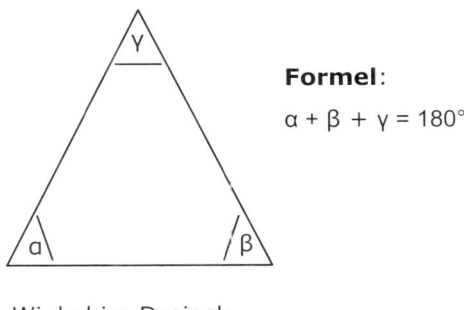

Formel:

$\alpha + \beta + \gamma = 180°$

Winkel im Dreieck

e) Wie groß ist der Winkel von Stunden- und Minutenzeiger einer Uhr um 15:15 Uhr?

Um 15:15 Uhr steht der große Zeiger genau auf der Drei, der kleine Zeiger jedoch nicht. Während einer Viertelstunde hat sich der kleine Zeiger genau um ein Viertel zwischen der Drei und der Vier auf dem Ziffernblatt weiterbewegt. Herauszufinden ist nun also, wie viel Grad ein Viertel zwischen zwei Ziffern einer Uhr hat. Die ganze Uhr hat 360°. Bei zwölf Ziffern liegen zwischen zwei Ziffern genau 30°. Diese 30° müssen wir nur noch durch vier teilen, damit wir die Lösung erhalten: Der Winkel beträgt 7,5°.

Zuletzt ein Brainteaser etwas größeren Ausmaßes, an dem Sie Ihre mathematische Intuition austesten können:

f) Die Zwillinge Andreas und Bernhard Claas sind am Bahnhof. Zur Verwunderung der anderen Fahrgäste stellen sie sich Rücken an Rücken an die Bahnsteigkante und verharren dort bewegungslos. Durch den Lautsprecher kommt eine Durchsage: „Vorsicht an Gleis 1. Ein Güterzug fährt durch!" Aber die Zwillinge rühren sich auch weiterhin nicht vom Fleck. Doch genau in dem Augenblick, in dem die Lokomotive die beiden erreicht, marschieren sie los: Andreas in Fahrtrichtung des Zuges, Bernhard entgegen der Fahrtrichtung. Gerade als das hintere Ende des Zuges auf der Höhe von Bernhard ist, bleibt dieser abrupt stehen. Einige

Sekunden später, als das Zugende Andreas überholt, bleibt auch dieser stehen. Die beiden drehen sich um, sehen sich einen Moment lang an und beginnen in großen Schritten zu ihrem Ausgangspunkt zurückzukehren.

Ein neugieriger Fahrgast fragt die zwei: „Hallo, was treibt ihr denn hier?" Die Zwillinge antworten: „Wir haben gemessen, wie lang der Zug ist. Bernhard ist 30 Meter weit gegangen. Und Andreas 40 Meter weit. Natürlich sind wir beide gleich schnell gegangen."

Wissen Sie, wie lang der Zug ist?

Eine lange Geschichte, aber leider sind die Hinweise der Zwillinge auf die Länge des Zuges dünn gesät. Doch bei diesem Brainteaser gilt wie bei sonstigen Knobeleien auch: Nichts ist unmöglich! Versuchen Sie, die Aufgabe selbstständig zu lösen, bevor Sie sich unseren Lösungsvorschlag ansehen. Ein kleiner Tipp: Sie wissen nicht nur, dass Andreas 40 Meter und Bernhard 30 Meter mit der gleichen Geschwindigkeit zurückgelegt haben, sondern Sie können auch Aussagen über die Länge der Strecke machen, die der Zug währenddessen zurückgelegt hat.

Unser Lösungsvorschlag: Andreas geht in Fahrtrichtung des Zuges los, als die Spitze des Zuges auf seiner Höhe ist, und er bleibt stehen, als ihn das Zugende erreicht. Während Andreas also 40 Meter zurücklegt, legt der Zug seine komplette Länge – von der Spitze der Lok bis zum Zugende – zurück und außerdem noch 40 Meter mehr, denn um diese Entfernung hat sich Andreas in Fahrtrichtung bewegt. Die entsprechende Überlegung müssen Sie auch für Bernhard anstellen. Während Bernhard – mit der gleichen Geschwindigkeit wie Andreas – entgegen der Fahrtrichtung des Zuges geht, legt dieser ebenfalls seine komplette Länge abzüglich der 30 Meter, die Bernhard ihm entgegengegangen ist, zurück. Vorausgesetzt, der Zug fährt mit konstanter Geschwindigkeit, können Sie mit diesen Informationen die Länge des Zuges bestimmen.

Sicherlich wissen Sie noch, wie man allgemein Geschwindigkeiten berechnet. Wenn nicht, prägen Sie sich die folgende Formel gut ein. Die

Variablen sind Geschwindigkeit (v), Weg (s) und Zeit (t). Die allgemeine Formel lautet:

$$Geschwindigkeit = \frac{Weg}{Zeit} \quad \text{oder entsprechend}$$

$$v = \frac{s}{t}$$

Zur Lösung der Aufgabe werden folgende Variablen definiert:

$$L \quad = \text{Länge des Zuges}$$

$$t_1 \quad = \text{Zeit, die Bernhard unterwegs ist}$$

$$t_2 \quad = \text{Zeit, die Andreas unterwegs ist}$$

Über die Geschwindigkeit des Zuges wissen wir:

$$\text{I. } v = \frac{(L - 30)}{t_1}$$

$$\text{II. } v = \frac{(L + 40)}{t_2}$$

Da der Zug mit konstanter Geschwindigkeit fährt, können wir beide Gleichungen gleichsetzen:

$$\frac{(L - 30)}{t_1} = \frac{(L + 40)}{t_2}$$

Da die Zwillinge beide gleich schnell gehen, Bernhard in der Zeit t_1 30 Meter zurücklegt und Andreas in der Zeit t_2 40 Meter, wissen wir auch:

$$t_2 = \frac{4}{3}t_1$$

(Wem das nicht direkt einleuchtet, der sollte sich noch einmal die allgemeine Formel zur Berechnung von Geschwindigkeiten ansehen.)

Also gilt:

$$\frac{(L-30)}{t_1} = \frac{(L+40)}{\frac{4}{3}t_1}$$

Löst man diese Gleichung auf, dann erhält man L = 240. Der Zug ist also 240 Meter lang.

Weitere Tests

Die squeaker.net-Redaktion hat über sieben Jahre die 120 häufigsten Brainteaser-Aufgaben aus Bewerbungsgesprächen bei Top-Unternehmen gesammelt und gelöst. Das Buch „Das Insider-Dossier: Brainteaser im Bewerbungsgespräch" bietet eine unerlässliche Übung dieser Aufgaben für das Finance-Interview: → www.squeaker.net/brainteaser

Einen Logiktest-Trainer finden Sie hier:
→ www.squeaker.net/sqn/index.php?index=462&textid=640

Ein 25-minütiger Test zum Üben findet sich auf der J.P. Morgan-Website: → eurocareers.jpmorgan.com/content/content_359.html

Weitere Tests finden Sie auf der Website von SHL, dem Urheber vieler Investmentbanking-Mathetests: → www.shldirect.com/practice_tests.html

Drei Übungstests gibt es hier: → www.efinancialcareers.ie/numerical_test.htm

Und noch ein Test der University of Kent, der sich sehr gut zum Üben eignet: → www.kent.ac.uk/careers/tests/mathstest.htm

II.3. Cases und Fachfragen

Im nachfolgenden Kapitel D haben wir Ihnen Beispiele für die drei Arten von Aufgaben zusammengestellt, mit denen Sie im Recruitingprozess in der Finance-Branche konfrontiert werden: technische Interviewfragen, Brainteaser und (manchmal) Gruppendiskussionen.

Mit unseren theoretischen Grundlagen können Sie einen Großteil der Herausforderungen im Interview meistern. Allerdings sollten Sie vorher Ihre Gedanken sortieren und vor allem folgende Ratschläge beherzigen:

- Gehen Sie die Theorie kritisch durch, d. h. antizipieren Sie potenzielle Interviewfragen und testen Sie sich selbst, indem Sie das Gelernte hinterfragen.
- Lernen Sie Formeln nicht auswendig, sondern verstehen Sie die (oft ökonomisch getriebene) Grundlage. Aufgesagte Formeln vermögen nicht mal annähernd zu beeindrucken, wenn andere Kandidaten in der Lage sind, wichtige Ergebnisse der Finanzökonomie selbst herzuleiten, wenn sie jene gerade nicht parat haben.
- Wenn Sie Theorien auf Fälle anwenden, lassen Sie Ihren Interviewer wissen, warum Sie dies tun, d. h. welche Annahmen Ihrer Vorgehensweise zugrunde liegen.
- Bereiten Sie sich auf Ihren Arbeitsbereich (z. B. M&A) vor, aber blenden Sie deswegen nicht andere wichtige Aspekte des Kapitalmarkts aus. Viele der von uns dargelegten Theorien hängen zusammen und können Ihnen in vielen Interviewsituationen weiterhelfen.
- Wenn Sie glauben, dass eine spezifische Theorie nicht unverändert auf einen Fall angewandt werden kann, begründen Sie Ihre Vorgehensweise. Kurz: Demonstrieren Sie ein Gespür für Praxistauglichkeit!
- Schlagen Sie unbekannte Begriffe, die hier unklar geblieben sind, unbedingt nach. Arbeiten Sie im Interview unter keinen Umständen mit Konzepten, die Sie nicht durchdrungen haben (denn das wäre unprofessionell – dabei wollen Sie Ihren Interviewer vom Gegenteil überzeugen!).

D. Beispielaufgaben und Erfahrungen aus Interviews

I. Beispielfragen und Rechnungen

Willkommen zum zweiten Teil der meisten Einzelinterviews. Ist die Theorie verstanden, kann eigentlich nicht mehr viel schief gehen. Anhand der nachfolgenden Beispielaufgaben können Sie „technische" (die Finance-Thematik aufgreifende) Interviewfragen üben und Ihr angeeignetes Wissen testen. Hier gibt es tendenziell – vor allem im Vergleich zu Interviews bei Unternehmensberatungen – keine „Cases" zu knacken. Vielmehr werden theoretische Kenntnisse abgetastet – entweder durch direktes Abfragen oder durch Anwendung. Nachfolgend finden Sie einige exemplarische Fragen zur Anwendung der Theorie.

I.1. Andere Länder, andere Sitten

Sie wollen Unternehmen verschiedener Länder miteinander vergleichen. Welchen Multiple sollten Sie auf keinen Fall benutzen?

Was unterscheidet Unternehmen unterschiedlicher Länder? Land und Leute, aber vor allem Steuern. Die beeinträchtigen unsere Finanzkennzahl, und zwar welche? Selbstverständlich diejenige, die „after tax" ist. Also Net Income. In welchem Multiple steht Net Income im Nenner? Im P/E-Multiple (Equity Value / Net Income). Somit wäre die Lösung gefunden.

I.2. Im Kaufrausch

Sie sollen ein Kaufhaus bewerten. Wie gehen Sie vor?

Es soll der Firm Value, also ein angemessener Verkaufspreis bestimmt werden. Wie in den entsprechenden Kapiteln besprochen, gibt es grundsätzlich drei Methoden:

- DCF-Unternehmensbewertung
- Vergleich mit ähnlichen Transaktionen in der Vergangenheit
- Multiples

Im Interview wird meistens nur die Beschreibung gefordert, wie die DCF-Analyse abläuft. Hierzu noch mal die wichtigsten Schritte:

1) Free Cash Flows to the Firm definieren
2) WACC-Zinssatz festlegen
3) Terminal Year Free Cash Flow bestimmen und zum letzten bekannten Cash Flow addieren
4) Alle Cash Flows abdiskontieren und aufaddieren
5) Sollte man mit Free Cash Flows to Equity (nicht to the Firm!) arbeiten, muss man zum errechneten Equity Value noch Net Debt (=Debt-Cash) hinzuaddieren, um den Firm Value zu erhalten!

Zu den vergleichbaren Transaktionen in der Vergangenheit: Nicht vergessen, dass der Wert stets höher als ein errechneter Firmenwert sein wird, da der Verkaufspreis die Prämie beinhaltet!

So bleiben als letzte zu diskutierende Methode die Multiples übrig. Wichtige Fragen sind hier:

- Vergleichen wir mit Kaufhäusern im Ausland? → Falls ja, dann müssen die steuerlichen Unterschiede aus der Bewertung genommen werden (s. o.), indem man mit Multiples „before tax" hantiert (zum Beispiel EBIT oder EBT) – ein P/E-Multiple (Equity Value / Net Income) wäre hier fehl am Platz.

- Sind die Gebäude gekauft oder gemietet? → Falls gekauft, dann stehen diese Gebäude als Anlagen in der Bilanz und werden abgeschrieben. So müsste man der Vergleichbarkeit halber Multiples wählen, die „before depreciation" sind (z. B. EBITDA).

- Was, wenn nicht bekannt ist, ob die Gebäude gekauft oder gemietet sind? → Im Zweifelsfall rechnet man so, als ob die Gebäude gekauft wären (s. o.).

Wichtig: Bei Multiples geht es um Vergleiche. Ein Multiple allein reicht nicht aus, man braucht mehrere vergleichbare Multiples von verschiedenen Unternehmen, um eine valide Aussage treffen zu können.

I.3. Alpha, Beta, Gaga?

Schätzen Sie das Beta für einen Reise- und Tourismuskonzern!

Ein Beta von 1 gibt beispielsweise an, dass die Volatilität des Konzerns genau der Volatilität des Marktes entspricht. Bei einem Beta von 1,5 ist der Konzern folglich theoretisch 1,5-mal so volatil wie der Markt. Das Beta versteht sich als die Veranlagung beispielsweise einer Aktie, auf Marktbewegungen zu reagieren.

Wie stark reagiert also die Aktie eines Reise- und Tourismuskonzerns auf Marktbewegungen? Hierfür sollten die Marktbewegungen zunächst als Zyklen entlarvt werden. Ist Tourismus ein zyklisches Geschäft? Oder anders gefragt: Fliegen Sie eher im Sommer oder im Winter auf die Malediven? Im Sommer werden die meisten Gewinne im Tourismuskonzern eingefahren, das Geschäft ist zyklisch. Ein Beta größer als 1 signalisiert genau das.

Etwas schwieriger wird es, wenn das Beta für eine private Krankenhauskette abgeschätzt werden soll.

Eine qualitative Analyse führt hier zur Lösung. Welche Faktoren sprechen für ein hohes bzw. niedriges Beta?

Beta hoch (>1)	Beta niedrig (<1)
• Je nach Lebensstandard vor Ort können viele Menschen erkranken und einen dementsprechend hohen Bedarf generieren • Technologischer Fortschritt • Staatliche Regulationen	• Kein zyklischer Charakter – im Sommer ist die Gefahr eines Unfalls nicht unbedingt weniger wahrscheinlich als im Winter

Die Liste ist bei weitem nicht vollständig – sie soll nur andeuten, welche Art von Kriterien für ein hohes Beta spricht. Ein hohes Beta zeichnet sich durch eine enorme Volatilität des zugrunde liegenden Geschäfts aus, gemeint sind Ausschläge nach oben *und* unten. Steigt und fällt ein Geschäft exponentiell mit gewissen Faktoren, die nicht vom Gesamtmarkt beherrscht oder zumindest geteilt werden, spricht dies für ein Beta größer als 1.

I.4. Der Preis ist heiß

Nennen Sie spontan einige Kriterien für die Bemessung einer Kaufpreisprämie für nachfolgende Unternehmungen. Es gilt die Annahme: Der Käufer ist ein Spieler derselben Industrie.

Supermarktkette:

- **Synergien:** Werden Skaleneffekte bei Bestellungen durch Zusammenlegung der beiden Ketten erreicht? Kann man günstigere Verträge mit einer geringeren Zahl von Zulieferern aushandeln?
- **Marke:** Hat die zu akquirierende Supermarktkette eine starke Marke und ist dadurch beliebt?

Unternehmensberatung:

- **Kostenreduktion:** Können Abteilungen zusammengelegt werden (IT, Personal etc.)?
- **Kunden:** Bedient die zu akquirierende Unternehmensberatung Kunden, welche die Käufer-Unternehmensberatung bis dato noch nicht bedient hat bzw. bedienen konnte?

Softwarehaus:

- **Kernkompetenzen:** Welche Technologien werden akquiriert? Können die Quellcodes der Software des zu akquirierenden Softwarehauses weiterverwendet werden? Können sich gewisse Expertenabteilungen zusammenschließen (Wissenstransfer)?

Sportschuhhersteller:

- **Marke:** Wird eine starke Marke akquiriert?
- **Kostenreduktion:** Falls eine starke Marke akquiriert wird, kann das Marketing für das theoretische fusionierte Unternehmen somit als Kernkompetenz an die Abteilung des zu akquirierenden Unternehmens abgegeben werden?

Diese Überlegungen reflektieren im Allgemeinen den strategischen Charakter von M&A. Sie bieten darüber hinaus eine sehr weitreichende Grundlage für den Interviewer, das strategische Mitdenken des Kandidaten abzutasten. Am Ende des Tages ist M&A nicht nur Numbercrunching, sondern auch ein unternehmerisches Projekt.

I.5. Das Einmaleins des M&A

Sie haben einen P/E-Multiple von 10.0x für Unternehmen X gegeben. Welche Daten brauchen Sie, um mir den Firmenwert zu nennen?

Ein P/E-Multiple errechnet sich als Quotient aus Equity Value und Net Income. Vom Net Income können wir nicht auf den Firm Value schließen, wohl aber vom Equity Value. Egal, ob der Equity Value oder das Net Income angegeben wird, über den Multiple erhält man in jedem Fall den Equity Value.

Net Income = 150 Mio. €
→ Daraus folgt: 150 Mio. € x 10 = 1,5 Mrd. € (Equity Value)

Zu diesem addiert man lediglich Net Debt, um zum Firm Value zu gelangen.

Net Debt = 500 Mio. €
Firm Value = Equity Value + Net Debt = 1,5 Mrd. € + 0,5 Mrd. € = 2 Mrd. €

Im Einmaleins des M&A dürfen natürlich auch nicht die Cash Flows fehlen.

Bauen Sie mir einen Free Cash Flow to the Firm aus folgenden fiktiven Angaben.

EBT (Earnings before Tax) = 50
Net Interest Expense = 5
Depreciation = 10
Amortisation = 5
Erhöhung der Forderungen = 2
Erhöhung der Verbindlichkeiten = 3
Capital Expenditure = 1
Tax rate = 40 %

Die Formel lautet:

Free Cash Flow to the Firm
= Net Income
+ Depreciation & Amortisation
+ After-tax Net Interest Expense
+ Other Non-cash Charges
– Capital Expenditure (CapEx)
– Δ Net Working Capital

Net Income entspricht EBT x (1 – Tax Rate) und somit
50 x (1 – 40 %) = 50 x 60 % = 30
Hinzu addieren wir Depreciation & Amortisation, also 10+5+30. Das ergibt 45.

Die After-tax Net Interest Expense ergeben sich aus Net Interest Expense x (1–tax rate), also 5 x 60 % = 3. Die addieren wir zu den 45 und erhalten 48. CapEx werden hiervon abgezogen, also 48–1 = 47. Δ Net Working Capital entspricht der Erhöhung des Net Working Capital. Dies wiederum entspricht Forderungen und Inventar abzüglich der Verbindlichkeiten. Die Forderungen sind um 2 gestiegen, die Verbind-lichkeiten um 3, also ist das Net Working Capital um 1 reduziert worden. Net Working Capital entspricht also –1 und wird von 47 abgezogen:
47– (–1) = 47+1 = 48

Der gesuchte Free Cash Flow to the Firm (FCFF) liegt bei 48.

I.6. Verhandlungsgeschick

Sie haben ein Unternehmen bewertet/bewerten lassen, welches Sie kaufen möchten. Die DCF-Methode suggeriert einen Kaufpreis von 150-200 € pro Aktie. Der momentane Aktienkurs liegt bei etwa 100 € pro Aktie. Wie wird Ihre Verhandlungsstrategie aussehen? Wenn Sie das DCF-Modell abändern würden, welche Faktoren würden Sie anpassen und warum?

Das Eröffnungsangebot sollte beim aktuellen Aktienkurs liegen. Darunter wird für gewöhnlich kein Unternehmen veräußert. Die 200 € pro Aktie, welche vom DCF-Modell vorgeschlagen werden, sollten eine Obergrenze darstellen. Dazwischen sollte also der Kaufpreis pro Aktie liegen.

Das DCF-Modell reagiert besonders sensibel auf die Veränderung zweier Variablen: Diskontierungssatz und die damit verbundene Kapitalstruktur als auch Cash Flows. Prinzipiell spricht nichts dagegen, eine Analyse durchzuführen, die sowohl die vom Verkäufer vorgeschlagenen Variablen berücksichtigt als auch die des Käufers. Da der Käufer das Unternehmen aller Wahrscheinlichkeit nach mit dem Ziel akquirieren möchte, um eine Rendite auf dieses Investment zu generieren, wird er u. U. die Kapitalstruktur – beispielsweise durch stärkere Fremdfinanzierung – abändern. Deshalb können die Ergebnisse abweichen und die Spannweite der Ergebnisse für Verhandlungsstrategien genutzt werden.

Welche Folge hätte beispielsweise eine stärkere Fremdfinanzierung? Das Verhältnis Debt/Equity würde ansteigen! Was bedeutet dies für den Diskontierungssatz (WACC)? Wir rufen uns ins Gedächtnis:

$$WACC = EK \text{ - } Kosten \ \times \frac{EK}{MW} + FK \text{ - } Kosten \ \times (1 - Steuersatz) \times \frac{FK}{MW}$$

Unter der Annahme, dass die stärkere Fremdfinanzierung nicht zur Zahlungsunfähigkeit des Unternehmens führen und dadurch weitere Kosten verursachen würde, können wir davon ausgehen, dass bei stärkerer Fremdfinanzierung das Verhältnis FK/MW zunimmt und das Verhältnis EK/MW abnimmt.

Da die Eigenkapitalkosten über den Fremdkapitalkosten liegen (nicht zuletzt aufgrund der Tatsache, dass Zinszahlungen steuerabzugsfähig sind), sind die „günstigeren" Fremdkapitalkosten nun mit einer höheren Gewichtung im WACC-Zinssatz berücksichtigt, so dass dieser sinkt. Bei reduziertem Diskontierungssatz steigt der Wert der abdiskontierten Cash Flows, so dass der Firmenwert bei stärkerer Fremdfinanzierung steigen wird. Unter Berücksichtigung der quasi privaten Information, dass der Käufer eine Kapitalumstrukturierung plant, macht es Sinn, gegenüber dem Verkäufer lediglich mit dem DCF-Modell zu arbeiten. Denn dies berücksichtigt keine drastische Änderung der Kapitalstruktur, da es einen potenziell niedrigeren Firmenwert ausweist.

I.7. Kalenderspiele

Sie wollen einen Cash Flow für das Geschäftsjahr 2007 ermitteln, welches Ende September endete. Ihnen liegen allerdings nur folgende

Daten vor (ein Cash Flow für das Geschäftsjahr 2006 sowie die Angaben in den Geschäftsberichten aus vorangegangenen Dezembermonaten):

Cash Flow Januar bis September 2007: 800 €
Cash Flow Januar bis Dezember 2006: 500 €
Cash Flow Januar bis September 2006: 300 €

Gesucht ist der Cash Flow für Oktober 2006 bis September 2007.

Diesen erhält man folgendermaßen:

Cash Flow Oktober 2006 bis September 2007 = Cash Flow Januar bis September 2007 + (Cash Flow Januar bis Dezember 2006 – Cash Flow Januar bis September 2006) = 800 € + (500 € – 300 €) = 800 € + 200 € = 1.000 €

I.8. Bewertung von Synergien

Stellen Sie sich vor, einer Ihrer engsten Wettbewerber auf dem Markt für Schuhmode akquiriert einen anderen größeren Spieler im selben Markt (wir befinden uns im Jahr 2007). Um die Akquisition besser einschätzen zu können, wollen Sie versuchen, die antizipierten Synergien zu analysieren.

Neben den üblichen Fallstudien im Interview, die wie ein Frage-und-Antwort-Spiel bearbeitet werden, gibt es auch schriftliche Cases. Hierbei werden Fälle ausführlich samt Abbildungen und Tabellen auf mehreren Seiten dargestellt, mit denen sich der Bewerber allein etwa 30 Minuten auseinandersetzt. Im Anschluss daran werden die Ergebnisse diskutiert. Ihnen steht – sowohl für diese Übung als auch für den schriftlichen Case im realen Ernstfall – ein Taschenrechner zur Verfügung. Auch wenn diese Art von Fallstudien-Aufgabenstellung relativ selten ist, wollen wir ein Beispiel vorstellen und besprechen.

Ein bisschen Rechengeschick wird wohl dazugehören, denken Sie sich, aber zunächst müssen Sie wohl oder übel die Daten zusammentragen:

Käuferprämie: 150 Mio. €

Aktienkursanstieg des Käufers antizipiert einen Netto-Barwert der Akquisition von: 50 Mio. €

Kostensynergien (werden mit 5 Prozent diskontiert):
200 Mio. € verteilt auf 2008-2010

2008	2009	2010
20 %	30 %	50 %

Umsatzsynergien:
Keine Angaben. Wir werden hier auf ein paar Kalkulationen zurück-greifen müssen. Hoffentlich wissen Sie Rat. Zunächst wäre relevant, auf welchen Barwert sich die Umsatzsynergien schätzungsweise belaufen.

Zur Lösung:
Was Sie wissen sollten: Der antizipierte Netto-Barwert der Akquisition errechnet sich folgendermaßen:

> + Barwert der Kostensynergien
> + Barwert der Umsatzsynergien
> – Käuferprämie
> = Netto-Barwert der Akquisition

Wer sich nun fragt, wo der eigentliche Kaufpreis geblieben ist, hat völlig Recht. Der Kaufpreis berechnet sich aus dem Marktwert der Assets, die gekauft werden, zuzüglich der Käuferprämie. Der Netto-Barwert der Akquisition entspricht dann den Einnahmen abzüglich der Ausgaben. „Eingenommen" werden bei einer Akquisition der Marktwert der Assets sowie die Barwerte der Synergien. „Ausgegeben" wird der Kaufpreis, d. h. der Marktwert der Assets zuzüglich der Käuferprämie. Das geschulte Auge wird der o. g. Rechnung direkt ansehen, dass sich der Marktwert der Assets herauskürzt.

Da sowohl der Netto-Barwert der Akquisition als auch die Käuferprämie gegeben sind, berechnen wir den Barwert der Kostensynergien und können dann den Barwert der Umsatzsynergien bestimmen. Der Barwert der Kostensynergien errechnet sich bei einem Diskontsatz von fünf Prozent folgendermaßen:

$$\frac{(20\,\% \times 200)}{1,05} + \frac{(30\,\% \times 200)}{1,05^2} + \frac{(50\,\% \times 200)}{1,05^3} \approx 178,90$$

Wir gingen nämlich davon aus, dass wir 20 Prozent der Kostensynergien von 200 Mio. € im ersten, 30 Prozent im zweiten und 50 Prozent im dritten Jahr realisieren können. Eine grundsätzliche Annahme bei dieser Kalkulation ist, dass im Jahr 2007 (t=0) keinerlei Investitionen zwecks Realisierung der Kostensynergien unternommen werden müssen. Wir setzen in die Gleichung ein und stellen um:

+ Netto-Barwert der Akquisition
+ Käuferprämie
– Barwert der Kostensynergien
= Barwert der Umsatzsynergien

Der Barwert der Umsatzsynergien beläuft sich also folglich auf:

50 Mio. € + 150 Mio. € – 178,90 Mio. € = 21,1 Mio. €

I.9. Wie teuer war das Fremdkapital?

Das Unternehmen hat Assets im Wert von 50 Mio. €. Gegeben ist eine Asset Turnover Ratio von 2. Die EBITDA-Marge liegt bei 10 %, Depreciation bei 4 % des Umsatzes. Darüber hinaus ist uns bekannt, dass EBT bei 0 und das Verhältnis Fremdkapital/Eigenkapital bei 4 liegt. Das Unternehmen hat keinerlei Zinseinkommen.

Frage: Wie hoch lagen die Fremdkapitalkosten?

Nun, wir wissen: EBT = EBIT – (Net) Interest Expense.

Liegt uns EBIT vor? Leider (noch) nicht. Folglich wandern wir das Income Statement nach oben ab und landen bei EBITDA. Liegt uns denn EBITDA vor? Schauen wir mal...

Zunächst ist wichtig zu wissen, dass der Asset Turnover das Verhältnis zwischen Revenues und Assets beschreibt (Tipp: Financial Ratios nachschlagen, z. B. im sog. DuPont-Modell), d. h. Revenues = Asset Turnover x Assets = 2 x 50 = 100 in unserem Fall. Darüber hinaus gibt die EBITDA-Marge das Verhältnis zwischen EBITDA und Revenues an. Das bedeutet, wir können EBITDA herleiten: EBITDA = EBITDA-Marge x Revenues = 10 % x 100 = 10. Von EBITDA ziehen wir nun Depreciation ab. Depreciation entspricht 4 % x 100 = 4. Somit beläuft sich EBIT auf 10 – 4 = 6.

Jetzt wissen wir: EBT = EBIT – (Net) Interest Expense, d. h. Interest Expense = 6 (weil wir kein Zinseinkommen haben, gilt Net Interest Expense = Interest Expense), da EBT mit 0 gegeben war.

Welchem Fremdkapitalkostensatz entspricht dies nun? Wir haben ermittelt, dass sich das Verhältnis von Fremdkapital (FK) zu Eigenkapital (EK) auf 4 beläuft, d. h. FK = 4 x EK. Nach arithmetischer Umformulierung ist FK/(EK+FK) = FK/Assets = 80 %. Das bedeutet, dass FK = 80 % x Assets = 80 % x 50 = 40 gilt. Die Fremdkapitalkosten (Interest Expense) belaufen sich also auf 40 x FK-Kosten = 6 bzw. FK-Kosten = 6/40 = 15 %.

II. Beispielcases für Gruppendiskussionen und weitergehende Fragen im Interview

Vor allem Investmentbanken führen Gruppendiskussionen im Rahmen der zweiten Runde im Assessment Center durch. Im Folgenden sollen zwei solcher Cases besprochen werden – dabei kann die Thematik von Strategie über Marketing bis hin zu M&A reichen. Auch ist es hier nicht wichtig, Fachkenntnisse gezielt anzuwenden, im Vordergrund stehen vielmehr die Interaktion mit den Mitstreitern und die Klarheit der eigenen Argumentation.

Da die Cases unterschiedlichster Natur sein können, empfehlen wir Ihnen als Vorbereitung das Studium von Cases in Unternehmensberatungen, die man beispielsweise im *squeaker.net-Buch „Das Insider-Dossier: Bewerbung bei Unternehmensberatungen"* nachschlagen kann.

II.1. Kinos in der Kleinstadt

Ihre Bank hat in eine Kinokette investiert. Diese erweist sich als nicht profitabel. Können Sie sich vorstellen, warum?

Viele Private-Equity-Firmen haben diese Erfahrung in den letzten Jahren gemacht. Oftmals bestand die angestrebte Strategie darin, Multiplex-Kinos in Kleinstädten zu etablieren.

Strukturiertes Vorgehen ist mal wieder gefragt:
Gewinn = Umsatz – Kosten

→ Also listen Sie die Umsatz- und Kostenarten eines Kinos doch einfach auf:

Umsatzarten	Kostenarten
• Tickets	• Filmeinkauf / Filmleihe
• Gastronomie	• Miete
• Werbung vor Kinofilmen	• Personal
	• Werbung für das Kino

Wie steht es nun um die Deckungsbeiträge? Welche Umsatzzweige des Kinogeschäfts scheinen profitabel? Der Ticketverkauf versucht vor allem, den Filmeinkauf profitabel zu machen. Gelingt ihm dies? Die Kalkulation läuft letztendlich darauf hinaus, dass ein Kinositz nicht einzeln bepreist wird, wie dies beispielsweise bei Fluggesellschaften der Fall ist. Dadurch ist es für jedes Kino existenziell, die Kinos zu füllen, um die sehr hohen Kosten für die eingekauften oder zumeist doch eher geliehenen Filme zu decken. Da ein Kino nachmittags oft extrem leer scheint, setzt das Management oft alles darauf, die Kinos abends durchgängig zu füllen. Die Gastronomie ist ein profitables Geschäft, da die meisten Kinobesucher sich keinen Film ohne Popcorn oder Nachos vorstellen können. Allerdings können die potenziell hohen Verluste aus dem Ticketverkauf keineswegs durch die Gastronomie quersubventioniert werden.

So bleibt die gute Werbung: Während die Marketingkosten für das eigene Kino sich in Grenzen halten, sind die Umsätze, die durch Werbung für andere Unternehmen (in Kleinstädten oft aus der Umgebung) generiert werden, enorm.

Ein Mitstreiter schaut Sie mit gerunzelter Stirn an und fragt: Und? Ist ein Kino in der Kleinstadt also doch profitabel?

Offenbar nicht. Woran könnte das also liegen? Wir haben bereits den Ticketverkauf als die größte potenzielle Verlustquelle identifiziert. Denken Sie also scharf nach – woran könnte der Ticketverkauf gescheitert sein? Stellen Sie intelligente Fragen, denken Sie laut:

- Waren die Kinos in den Kleinstädten gut erreichbar?
- Gab es (ausreichend) Parkplätze?
- War die Auswahl der gezeigten Filme gut?

Ihre Mitstreiter zeigen sich beeindruckt. Auch ein Associate der Bank ist angetan. Er sitzt im Hintergrund, lächelt ein wenig und beantwortet Ihnen in einem Satz, dass die Kinos sehr zentral in der Innenstadt lagen, mit ausreichend Parkplätzen bestückt waren und jegliche Blockbuster aufführten. Da er Sie allerdings für smart hält und deswegen womöglich auch mag, gibt er Ihnen und Ihrer Gruppe folgenden Wink: Denken Sie mal an etwas weichere Faktoren – wir sind in einer Kleinstadt!

Sie denken kurz nach, vielleicht auch über Ihre Jugend in einer Kleinstadt, bevor Sie zum Studium in die weite Welt gezogen sind. Nach kurzer Bedenkzeit fragen Sie Ihre Kollegen in der Gruppe:

- Gibt es noch andere, vielleicht traditionellere Kinos in der Kleinstadt?

Bingo! Lange haben wir über Deckungsbeiträge und Parkplätze sinniert, dabei lag die Lösung doch so nahe: In den meisten Kleinstädten hatten viele traditionelle Kinos bereits die Herzen der Einwohner gewonnen. Deren Neigung, ein neues Kino zu besuchen, war gering, so dass der Ticketverkauf zu wenige Umsätze generierte.

II.2. Ausbleibende Umsätze im Versicherungsunternehmen

Bei einer Versicherung bleiben die Umsätze aus – was nun? Woran liegt das? Was kann man dagegen tun?

Auch hier sollte man pragmatisch-strukturiert vorgehen:
Umsatz = Menge x Preis

→ Die letzte Marketingvorlesung ist schon so lange her? Sehr schön, dann schauen Sie sich die 4Ps an:

Umsatz =	Menge x	Preis
Korrespondierende 4Ps:	Produkt	Preis
	Promotion	
	Place	

Ein gezieltes Anfragen der vier Ps sollte etwas Klarheit bringen – ein Analyst, der behilflich sein möchte, antwortet Ihnen:

Promotion passt, Produkt ist für Durchschnittskunden konzipiert, die es gut aufnehmen. Das Pricing ist ebenfalls angemessen. Place und Vertriebskanäle scheinen mir sinnvoll. Machen Sie mal weiter. Wie vertreiben wir unsere Versicherungsprodukte?

Welche Vertriebskanäle sind vorstellbar?

- Außendienst
- Internet
- Telefon
- Direct Mail
- Schneeballsystem

Ein smarter Mitstreiter stellt eine nahezu rhetorische Frage: Welche Versicherung ist eine der größten in Deutschland?

Ihnen fällt prompt ein, dass die Allianz und die Dresdner Bank Versicherungsprodukte bündeln. Das war aber all Ihren Mitstreitern in der Gruppe klar. Doch Sie kombinieren darüber hinaus: Der Kooperationspartner für unsere Versicherungen, die Durchschnitts-kunden bedient, ist offenbar nicht optimal gewählt. Ihnen fallen sowohl die Sparkassen als auch die Raiffeisenbanken als bessere Kooperations-partner ein.

Ihr Kollege aus der Gruppe, der schon bei Beratungen Interviews hatte, weiß, was zu tun ist und suggeriert: Lasst uns nun abschätzen, welche der beiden Banken mehr Kunden hat. Wohl die Raiffeisenbanken, oder? Die findet man ja in jedem Dorf. Und wie viele Filialen könnten das sein?

Sie entscheiden sich für die zeitökonomischste Möglichkeit: Sie kommen aus einer Kreisstadt mit 80.000 Einwohnern. Da gab es zehn solcher Filialen. Hochgerechnet auf Deutschland mit 80 Mio. Einwohnern wären das 10.000 Filialen. Damit scheint die Gruppe zufrieden, und Sie gehen zum nächsten Case über.

II.3. Golden Rules für Gruppendiskussionen

Ihre Interviewer legen Wert auf Ihre Eigeninitiative, ohne dass Sie zu kompetitiv wirken. Schlechte Stimmung ist im schnell getakteten Investmentbanking nicht duldbar, die Teams müssen sich gegenseitig aushelfen. Das bedeutet, dass Kritik konstruktiv ist und dabei hilft, Probleme zu lösen, anstatt neue Probleme zu schaffen. Folgende goldene Regeln möchten wir Ihnen darüber hinaus für die Gruppendiskussionen mitgeben:

- Unterbrechen Sie niemanden!

- Hören Sie Ihren Mitstreitern aufmerksam zu!

- Denken Sie laut, wenn es angebracht ist! Nur so verstehen Sie Ihre Interviewer, die übrigens für gewöhnlich nicht mit der Gruppe interagieren, und Mitstreiter.

- Seien Sie diplomatisch!

- Hinterfragen Sie kritisch, seien Sie dabei nicht zu penibel, aber beweisen Sie, dass es Ihr erklärtes Ziel ist, das Problem angemessen anzugehen!

- Der Weg ist das Ziel!

- Wenn Ihnen nichts Gescheites einfällt, macht das nichts. Warten Sie auf den nächsten Case, es werden zumeist mehrere Probleme sein, die in der Gruppe zu lösen sind.

- Haben Sie Spaß!

III. Brainteaser

Brainteaser sind kleine Rätsel und ein weiteres beliebtes Mittel der Personaler, um analytische Fähigkeiten, Kreativität und Stress-Resistenz eines Bewerbers zu testen. Ob sie als kleine Probleme in einer Gruppendiskussion oder als Bestandteil von Einzelinterviews benutzt werden, sie können leicht zu einer gefährlichen Falle werden. Doch man kann sich auf Brainteaser vorbereiten. Um Ihnen dabei behilflich zu sein, haben wir für Sie zehn solcher Aufgaben speziell aus Interviews bei Investmentbanken zusammengestellt.

Für die detaillierte Übung ganz verschiedener weiterer Brainteaser empfehlen wir das squeaker.net-Buch „Das Insider-Dossier: Brainteaser im Bewerbungsgespräch". Hier werden 120 aktuelle Brainteaser vorgestellt und in sieben Kategorien ausführlich gelöst.

„Das Insider-Dossier: Brainteaser im Bewerbungsgespräch" *ist im On- und Offline-Buchhandel unter der ISBN 978-3-940345-01-1 erhältlich. Direkt auf → www.squeaker.net/insider können Sie es jetzt auch versandkostenfrei bestellen.*

Darüber hinaus werden zahlreiche Tipps zur Herangehensweise gegeben, die den Umfang dieses Buches zweifelsohne überschreiten würden. Zehn „Golden Rules" für den Umgang mit Brainteasern in Interviews wollen wir Ihnen allerdings auf der nächsten Seite an die Hand geben, bevor es mit den Beispielaufgaben losgeht.

Die zehn wichtigsten Tipps zur Lösung von Brainteasern im Bewerbungsgespräch:

1. Lassen Sie sich niemals von der scheinbaren Komplexität der Aufgabe erdrücken. Jeder Brainteaser ist lösbar!

2. Filtern Sie die wesentlichen Informationen aus der Aufgaben-stellung heraus und lassen Sie sich nicht von Nebensächlich-keiten ablenken.

3. Wenn Sie etwas nicht verstanden haben, dann fragen Sie nach.

4. Betrachten Sie den Brainteaser analytisch und benutzen Sie Ihren gesunden Menschenverstand.

5. Stellen Sie sich das Problem bildlich vor.

6. Gehen Sie bei der Lösung schrittweise vor, dokumentieren Sie Zwischenergebnisse und teilen Sie diese dem Interviewer mit.

7. Wenn Sie keinen Lösungsansatz finden, versuchen Sie, in möglichst kleinen Schritten Annahmen zu überprüfen und daraus Hypothesen zu bilden.

8. Nichts ist schlimmer, als zu früh aufzugeben. Wenn Sie trotz eines Ansatzes nicht zur Lösung kommen, versuchen Sie, das Problem anders anzugehen.

9. Lösen Sie Brainteaser mit Spaß an der intellektuellen Heraus-forderung – nicht als Pflichtaufgabe.

10. Wenn Sie einen Brainteaser schon kennen, lassen Sie sich einen neuen geben.

Im folgenden Abschnitt stellen wir Ihnen nun einige typische Brainteaser-Aufgaben mit möglichen Lösungsansätzen ausführlich vor.

III.1. Wochentage

Welcher Tag ist morgen, wenn vorgestern der Tag nach Montag war?

Fangen Sie bei Montag an. Der Tag nach Montag ist der Dienstag. Also war vorgestern Dienstag. Wenn vorgestern Dienstag war, dann ist heute Donnerstag. Gefragt ist jedoch nach dem Tag, der auf den Donnerstag folgt. Demnach ist Freitag die richtige Lösung. Diese Art von Logikaufgaben ist sehr beliebt. Solche Aufgaben können beliebig variiert werden.

III.2. Kugeln wiegen

Auf einem Tisch liegen neun Kugeln und eine Apothekerwaage mit zwei Waagschalen. Eine der neun Kugeln ist schwerer als die anderen acht Kugeln. Der Gewichtsunterschied ist jedoch so gering, dass er nur mit Hilfe der Waage erkannt werden kann. Ist es möglich mit zweimaligem Wiegen die schwere Kugel zu finden? Wenn ja, wie muss man vorgehen?

Das Prinzip einer Apothekerwaage ist, dass man einen Gegenstand im Verhältnis zu einem anderen wiegt. Um beispielsweise 75 Gramm Aspirin abzuwiegen, verwendet der Apotheker Gewichte zu 50 Gramm, zweimal zehn Gramm und fünf Gramm. Befindet sich die Waage im Gleichgewicht, ist das gesuchte Gewicht erreicht.

Nutzen Sie dieses Prinzip, um in zwei Wiegeschritten die schwere Kugel zu identifizieren. Gehen Sie das Problem rückwärts an: Wenn Sie nur einen Versuch hätten, unter wie vielen Kugeln könnten Sie dann höchstens die schwere herausfinden? Die Waage kann nach links oder nach rechts ausschlagen oder – und das darf man nicht vergessen – sie ist im Gleichgewicht. Mit einmaligem Wiegen können Sie also aus maximal drei Kugeln die schwere identifizieren. Schaffen Sie es, mit dem ersten Wiegevorgang drei Kugeln sicher zu bestimmen, unter denen die schwerere sein muss? Sie gehen nach dem gleichen Prinzip vor wie beim zweiten Wiegen: Im ersten Wiegevorgang legen Sie dazu jeweils drei Kugeln in die Waagschalen. Die drei restlichen Kugeln werden nicht gewogen. Ist die Waage ausgeglichen, so ist die schwere

Kugel nicht unter den sechs gewogenen Kugeln zu finden. Bereits vor dem zweiten Wiegevorgang wissen Sie: Die schwere Kugel befindet sich unter den drei restlichen, noch nicht gewogenen Kugeln. Legen Sie in jede Waagschale eine der verbleibenden Kugeln. Die dritte Kugel wird nicht gewogen. Ist die Waage wiederum ausgeglichen, so ist die letzte nicht gewogene Kugel die schwere.

Die Lösung gilt genauso, wenn sich im ersten Wiegeschritt die Waage auf der einen Seite nach unten neigt. Unter den drei Kugeln, die sich in dieser Waagschale befinden, ist die schwere Kugel zu finden. Der zweite Schritt ist identisch, Sie wiegen zwei Kugeln und lassen die dritte draußen.

Eine erschwerende Variation dieser Frage: Man hat 12 Kugeln, aber eine der Kugeln ist leichter *oder* schwerer als die elf anderen. Des Weiteren besitzt man eine vergleichende Waage. Durch dreimaliges Wiegen soll herausgefunden werden, welche der Kugeln die leichtere oder schwerere ist. Kommen Sie drauf?

III.3. Sanduhren

Ein Mann besitzt zwei Sanduhren. Die eine Sanduhr läuft fünf Minuten. Die andere Sanduhr läuft sieben Minuten. Der Mann möchte die Zeit von 13 Minuten stoppen. Wie macht er das?

Wieder ein Brainteaser, bei dem man spontan denkt, dass eine Lösung unmöglich ist. Doch so, wie die Aufgabe formuliert ist, können Sie sicher sein, dass es einen Weg gibt, der zum Ziel führt. Wie geht man dieses Problem am besten an? Sie ahnen, dass es irgendeinen Kniff geben muss. Überlegen Sie, wie man die beiden Sanduhren einsetzen könnte, um damit noch andere Zeitintervalle zu ermitteln als nur fünf, sieben, zehn oder auch zwölf oder 14 Minuten.

Man kann mit den beiden Sanduhren zum Beispiel zwei Minuten ab-messen, indem man beide Uhren gleichzeitig startet: Wenn die Fünf-Minuten-Uhr abgelaufen ist, verbleiben noch zwei Minuten, bis auch die

Sieben-Minuten-Uhr abgelaufen ist. Alles klar? Noch ein Beispiel: Wenn Sie beide Uhren gleichzeitig starten und die Fünf-Minuten-Uhr gleich wieder umdrehen, nachdem sie durchgelaufen ist, verbleiben, wenn die Sieben-Minuten-Uhr durch ist, noch drei Minuten, bis die Fünf-Minuten-Uhr zum zweiten Mal abgelaufen ist. Probieren Sie jetzt aus, wie man die Zeit von 13 Minuten stoppen kann!

Unser Lösungsvorschlag, der nicht der einzig richtige sein muss: Der Mann startet beide Uhren gleichzeitig. Er dreht die Fünf-Minuten-Uhr erneut um, sobald sie durchgelaufen ist und wartet, bis die Sieben-Minuten-Uhr durchgelaufen ist. Nun sind sieben Minuten vorüber und auf der Fünf-Minuten-Uhr verbleiben noch drei Minuten. Jetzt dreht er die Sieben-Minuten-Uhr gleich wieder um und wartet, bis die Fünf-Minuten-Uhr durchgelaufen ist. Insgesamt sind dann zehn Minuten vorbei und auf der Sieben-Minuten-Uhr verbleiben noch vier Minuten.

Jetzt kommt der Kniff: Der Mann dreht die Sieben-Minuten-Uhr, auf der noch vier Minuten verbleiben (und die also schon seit drei Minuten läuft), direkt wieder um. Nachdem er die Uhr umgekehrt hat, braucht sie noch drei Minuten, bis sie abgelaufen ist. Damit hat der Mann 13 Minuten gestoppt.

III.4. Socken-Chaos

Lisa hat verschlafen und muss sich beeilen, denn sie hat um 8:00 Uhr ein wichtiges Vorstellungsgespräch. In ihrem Schlafzimmer ist die Glühbirne kaputt und es ist daher stockdunkel. In einem Korb liegen Lisas Socken, 52 schwarze und 46 weiße – alle durcheinander. Wie viele Socken muss Lisa im Dunkeln herausziehen, um nachher sicher ein Paar gleichfarbige Socken zu erhalten?

Der erste Satz enthält keine Information, die für die Lösung der Aufgabe notwendig ist. Durch die Formulierung wird lediglich suggeriert, dass man sich unter Zeitdruck schnell entscheiden muss. Als Leser haben Sie jedoch alle Zeit der Welt. Ebenso ist die Zahl der Socken in diesem Fall vollkommen irrelevant. Es ist unerheblich, ob in Lisas Korb 52, 46 oder 200 Socken liegen. Wichtig ist die Tatsache, dass Lisas Socken nur zwei Ausprägungen haben können: Eine Socke ist entweder schwarz oder weiß. Spätestens nach drei Ziehungen hat Lisa daher das Ziel erreicht, ein Paar gleichfarbige Socken in den Händen zu halten.

III.5. Wie viele Klaviere / Klavierstimmer?

Wie viele Klaviere gibt es in Deutschland?

Ein gutes Klavier kann gut und gerne als Statussymbol interpretiert werden. Man kann davon ausgehen, dass der Besitz eines heimischen Klaviers mit einem entsprechend hohen Einkommen einhergeht. In Deutschland leben in etwa 84 Mio. Einwohner. Unter der Annahme, dass ein durchschnittlicher Haushalt drei Personen umfasst, erhält man so gerundet 28 Mio. Haushalte in Deutschland, die wir in vier Quartile (entsprechend den Gehaltsklassen) einteilen können. Des Weiteren nehmen wir nun an, dass im ersten, bestverdienenden Quartil die Wahrscheinlichkeit, dass im Haushalt ein Klavier vorhanden ist, bei 20 % liegt, im zweiten Quartil soll sie bei 10 % liegen, im dritten bei 5 % und im letzten Quartil bei 0 %. So erhält man als Gesamtzahl an Klavieren:

Quartil	Anzahl Haushalte	Davon mit Klavier	Anzahl Klaviere
Erstes Quartil	7 Mio.	20 %	1,40 Mio.
Zweites Quartil	7 Mio.	10 %	0,70 Mio.
Drittes Quartil	7 Mio.	5 %	0,35 Mio.
Viertes Quartil	7 Mio.	0 %	0 Mio.
Gesamt	28 Mio.		2,45 Mio.

Etwa 2,5 Mio. Klaviere gibt es also in Deutschland. Da stellt sich doch gleich die nächste Frage:

Wie viele Klavierstimmer gibt es in Deutschland?

Wir nehmen nun an, dass die Haushalte des ersten Quartils ihr Klavier jedes Jahr stimmen lassen, die des zweiten alle drei Jahre und die des dritten alle zehn Jahre. Damit ergibt sich für die Zahl der notwendigen Klavierstimmungen:

Quartil	Anzahl Klaviere	Stimmungen pro Jahr	Anzahl Klavierstimmungen
Erstes Quartil	1,4 Mio.	1	1,40 Mio.
Zweites Quartil	0,7 Mio.	1/3	0,23 Mio.
Drittes Quartil	0,35 Mio.	1/10	0,04 Mio.
Viertes Quartil	0 Mio.	0	0 Mio.
Gesamt	28 Mio.		1,67 Mio.

Für diese 2,5 Mio. Klaviere sind jährlich etwa 1,7 Mio. Klavierstimmungen nötig. Wir nehmen nun weiter an, dass ein Klavierstimmer vier Klaviere pro Tag stimmen kann und 250 Tage im Jahr arbeitet. Dies ergibt 1.000 Klavierstimmungen pro Jahr pro Klavierstimmer. 1,7 Mio. / 1.000 ergibt einen Bedarf von 1.700 Klavierstimmern in Deutschland. Realitätscheck gefällig? Schlagen Sie doch einfach in den Gelben Seiten nach.

III.6. Gestresster Weihnachtsmann

Wie viel Zeit hat der Weihnachtsmann pro Kind an Heiligabend?

Überlegen Sie sich zunächst wieder, welche Daten für Ihre Schätzung benötigt werden. Zum einen müssen Sie wissen, wie viele Kinder der Weihnachtsmann beschenken muss. Zum anderen müssen Sie wissen, wie viel Zeit ihm zur Verfügung steht. Der Weihnachtsmann gehört zur christlichen Tradition, deswegen besucht und beschenkt er auch nur christliche Kinder. Auf der Erde leben insgesamt ungefähr zwei Milliarden Kinder unter 18 Jahren. Wissen Sie, wie viele von ihnen Christen sind? Wir auch nicht, zumindest nicht ohne es irgendwo nachzuschlagen. Sicher wissen Sie aber, dass die Christen einen kleineren Teil der Weltbevölkerung ausmachen. Tatsächlich sind es 15 %. Demnach gibt es 300 Millionen Kinder, die an Heiligabend auf Geschenke vom Weihnachtsmann warten.

Kinder wohnen normalerweise nicht alleine, sondern im Haushalt ihrer Eltern. Geht man davon aus, dass in einem Haushalt durchschnittlich drei Kinder wohnen, muss der Weihnachtsmann 100 Millionen Besuche machen. Wie viel Zeit hat der Weihnachtsmann an Heiligabend? Es sind nicht nur 24 Stunden! Wegen den verschiedenen Zeitzonen der Erde hat der Weihnachtsmann an Heiligabend genau 31 Stunden zur Verfügung, um seine Geschenke an die Kinder zu verteilen, wenn er von Osten nach Westen reist. (31 Stunden = 1.860 Minuten = 111.600 Sekunden). Der Verteilungsvorgang besteht aus: Schlitten anhalten, Geschenk schnappen, durch den Schornstein, Geschenk unter den Baum legen, zurück zum Schlitten und weiter zum nächsten christlichen Haushalt. Bei 100 Millionen Haushalten hat der Weihnachtsmann dafür pro Haushalt etwa eine Tausendstelsekunde Zeit.

III.7. Tierhandel

Bauer Wulstkopf geht zum Viehmarkt, um Tiere zu kaufen. Er hat 100 Taler und will dafür 100 Tiere kaufen. Es soll mindestens eine Kuh, mindestens ein Schaf und mindestens ein Huhn dabei sein. Eine Kuh kostet zehn Taler, ein Schaf einen Taler und für einen Taler bekommt man acht Hühner. Wie viel Stück von jedem Tier muss Bauer Wulstkopf kaufen, damit er genau 100 Tiere für 100 Taler bekommt?

Bauer Wulstkopf muss sieben Kühe, 21 Schafe und 72 Hühner kaufen.

Die Lösung erhält man durch ein Gleichungssystem mit zwei Gleichungen und zwei Nebenbedingungen:

$$\text{(I). } K + S + H = 100$$
$$\text{(II). } 10\,K + S + 1/8\,H = 100$$

mit K = Anzahl Kühe, S = Anzahl Schafe und H = Anzahl Hühner.

Aus (I) und (II) erhält man durch Auflösen:

$$S = 100 - 79/7\,K$$

Da es keine halben Tiere zu kaufen gibt, müssen K, S und H ganzzahlig sein. Außerdem müssen S, H und K $\geq$ 1 und kleiner 100 sein, da laut Aufgabe alle Tierarten vertreten sein sollen. Da S ganzzahlig und $\geq$ 1 sein muss, ist auch 79/7 K zwangsläufig ganzzahlig und außerdem kleiner 100. Daraus folgt, dass K=7 sein muss. Durch Einsetzen erhält man die vollständige Lösung.

III.8. Wässrige Gurke

Sie haben eine Gurke die 1.200 Gramm wiegt. Ihr Wassergehalt beträgt 99 %. Wie viel wiegt die Gurke, wenn der Wassergehalt auf 98 % sinkt?

Nein, die Lösung ist nicht 1.188 Gramm. Die Gurke wiegt 1200 Gramm, ihr Festgehalt beträgt 1 %, also zwölf Gramm. Wenn der Wassergehalt der Gurke sinkt, dann steigt zwar der Festgehalt in Prozent. Absolut betrachtet beträgt der Festgehalt der Gurke jedoch immer noch zwölf Gramm. Wenn der Wassergehalt auf 98 % sinkt, dann bedeutet das, dass diese zwölf Gramm Festgehalt jetzt 2 % des Gewichts der Gurke ausmachen. Die gesamte Gurke wiegt also nur noch 600 Gramm, wenn der Wassergehalt von 99 % auf 98 % absinkt.

III.9. Durchschnittsverdienst

Neun Investmentbanker sitzen beim Abendessen zusammen und diskutieren ihre jeweiligen Gehälter. Alle wollen wissen, wie viel sie im Vergleich zum Durchschnitt verdienen, aber niemand will seinen Verdienst den anderen mitteilen. Wie kann man den Durchschnittsverdienst der neun Berater ermitteln, wenn keine anderen Hilfsmittel (wie Papier, Stifte, PDAs) zur Verfügung stehen?

Der erste Berater zählt eine zufällige Zahl zu seinem Gehalt (z. B. 10.000) und teilt dies seinem Nachbarn mit. Der wiederum fügt sein Gehalt hinzu und sagt es seinem nächsten Tischnachbarn weiter. Das Ganze geht so weiter, bis der letzte die Gesamtsumme hat und er sie dem ersten mitteilen kann. Dieser zieht jetzt noch die Zufallszahl ab, die er ursprünglich hinzugerechnet hat und teilt die Gesamtsumme durch neun. Das Ergebnis ist der Durchschnittsverdienst. Es gibt noch andere Verfahren, wie dieses Problem gelöst werden kann. Vielleicht fallen Ihnen noch welche ein?

III.10. Fleißige Gärtner

25 Gärtner arbeiten täglich acht Stunden und stellen eine Grünanlage von 8.000 m² in 32 Tagen fertig. Wie lange brauchen 20 Gärtner für 12.000 m², wenn Sie täglich zwölf Stunden lang arbeiten?

Wir nähern uns der Lösung schrittweise an. Bisher wissen wir:
25 Gärtner brauchen für 8.000 m² Grünfläche 32 Tage, wenn sie täglich acht Stunden arbeiten. Für 20 Gärtner (=4/5 x 25 Gärtner, also dauert alles jetzt 5/4-mal so lang) gilt folglich:

20 Gärtner brauchen für 8.000 m² Grünfläche 40 (=5/4 x 32) Tage, wenn sie täglich acht Stunden arbeiten. Nun ändern wir die tägliche Stundenzahl in zwölf Stunden ab (=3/2 x 8, also dauert alles jetzt 2/3-mal so lang).

20 Gärtner brauchen für 8.000 m² Grünfläche 26,67 (=2/3 x 40) Tage, wenn sie täglich zwölf Stunden arbeiten. Was bleibt übrig? Die Grünfläche beträgt nun 12.000 m² (=3/2 x 8.000), was erneut die Anfertigungszeit korrigiert. 20 Gärtner brauchen für 12.000 m² Grünfläche 40 Tage (=3/2 x 26,67), wenn sie täglich zwölf Stunden arbeiten.

IV. Erfahrungsberichte

Für die folgenden Berichte haben wir Studenten und Absolventen der führenden deutschen Hochschulen nach ihren Erfahrungen aus Bewerbungsgesprächen in der Finance-Branche gefragt. Sie bieten einen Insiderblick in die Interview-Praxis der Top-Arbeitgeber und sollen Ihnen mehr Sicherheit für Ihr eigenes Gespräch geben.

Trotzdem müssen Sie wissen: Die Berichte sind subjektiv geprägt und hängen maßgeblich von der individuell erlebten Situation des Bewerbers bzw. des Interviewers ab. Das bedeutet, dass Ihr Bewerbungsgespräch ganz anders ablaufen kann als die hier geschilderten Fälle. Zudem können mittlerweile einzelne Finanzdienstleister ihr Bewerbungsverfahren geändert haben.

In der Erfahrungsberichte-Datenbank von squeaker.net gibt es weitere Berichte über Praktika und Berufserfahrungen bei Top-Unternehmen, darunter auch von vielen Investment-banken und anderen Finanzdienstleistern. Nutzen Sie diese Datenbank, um sich ein besseres Bild von der tatsächlichen Bewerbungssituation zu machen. Ergänzen und aktualisieren Sie unsere CompanyReports mit Ihren Erfahrungen unter → www.finance-insider.com oder → www.squeaker.net.

„Das Insider-Dossier: Bewerbung bei Unternehmensberatungen" *beinhaltet auch zahlreiche Erfahrungsberichte und Interviewfragen aus aktuellen Gesprächen bei den Top-Beratungen. Das Buch ist im On- und Offline-Buchhandel unter der ISBN 978-3-940345-004 erhältlich. Auf → www.squeaker.net/insider können Sie es versandkostenfrei bestellen.*

IV.1. Credit Suisse

Bewerbungsprozess für ein Praktikum:

Ich habe mich per E-Mail direkt im Frankfurter Büro als Praktikant beworben. Nach einer Woche erhielt ich von der Personal-Abteilung die Einladung zu einem persönlichen Gespräch. Die Interviews wurden von zwei Analysten und einem Vice President geführt und dauerten jeweils etwa 45 Minuten. Mit mir zusammen wurden noch drei weitere Kandidaten eingeladen und parallel interviewt.

Ablauf Interviews / konkrete Fragen:

Das gesamte Auswahlverfahren bestand aus einer Runde mit drei Interviews, in denen folgende Bereiche abgefragt wurden:

1. Interview auf Englisch: Stationen des Lebenslaufs, fachliche und technische Grundlagen, persönliche Motivation

2. Interview auf Deutsch: Stationen des Lebenslaufs, Motivation, technische Grundlagen (insbesondere Bilanzierungsprobleme im Bereich Pensions), Hobbies

3. Interview auf Deutsch: Lebenslauf-fragen, Motivation, aktuelle „Deals" von Credit Suisse sowie Fragen zu den Kernpunkten der neuen strate-gischen Ausrichtungen. Kenntnisse und Interessen im Bezug auf Private Equity

squeaker.net-Tipp: *Informieren Sie sich vor dem Gespräch über aktuelle Deals des Unternehmens → lesen Sie am besten auch die letzten Presse-mitteilungen auf der Firmen-Home-page. Sie zeigen so ehrliches Inter-esse an Ihrem potentiellen Arbeitgeber.*

Typische Fach-Fragen waren z. B.:

- Wie bilanziert man Pensions?
- Wie verändert sich die Gewichtung von DCFs und Terminal Value bei der Berechnung des NPVs, wenn sich der WACC verändert? (Growth-Rate?)

- Wie funktionieren Multiples?
- Welche Multiples gibt es?
- Was sind die wesentlichen Unterschiede zwischen Trading Multiples und Exit Multiples?

Es gab jedoch auch Fragen zu meinen Freizeitaktivitäten, z. B.:

- Welche Windsurfing-Regionen kannst du empfehlen? (Der Prüfer war selbst Surfer und sehr an meiner Meinung interessiert.)

Tipps / Eindrücke:

Die Themen der Gespräche waren weit gefächert und beinhalteten den „normalen" Mix. Zusätzlich sollte man sich aber auf Fragen bzw. Gespräche über Unternehmensstrategien (Peer Group) einstellen. Ich persönlich kann

squeaker.net-Tipp: Seien Sie so konkret wie möglich bei der Angabe Ihrer Hobbies im Lebenslauf. Das weckt Interesse bei Ihrem Adressaten und spielt Ihnen im Interview leichte Fragen zu.

zu einem bescheidenen und natürlichen Auftreten raten. Insgesamt war die Stimmung freundlich und der Situation entsprechend professionell.

IV.2. Deutsche Bank (M&A und Global Markets)

Bewerbungsprozess für ein Praktikum:

Zunächst habe ich mich über eine klassische Online-Bewerbungsmaske auf der Karriereseite der Deutschen Bank beworben. Kurze Zeit später wurde ich von einer Personalerin kontaktiert und vereinbarte mit ihr einen recht zeitnahen Bewerbungstermin. Bei mir gab es kein Telefon-interview, wobei es manchmal durchaus dazu kommen soll.

Alle Gespräche fanden an einem Tag in Frankfurt statt. Zu Beginn musste ich einen numerischen Test auf Englisch absolvieren. Die Testfragen entsprechen in etwa den Beispielaufgaben im Insider-Dossier von squeaker.net und insbesondere auch den Beispieltests im Internet

(z. B. Morgan Stanley, Procter&Gamble). Der Test wurde unter starkem Zeitdruck durchgeführt.

Darauf folgten fünf Einzelgespräche, wobei ich auch schon von Bewerbern gehört habe, die weniger Gespräche hatten. Die Gespräche liefen größtenteils auf Deutsch, dauerten ca. 30 Minuten und wurden von Investmentbankern verschiedener Level (insbesondere Analysts und Vice Presidents) durchgeführt. Es kam in meinem Fall zu keinem Gespräch mit einem Personaler. Die Interviewstimmung war freundlich und fair, wobei man bei den Fragen schon merkte, welcher Anspruch und welche Erwartungen an mich gestellt wurden.

Ablauf Interviews / konkrete Fragen:

Zu Beginn gab es Fragen zum Lebenslauf mit klarem Fokus auf meine Erfahrungen im Finanzbereich. Darauf folgten Fachfragen insbesondere mit Bezug auf das Thema Unternehmensbewertung (z. B. DCF, Art der Bezahlung und Multiples). So musste ich beispielhaft die Unternehmensbewertung einer Gastronomie in Frankfurt (inkl. Marktabschätzung) durchführen. Dabei wurde auch auf die geschickte Anwendung von Multiples gesetzt und ich musste erklären, welche Unterschiede existieren und wann diese eingesetzt werden.

squeaker.net-Tipp: *Üben Sie vor dem Interview noch einmal intensiv ohne Taschenrechner zu rechnen. Trainieren Sie dabei vor allem das Kopfrechnen sowie das schriftliche Lösen von Aufgaben in den vier Grundrechenarten.*

Weitere Fragen im Bereich M&A und Global Markets lauteten:
- Wie setzt sich das KGV zusammen und wie ist es zu interpretieren?
- Was bedeutet es, wenn die Gross Margin steigt / fällt?
- Wie schätzen Sie die Entwicklung der Zinspolitik der EZB ein?
- In welche Aktien würden Sie investieren?

Tipps / Eindrücke:

Fachbegriffe und Unternehmensbewertung wurden konsequent auf Englisch diskutiert. Man sollte auf konkrete Berechnungen vorbereitet sein. Des Weiteren sollte man sich auf eine detaillierte Diskussion des aktuellen M&A-Marktes einstellen und eine Analyse von aktuellen Unternehmensübernahmen bzw. Fusionen (Fokus auf strategische Beweggründe und Marktentwicklungen) durchführen können. Gerade bei Multiples und DCF-Einflussgrößen kommen häufig kritische Rückfragen.

In einem Interview wurde ein Brainteaser abgefragt, der in ähnlicher Form auch im Insider-Dossier „Brainteaser im Bewerbungsgespräch" behandelt wird. Im Buch lautet der Brainteaser wie folgt: „Der Goldschmied Gustav hat zehn Angestellte. Er hat insgesamt ein Kilogramm Gold und gibt jedem Angestellten 100 Gramm. Jeder Angestellte soll hieraus je zehn Ringe fertigen. Einer der Angestellten betrügt, indem er pro Ring genau ein Gramm Gold unterschlägt. Wie kann Gustav mit einer digitalen Präzisionswaage und nur einmaligem Wiegen herausfinden, wer ihn betrügt?"

Wer in den Bereich Global Markets möchte, sollte sich zudem auch noch einmal ausführlich über Zertifikate und Kapitalmarkt-Trends informieren.

IV.3. Deutsche Bank (M&A Advisory)

Bewerbungsprozess für ein Praktikum:

Ich entschied mich für den Weg der Initiativbewerbung, da ich in demselben Haus bereits eine Banklehre absolviert hatte. Kurze Zeit später wurde ich von der Sekretärin des Bereiches kontaktiert, die dann mit mir einen Bewerbungstermin kurzfristig vereinbarte. Es gab kein Telefoninterview.

Alle Gespräche fanden an einem Vormittag in Frankfurt statt. Numerische Tests gab es keine. Es gab sechs aufeinanderfolgende Einzelgespräche, die alle auf Deutsch geführt wurden. In dem ersten Gespräch habe ich mit dem für mich zuständigen Praktikantenbetreuer gesprochen, danach folgten Gespräche mit weiteren Kollegen (insbesondere Associates und Vice Presidents). Einer der zuständigen

Managing Directors führte mit mir das zweite Interview. Die Stimmung war von Anfang bis Ende sehr freundlich und fair. Die Fragen waren angemessen und auf mein Profil zugeschnitten, da ich mit meinen 21 Jahren noch relativ wenig Theoriewissen vorweisen konnte.

Ablauf Interviews / konkrete Fragen:

Zu Beginn eines jeden Gespräches wurde ich gebeten kurz etwas zu meiner Person zu sagen und von meinem Lebenslauf zu berichten. Hierbei sollte ich jeweils mit dem Abitur anfangen. Ich setzte meinen Schwerpunkt auf die gesammelte Berufserfahrung um so den Brückenschlag zu der zentralen Frage zu schaffen: Warum gerade M&A? Dabei versuchte ich anhand von in der Praxis erlebten Fällen, mein Interesse an der Wirtschaft im Allgemeinen und am M&A im Besonderen zu begründen.

Außerdem wurde ich in fast jedem Gespräch nach meiner Fähigkeit und meiner Bereitschaft gefragt, lange und konzentriert zu arbeiten. Denn wer seine Satisfaktion nur im Geld sucht, wird die zermürbenden, langen Arbeitsstunden wohl kaum aushalten.

Die Fachfragen bezogen sich u. a. auf die möglichen Formen einer Unternehmensbewertung (Multiples, DCF), die Unterscheidung von betriebsbedingten Kosten und betriebsfremden Kosten, Ablauf eines Deals, grundlegende Kennzahlen EBIT/EBITDA und deren Einflüsse auf andere Kennzahlen. Einen Case musste ich nicht durchrechnen. Es wurde auch aktuelles Wissen zum Marktgeschehen abgefragt. So wurde ich gebeten die Subprime-Krise in ihren Grundzügen zu erklären.

Außerdem erwartete man viele Fragen von mir selbst. In jedem Gespräch wurde ich gefragt, was ich über die Arbeit im M&A wissen möchte. Ich vermute, dass man so mein Interesse und mein pro-aktives Vorgehen testen wollte. Hier rate ich,

squeaker.net-Tipp: *Achten Sie darauf, dass Sie über das aktuelle Marktgeschehen ausreichend informiert sind. Diskutieren Sie Finance-News mit Ihren Freunden und lesen Sie entsprechende Kommentare in der Tageszeitung.*

die Chance zu nutzen und angemessene Fragen zu stellen. Themen könnten sein: Arbeitsumfeld, Auswirkungen der Marktgeschehnisse auf die eigene Arbeit etc.

Tipps / Eindrücke:

Wichtig ist vor allem für „Neulinge" wie mich, dass man sein Interesse anhand von Erfahrungen sehr genau belegen kann und grundlegende Kenntnisse über Unternehmensbewertungen und Abläufe von Transaktionen hat.

In einem Gespräch gab es auch einen Brainteaser, der ebenfalls im Insider-Dossier „Brainteaser im Bewerbungsgespräch" ausführlich gelöst wird. Er lautete wie folgt: Sie sind in einem Ruderboot auf einem kleinen Teich und haben den Anker ausgeworfen. Was passiert, wenn Sie den Anker wieder einholen? Wird sich der Wasserspiegel senken, heben oder wird er gleich bleiben?

IV.4. Dt. Genossenschafts- und Hypothekenbank

Bewerbungsprozess für einen Einstieg als Junior Portfolio- manager im Bereich Asset Backed Securities:

Vorweg hatte ich ein Erstgespräch mit einem Headhunter in Frankfurt. Dieser hatte mich einige Wochen zuvor über mein Xing-Profil kontaktiert. Dort wurden mir primär Fragen zu meinem beruflichen Werdegang gestellt, z. B. wieso ich nie Praktika im Bankenbereich absolviert hatte. Weitere Fragen betrafen meine Englischkenntnisse und ob ich im Ausland gewesen war. Als ich daraufhin über mein Praktikum in Mazedonien erzählte, wurde nachgehakt, wie ich denn auf Mazedonien gekommen sei. Eine Woche später wurde ich dann nach Hamburg zur DG Hyp (Deutsche Genossenschafts- und Hypothekenbank) eingeladen.

Ablauf Interviews / konkrete Fragen:

Die ersten Fragen bezogen sich auf die eigenen Investment-Erfahrungen und richteten sich schwerpunktmäßig auf die eigenen Soft-Skills (Wo liegen Ihre Stärken, wo Ihre Schwächen? Was denken andere Menschen über Sie? Was denken Sie, sollte ein optimal aufgestelltes Team auszeichnen?).

Daraufhin sollte ich die Beweggründe für meinen Arbeitgeberwechsel darlegen. Anschließend wurde ich u. a. mit folgenden Fragen zu meiner bisherigen Arbeit konfrontiert:

- Welche Assetklassen haben Sie gehandelt?
- Wie sah bei Ihnen der Investmentprozess aus?
- Wie haben Sie Analysen durchgeführt?
- Mit welchen Banken haben Sie zusammengearbeitet?

Im Anschluss wurde ich zu meinem beruflichen Werdegang interviewt und musste genauer darstellen, warum ich meinen Arbeitgeber wechseln wollte.
Darauf folgten Fragen zu meiner Einschätzung der aktuellen Marktlage (insbesondere im Asset-Backed-Securities-Markt):

- Wie sehen Sie die Spreads in näherer Zukunft?
- Wie würden Sie sich denn als aktueller Portfoliomanager positionieren?
- Welche Assets würden Sie erwerben?
- Sehen Sie im ABS-Markt wieder Potenzial (trotz schwieriger Marktlage)?

Zum Abschluss des Gespräches ging es um meinen Gehaltswunsch und den Zeitpunkt des möglichen Einstiegs. Hier habe ich eine Bandbreite genannt und hervorgehoben, dass ich auch an anderen Benefits, wie etwa Seminaren oder Weiterbildungskursen, interessiert sei.

Tipps / Eindrücke:

Die DG Hyp führt umfangreiche Daten auf der eigenen Homepage. Hier sind auch Bilanzen und ihr Investmentstil dargestellt. Dies sollte man sich vorab genauer ansehen und so viele Informationen wie möglich über das Unternehmen sammeln. Insgesamt war das Gespräch sehr positiv und vor allem freundlich. Besonders erleichternd fand ich, dass keine „fiesen" Fragen gestellt wurden.

IV.5. Goldman Sachs (M&A)

Bewerbungsprozess für ein Praktikum:

Ich bewarb mich nach einer Unternehmenspräsentation von Goldman Sachs für eine erste Interviewrunde, die am Campus stattfand. Kurze Zeit nach Absenden meiner Unterlagen erhielt ich eine Einladung.

Ablauf Interviews / konkrete Fragen:

Die erste Interviewrunde fand also an meiner Hochschule statt. Sie bestand aus einem Gespräch mit zwei Vice Presidents (Investmentbanking, Fixed Income) und einer Recruiterin. Meinen Interviewpartnern ging es hauptsächlich darum, mich persönlich kennen zu lernen; Fachwissen aus dem Bereich Finanzen wurde nicht „abgefragt". Unterhalten haben wir uns über verschiedene Positionen meines CV sowie einige Aussagen, die ich im Anschreiben meiner Bewerbung gemacht hatte. Weiterhin haben sie mich aufgefordert, ihnen in einem Rollenspiel das Unternehmen, bei dem ich im Sommer mein Praktikum absolviert hatte, zu verkaufen. Erwartet wurden Stellungnahmen zur strategischen Position des Unternehmens, Finanz-kennzahlen und Entwicklungsaussichten. Des Weiteren haben mir die beiden erläutert, womit sie sich täglich beschäftigen, was sie an ihrem Job begeistert und was potenziell kritische Punkte sind. Das gesamte Gespräch lief in einer sehr positiven und überaus angenehmen Atmosphäre ab.

Eine weitere Frage war, ob ich mir vorstellen könnte, eventuell auch in einer anderen Division (in der Online-Bewerbung kann man sich für zwei Divisionen bewerben) ein Praktikum zu absolvieren. Etwa eine Woche später wurde ich zur zweiten Interviewrunde in Frankfurt eingeladen. Auf der Basis der Eindrücke des ersten Gesprächs wurde entschieden, für welche Division ich nun weiter interviewt werden würde.

In Frankfurt habe ich fünf Interviews (30-45 Minuten), drei davon auf Englisch, durchlaufen.

Unter anderem ging es um folgende Themen:

- Warum Investmentbanking? Warum Goldman Sachs? Auf diese beiden Fragen sollte man auf jeden Fall eine vorbereitete, überzeugende Antwort haben. Gerne wird auch mal nachgebohrt und das Gesagte kritisch hinterfragt. Den Interviewpartnern geht es darum zu überprüfen, ob der Bewerber sich wirklich mit der Tätigkeit des Investmentbanking und dem Unternehmen GS auseinander gesetzt hat. Ich hatte den Eindruck, dass man sehr darauf bedacht ist, Personen herauszufiltern, die sich nur auf Grund des Namens bzw. einer sehr vagen Vorstellung von „M&A" bewerben.

- Größere IPOs / M&A Deals in den letzten 12 Monaten? In welchen Sektoren erwartest du in den nächsten Jahren verstärkte Aktivitäten im Bereich M&A? Einige Fragen also, um abzutasten, ob sich der Bewerber wirklich für das Gebiet interessiert.

- Wie würden deine Freunde dich beschreiben?

- Einige generelle Finanzfragen wie z. B. die möglichen Einfluss-faktoren / Auswirkungen einer Akquisition auf das KGV des kaufenden Unternehmen. Es wurde – zumindest in meinen Interviews - wenig spezielles Finance-Wissen abgefragt. Die Fragen oder Cases waren vielmehr strategisch geprägt und zielten darauf ab zu sehen, wie der Kandidat das Problem angeht und ob Interesse an und damit ein gewisses Verständnis von allgemeinen betriebswirtschaftlichen Fragen besteht.

Zumeist besteht jedes Gespräch aus einem CV-bezogenen Teil und einem analytischen bzw. fachlichen Teil. Ich hatte den Eindruck, dass gute Finance-Kenntnisse gefordert sind. Aus meiner Sicht ging es in den Interviews aber auch darum abzutasten, ob der Bewerber persönlich zu GS passt. Zudem soll auch dem Bewerber die Chance gegeben werden, die Personen hinter dem Namen GS kennen zu lernen. Zusätzlich gibt es einen Numerical Test, der aus einer „verbal section" und einer „analytical section" besteht.

Tipps / Eindrücke:

Locker bleiben, engagiert, interessiert und motiviert auftreten. Ich hatte den Eindruck, dass die Persönlichkeit zählt. Gewöhnungsbedürftig (in den deutschen Interviews) war für mich, meine Interviewpartner zu duzen. Man gewöhnt sich aber schnell daran, und es trägt zu einer angenehmen Atmosphäre bei. Eigene Fragen vorbereiten. Jeder Interviewpartner wird sich viel Zeit für Fragen nehmen. Bei fünf Interviews reichen spontane Eingebungen dann schon nicht mehr aus. Wenn einem die Fragen ausgehen, kann das schnell mal als mangelndes Interesse ausgelegt werden.

IV.6. Goldman Sachs (Equity Sales)

Bewerbungsprozess für ein Praktikum:

Ende Oktober habe ich mich per Email über die Unternehmens-Homepage bei Goldman Sachs beworben. Da das Interview noch vor Beginn meines Auslandsemesters stattfinden sollte, hakte ich Anfang Dezember proaktiv nach, um noch einen geeigneten Termin zu bekommen. Kurz vor Weihnachten wurde ich dann nach Frankfurt eingeladen. Es fanden zwei Runden mit insgesamt sieben Interviews statt. Davon wurde eines während des Essens durchgeführt. Jedes der Interviews dauerte etwa 30 Minuten.

Ablauf Interviews / konkrete Fragen:

Die Interviewer kamen hauptsächlich aus dem Bereich „Equity Sales", aber auch aus „Fixed Income" und „Derivatives" bzw. „Warrants" Zu Beginn der Interviews sollte ich meistens meinen Lebenslauf und die Motivation für das Praktikum darstellen. Daran schlossen sich lockere Gegenfragen an. Die Atmosphäre war allgemein sehr freundlich.

Die Fragen kreisten primär darum, inwieweit ich mich für den Markt interessiere, aktuelle Geschehnisse verfolgte und welche Finance-Erfahrungen ich bisher gesammelt hatte. Es galt also eher einfache Marktzusammenhänge zu erklären. So sollte ich bspw. die wichtigsten Aktienkenngrößen erläutern und Schätzungen zu den jeweiligen Größenordnungen abgeben. Es wurden aber auch Fragen zu Investment-Ideen und meiner persönlichen Lieblingsaktie gestellt.

Interviewer aus dem Bereich „Derivatives" bzw. „Fixed Income" stellten u. a. auch technische Grundfragen. Sehr wichtig ist, dass man weiß, wie Calls und Put funktionieren. Die Fragen unterschieden sich zwar grundsätzlich stark von Person zu Person, jedoch waren die Interviews insgesamt nicht sehr technisch, sondern zielten eher auf Grundverständnisse ab und ermöglichten einem zu zeigen, inwieweit man sich bislang mit dem Finanzmarkt beschäftigt hatte.

Tipps / Eindrücke:

Bei Interviews im Marktbereich ist das A und O aufzeigen zu können, dass man sich leidenschaftlich für Aktien und Finanzmärkte interessiert. Viel wichtiger als Fachwissen ist das Übermitteln von Interesse und der Motivation viel zu lernen. Daneben sollte man aber auch verständlich manchen können, dass man geradlinig denken kann und eine schnelle Auffassungsgabe besitzt. Das Gespräch sollte man als solches verstehen und selbst am besten viele Fragen stellen.

IV.7. Greenhill (M&A)

Bewerbungsprozess für ein Praktikum:

Die Boutique Greenhill dürfte in Deutschland noch nicht allzu bekannt sein. So hat mich auch erst ein Freund auf diese kleine, aber extrem feine Boutique aufmerksam gemacht, die Büros in Frankfurt, London und New York hat. Greenhills große Stärke besteht in der überwältigenden Zahl an senioren Mitarbeitern mit enormem Erfahrungsschatz (meistens aus vorangegangener Erfahrung bei Investmentbanken wie Merrill Lynch oder Goldman Sachs). Dies sollte sich auch in den Gesprächspartnern widerspiegeln, so interviewte mich u. a. ein Managing Director aus New York. Da Greenhill sehr individuell rekrutiert, ist ein standardisierter Bewerbungsablauf nur schwer zu beschreiben. Eine Woche nach Einsendung meiner Bewerbungsunterlagen wurde ich ins Büro nach Frankfurt eingeladen. Ich führte drei Gespräche und in einer zweiten Runde noch einmal vier, womit ich fast alle Professionals aus dem Frankfurter Büro kennen gelernt hatte.

Ablauf Interviews / konkrete Fragen:

In der ersten Runde traf ich zunächst auf einen Analysten, der mich mit zwei Brainteasern konfrontierte (beide sehr zahlenlastig). Des Weiteren fragte er mich einige Multiples und ihre Bedeutung ab. Ich sollte Multiples miteinander vergleichen, wobei klar wurde, dass es industriespezifische Unterschiede gibt, die durch die Benutzung unangemessener Multiples untergingen. Ich muss hinzufügen, dass die technischen Fragen am Ende gar nichts waren im Gegensatz zu den Brainteasern, bei denen mich der doch recht junge Analyst unter Druck gesetzt hat. Hinzu kommt, dass das Interview, obgleich mein Gegenüber deutscher Abstammung war, auf Englisch geführt wurde.

Mit klitschnassen Händen verabschiedete ich meinen ersten Interviewer und wartete auf den nächsten. Es kam ein Associate herein. Ich führte mit ihm ein sehr interessantes Gespräch, denn er erzählte mir ausführlich von seiner Zeit bei einer großen Investmentbank, bei der er drei Jahre lang als Analyst im M&A gearbeitet hatte. Er antwortete mir wirklich sehr ausführlich auf meine Fragen bzgl. seines Ausstiegs bei der Investmentbank zwecks Einstieg bei Greenhill. Nichtsdestotrotz musste ich danach an die Arbeit und durfte mit ihm eine Eigenkapitalerhöhung diskutieren. Dabei galt es, möglichst fix den Mischkurs oder die Bezugsrechte auszurechnen.

Der dritte Interviewer war ein Principal, der das Frankfurter Büro mit seinen eigenen Händen mit aufgebaut hatte. Er konnte sehr viel von dem „Start-up"-Feeling vermitteln, das Greenhill ganz offensichtlich ausmacht. Seiner Seniorität entsprechend ging er mit mir keine technischen Details der Unternehmensbewertung durch, sondern wollte meine persönliche Motivation, bei Greenhill anzufangen, abklopfen. Des Weiteren ging er meinen Lebenslauf recht rigoros durch und machte sich viele Notizen dabei – selbst meine Musterung mit T5 wurde vermerkt …

Einige Wochen später flog ich wieder nach Frankfurt für die zweite Runde. Diesmal führte ich vier Interviews, davon das erste mit einem Alumnus meiner Hochschule, der mich bat, eine Kaufhauskette mittels Multiples zu bewerten. Hierbei musste ich mich zu den relevanten Daten durchfragen und die Ergebnisse der Multiple-Bewertung interpretieren. Das nächste Interview führte ich mit einem weiteren Associate, der mich ehrlich danach fragte, welche technischen Details ich schon mit Kollegen in den vorangegangenen Interviews besprochen hatte, so dass das Durchsprechen der DCF-Modellierung übrig blieb. Ich sollte das Modell erklären und darlegen, wie man den Diskontierungssatz ermittelt (WACC bei Free Cash Flows to the Firm, Eigenkapital-Kosten bei Cash Flows to Equity etc.).

Als vorletzten Interviewpartner lernte ich einen Managing Director aus New York kennen, der mit mir über alle „odds" im Lebenslauf sprach – z. B. über meine Ausarbeitungen zum Thema Filmanalysen. Des Weiteren stellte er mir noch einen Brainteaser, nämlich: Was ist die Summe aller Zahlen von 1 bis 100? Der gute Gauß hat das Problem einst gelöst, indem er die Zahlenreihe aufteilte, 1 und 100 zu 101 addierte, 2 und 99 etc., so dass die Lösung $50 \times 101 = 5050$ lautet.

Mein letztes Interview führte ich mal wieder auf Englisch – und zwar mit einem Vice President, der mich explizit darum bat, ihm darzulegen, wo ich die Unterschiede zwischen Consulting und Investmentbanking sähe.

Tipps / Eindrücke:

Interviewt man mit einer Boutique, so ist das Commitment von beiden Seiten garantiert. Man lernt sehr viele Professionals kennen und kann dabei – angesichts der Seniorität so mancher Interviewpartner – extrem viel dazulernen. Das Feedback war umfassend, und man findet sich darin sehr gut wieder.

IV.8. JP Morgan (M&A)

Bewerbungsprozess für ein Praktikum:

Zunächst muss man ein Online-Bewerbungsformular auf der Website von JP Morgan ausfüllen. Es ist recht umfangreich, und man sollte sich die Antworten auf die offenen Fragen gut überlegen. Wie ein Bewerber berichtet, meldet sich dann nach etwa zwei Wochen jemand aus der Personalabteilung, um einen zu der ersten Bewerbungsrunde nach London (bei anderen war es zunächst Frankfurt) einzuladen.

Der Tag beginnt mit einem Associate-Interview, das häufig gleich auf Englisch geführt wird. Darauf folgen ein 20-minütiger Numerical-Test sowie ein weiteres Interview, welches meistens wieder auf Englisch, teilweise jedoch auch auf Deutsch zu bewältigen ist. Danach wird entschieden, ob es noch zu einem dritten Gespräch kommt. War man nicht erfolgreich, erhält man direkt Feedback, wieso es nicht geklappt hat.

Hat man diese erste Runde erfolgreich gemeistert, wird man kurze Zeit später zu einem zweiten Termin nach London eingeladen. Dieser ähnelt der ersten Runde sehr, es kann nur sein, dass manchmal etwas andere Schwerpunkte gesetzt werden und bestimmte Fähigkeiten stärker oder schwächer abgeprüft werden.

Ablauf Interviews / konkrete Fragen:

Die Einzelgespräche gliedern sich in drei Abschnitte: Interviewer und Bewerber stellen sich kurz vor, dann werden Fragen an den Bewerber gestellt und zuletzt hat man die Möglichkeit, selbst Fragen über das Praktikum und JP Morgan zu stellen.

Den Anfang des Interviews sollte man nutzen, um sich möglichst strukturiert und prägnant in einem positiven Licht zu präsentieren. Häufig soll man hier sein Interesse für das Investmentbanking erklären, relevante Praktika nennen und zeigen, inwiefern einen seine bisherigen Erfahrungen für das Investmentbanking qualifizieren.

Aus dem zweiten Abschnitt berichtet ein Bewerber von folgendem Case: Man ist Analyst in London, es ist Freitagnachmittag und der VP kommt mit einem neuen Auftrag auf einen zu. Man soll einen kleinen Automobil-Zulieferer aus Deutschland bewerten. Dieser ist in Privatbesitz und in Hinblick auf die Unternehmensgröße eigentlich außerhalb JP Morgan's Klientenfokus. Aber da der Vorgesetzte den Geschäftsführer gut kennt, soll JP Morgan doch eine Bewertung durchführen. Bis auf einen selbst ist allerdings niemand mehr im Büro und die Deadline ist in 48 Stunden. Glücklicherweise stehen einem die JP Morgan-Datenbanken mit Informationen zu ca. 100 Automobil-Zulieferern und deren Financial Data (Bilanzen, GuV, etc.) zur Verfügung.

Als ersten Ansatzpunkt schlug der Bewerber das Multiple-Verfahren vor und sollte dieses dann detailliert darstellen. Von dort aus weitergehend war dann zu erklären, nach welchen Kriterien man Firmen ausschließen könnte, um die Zahl der zu vergleichenden Unternehmen zu reduzieren (entscheidend sind hier vor allem Umsatz und Wachstum).

Ein anderer Bewerber wurde mit folgendem Case konfrontiert: Der CEO von BMW kommt zu Ihnen und möchte die Autosparte abstoßen, um sich nur noch auf die Produktion von BMW-Fanartikeln (Regenschirme, Schlüsselanhänger etc.) zu konzentrieren. Sie wissen, dass die Idee schwachsinnig ist, sie könnte jedoch für JP Morgan einen großen Deal mit hohen Einnahmen bedeuten. Empfehlen Sie Ihrem Vorgesetzten, den Auftrag anzunehmen? Ohne zu zögern, sollte man hier antworten, dass man das Angebot ablehnt, da sich jede andere Entscheidung nachteilig für den Kunden auswirken würde. Der Interviewte sollte gar nicht erst abwägen. Der Grundsatz „Client first" ist absolut zu beachten.

Auf die Cases folgen oft noch einzelne fachliche Fragen, z. B.:

- Wie berechnet sich der Enterprise Value?
- Was ist der Vorteil von einem Multiple (EV/EBITDA) im Vergleich zu einem anderen Multiple (P/E)?
- Wie berechnet sich der WACC?
- Was ist Beta? Was bedeutet ein Beta von -1?
- Was ist die Marktrendite? Woraus setzt sich die Überrendite zusammen?
- Was ist der Tax Shield?
- Wie werden Steuern berücksichtigt?
- Welche Cash Flows werden benutzt (Free Cash Flows → Berechnung)?
- Was passiert mit den Financial Statements, wenn eine unbenutzte Maschine abbrennt? (Die Antwort des Bewerbers war hier: Es ist ein außerordentlicher Aufwand. Der Net Income verringert sich in der GuV (Income Statement). In der Bilanz findet eine Verkürzung statt, da erstens das EK und zweitens der Posten „Maschinen" verringert werden. Statement of Cash Flows bleibt unverändert, da sich die Abschreibungen erhöhen und der Net Income verringert wird. Diese Posten gleichen sich aus.)

Sowohl in Frankfurt als auch in London ist außerdem mit Fragen zu rechnen, die mehr auf den Personal Fit abzielen, z. B.:

- Name a situation when you took over leadership and explain why.
- Name a situation when you were right but the other team members were against you.
- If I called your former employer, name three things he would say to describe you.
- If I asked a personal contact of yours, what three characteristics would he use to describe you?

- Give an example of a situation when you did not get along with a person with whom you had to work.

Darüber hinaus wird aber auch gerne gefragt: Was passiert, wenn wir Ihnen keinen Praktikumsplatz anbieten? Haben Sie sich bei anderen Investmentbanken beworben? Warum wollen Sie ein Praktikum im Investmentbanking machen? Warum bei JP Morgan? Den Personalern ist schon bewusst, dass man sich auch bei anderen Banken beworben hat. So kann man ruhig ein paar ebenbürtige Konkurrenten nennen, die man sicherheitshalber auch angegangen ist, falls man bei seinem „Wunsch-Unternehmen" nicht genommen wird. Zu diesen eher allgemeinen Fragen gibt es auch auf der Website von JP Morgan einige Informationen, die man für seine Antworten nutzen kann. Wichtig ist zudem, sich über die letzten großen M&A Deals von JP Morgan zu informieren (JPM Website, Lexis Nexis, Factiva).

Tipps und Eindrücke:

Die Interviews können sehr unterschiedlich ausfallen. Brainteaser-Aufgaben werden nicht immer gestellt. Dafür kommen manchmal auch Fragen zur jeweiligen Diplomarbeit. Eine gründliche Vorbereitung auf das Interview ist sicherlich die entscheidende Vorraussetzung für einen erfolgreichen Ablauf. Man sollte sich nicht einschüchtern lassen und (kleine) Wissenslücken zugeben können. Insgesamt wurde die Inter-view-Atmosphäre als angenehm empfunden, die Fragestellungen waren stets nachvollziehbar.

Vor allem in dem Bereich und den Methoden der Unternehmens-bewertung sollte sich der Bewerber gut auskennen (Berechnung, vor und Nachteile, etc.). Außerdem ist es wirklich wichtig, auf die Aussagen des Gegenübers genauestens zu achten. Wenn man den falschen Denkansatz wählt, wird der Interviewer einen in der Regel berichtigen. Selbstverständlich sollte man diese Hilfestellungen bei der Beantwortung dann aber auch berücksichtigen. Am Ende der Gespräche sollte man von der Möglichkeit, Fragen zu stellen, unbedingt Gebrauch machen. Trotz aller Aufregung ist es zudem von Vorteil, stets den Blickkontakt mit dem Interviewer zu halten und eine entspannte Körperhaltung einzunehmen.

IV.9. Lazard (M&A)

Bewerbungsprozess für ein Praktikum:

Die Bewerbung bei Lazard läuft wie bei allen Investmentbanken straight forward. Um eingeladen zu werden, schaut die Personalabteilung vor allem auf gute bisherige Praktika (gerne gesehen sind Erfahrungen bei anderen Banken oder Boutiquen), Auslandserfahrungen (sei es durch Praktika oder Studienaufenthalte) sowie gute Noten, wobei nach meinem Eindruck die Noten eine eher untergeordnete Rolle spielen.

Ich selbst habe mich per E-Mail mit englischem Anschreiben und CV beworben und hatte bereits nach einem Tag die Zusage zu Gesprächen in Frankfurt. Lediglich die Kopien meiner Zeugnisse habe ich noch ins Büro nach Frankfurt schicken dürfen.

Ablauf Interviews / konkrete Fragen:

Die Gespräche laufen immer nach dem gleichen Schema ab. Ein Gesprächspartner fragt zum Thema Lebenslauf, die nächsten beiden zum Thema Bewertung und der letzte versucht sich noch einmal einen Gesamteindruck zu machen und testet die englischen Sprachkenntnisse.

Das Lebenslauf-basierte Gespräch ist meiner Meinung nach relativ easy. Wichtig ist hierbei, eine sogenannte „elevator speech" vorbereitet zu haben, d. h. innerhalb von zwei bis drei Minuten eine absolut überzeugende Zusammenfassung über seinen bisherigen Werdegang und die erworbenen Fähigkeiten liefern zu können. Natürlich sollte man auch auf Fragen zur Motivation (also „Warum Investmentbanking?", „Warum M&A?" und vor allem „Warum Lazard?") eine Antwort parat haben. Insbesondere letztere Frage gewinnt noch an Bedeutung, wenn man wie ich bereits andere Investmentbanken von innen gesehen hat. In Bezug auf Lazard sollte man speziell die Punkte Unabhängigkeit, Erfolg (Rankings!) sowie Leute erwähnen. Hilfreich ist es dabei natürlich, wenn man bereits andere Praktikanten kennen gelernt hat und sich auf deren Erfahrungen berufen kann oder von Erfahrungsberichten auf squeaker.net erzählen kann, die man spannend fand. Allgemein gilt, dass die Leute der Ausschlag gebende Punkt sind, warum man sich für die eine oder andere Investmentbank entscheiden sollte.

Die zweiten und dritten Gespräche sind in der Regel sehr technisch. Hier trifft man zumeist auf Analysten. Ich war bereits in meiner Einladung darauf hingewiesen worden, dass ein technisches Interview vorgesehen war, von daher konnte ich mich gut vorbereiten. Die Fragen waren eigentlich die gleichen, die auch bei anderen Banken gestellt werden, also zum Beispiel:

- Welche Bewertungsmethoden kennen Sie?
- Was ist der Unterschied zwischen Firm- und Equity-Bewertung?
- Welche Multiples werden klassischerweise angewendet und welche davon für jeweils die Firm-/Equity-Bewertung?
- Sind Bewertungen auf Basis von Transaktionsmultiples oder DCF-Berechnungen höher?
- Wie kommt man vom EBIT auf den Free Cash Flow?

Das vierte Gespräch lief komplett auf Englisch ab, und mein Gesprächspartner wollte ganz klar noch einmal meine Motivation für den Bereich M&A testen. Das Interview war aber insgesamt recht angenehm, und ich habe mich auch über persönliche Dinge und den Werdegang meines Interviewers (ein Associate) unterhalten.

Tipps / Eindrücke:

Bereits am nächsten Tag hatte ich telefonisch die Zusage für das Praktikum. Insgesamt war der Bewerbungsprozess absolut professionell, und zwischen Bewerbungszeitpunkt und Zusage vergingen nicht einmal zwei Wochen. Das anschließende Praktikum war ebenfalls hervorragend. Die Arbeit war sehr intensiv (sowohl was das Zeitliche angeht als auch was die Lernkurve angeht), und ich würde jederzeit wieder zu Lazard gehen!

Mein Gesamteindruck: eine äußerst dynamische Bank mit guten Köpfen, die man sich auf jeden Fall einmal näher anschauen sollte.

IV.10. Lehman Brothers

Bewerbungsprozess für einen Einstieg als Analyst:

Es gibt zwei Interviewrunden: Die First Round umfasst drei Interviews à 30 Minuten mit jüngeren Analysten. Die Final Round besteht dann aus vier Interviews mit Associates und erfahrenen Bankern. Da das Staffing sehr international ist, werden die meisten Gespräche auf Englisch geführt. Die erste Runde findet nicht immer im gleichen Office statt. Manche Bewerber berichten von Einladungen nach Frankfurt, andere aber auch von Flügen nach Stockholm. Die finale Runde ist in jedem Falle in London.

Ablauf Interviews / konkrete Fragen:

Die ersten Interviews prüfen Kernkompetenzen wie Teamwork oder Leadership ab, erfordern aber auch fundiertes Fachwissen. Die Schwerpunkte der Gespräche lagen bei einem Bewerber vor allem auf den Bereichen Discounted-Cash-Flow-Verfahren (DCF), Bond Pricing und Economics. Das DCF-Verfahren wurde dabei besonders detailliert abgefragt mit konkreten Fragen zu CAPM, Beta, Credit Rating, Modellkritik und alternative Bewertungsmethoden.

Andere Bewerber berichten von folgenden Fragen:

- Wie verändert sich der Preis, wenn die Yield Curve shiftet?
- Welche Bewertungsmethoden gibt es? (DCF, Multiples, Comps)
- Welche verschiedenen Multiples gibt es und wie unterscheiden sich diese voneinander?
- Wie setzt sich der Firm Value in einem konkreten Fall zusammen?
- LBO - Was ist das? Wie geht das vonstatten? Warum machen Firmen einen LBO?
- Wie machen Private-Equity-Gesellschaften Gewinn?
- Stellen Sie sich vor, sie wären ein Commercial Banker und sollen einem Asset-Management-Unternehmen einen Kredit gewähren. Wie gehen Sie vor?

- Kennen Sie aktuelle Transaktionen, die unser Haus begleitet hat?

In der Final Round mussten dann auch viele Fragen beantwortet werden, die mehr auf den Personal Fit abzielen. Insgesamt wurde die Atmosphäre hier deutlich entspannter geschildert:

- Warum IBD? Warum M&A?
- Warum Lehman?
- Warum haben Sie sich für das Investmentbanking und nicht das Consulting entschieden? Wo liegen Ihrer Meinung nach die Hauptunterschiede?
- Was motiviert Sie?
- Welche Skills benötigt man im IB?
- Welche Niederlagen haben Sie schon erlitten und welche Lehren haben Sie daraus gezogen?
- Welche Erfahrungen haben Sie während Ihres Auslandssemesters gemacht?

Tipps / Eindrücke:

Ich kann nur empfehlen, dass man sich gründlich auf die Corporate Finance-Basics (insbesondere Unternehmensbewertungsverfahren, aber auch den Aufbau von Investmentbanken) vorbereitet, da diese eben den wesentlichen Bestandteil der Gespräche bildeten. Auch auf Standardfragen nach dem Motto „Warum IB?" etc. sollte man sich vorher schon gute Antworten überlegen.

Von der etwas angespannten Stimmung in der First Round sollte man sich nicht verunsichern lassen. Vor allem in London wird die Atmosphäre als sehr freundlich und persönlich geschildert.

In den Gesprächen zählt:

- Motivation zeigen
- Lächeln
- Hohes Energielevel zeigen

- Ruhig bleiben, auch wenn das Gegenüber versucht einen unter Druck zu setzen
- Wenn man was nicht verstanden hat, nachfragen
- Fragen vorbereiten, die man stellen möchte
- Arroganz oder vorgetäuschtes Wissen sind hier absolut fehl am Platz!

IV.11. Morgan Stanley (M&A)

Bewerbungsprozess für ein Praktikum:

Ich habe mich knapp vor Auslaufen der Deadline online beworben und wurde zwei Wochen später zu Interviews in Frankfurt eingeladen. Das Bewerbungsprozedere verteilt sich auf zwei Runden. In der ersten Runde werden drei Einzelinterviews in Frankfurt geführt. Das ist ein spezifischer Zeitraum, in dem offenbar alle deutschen Kandidaten interviewt worden sind, so dass bis zu einem Stichtag seitens Morgan Stanley Frankfurt festgelegt wurde, wer weiter zu einem AC nach London eingeladen wird. Dieses fand in der Woche nach meinem Einzelinterview statt.

Ablauf Interviews / konkrete Fragen:

Während der Einzelinterviews in Frankfurt tastete man mich eher persönlich als fachlich ab. Ein 2nd-year-Analyst hatte an derselben Hochschule wie ich studiert, so dass wir lediglich meinen CV durchgingen. Ein 3rd-year-Analyst fragte mich sehr viel über meine Erfahrungen im Consulting und wollte meine Einschätzung zu den Unterschieden zwischen Consulting und Investmentbanking wissen. Des Weiteren ließ er mich aufmalen, wie sich diverse Multiples im Verhältnis zu Wachstum der Firma und Leverage (= Grad der Fremdfinanzierung) verhalten würden.

Das wohl angenehmste Gespräch führte ich mit einem Associate, der an derselben französischen Grande Ecole wie ich im Auslandssemester studierte. Da er Franzose war und ich mein Französisch als „fließend" im CV eingestuft habe, lag es auf der Hand, dass wir uns die erste Viertelstunde auf Französisch unterhielten. Wir diskutierten viel über Interdisziplinarität, wobei er einen klaren Punkt gemacht hat: Die schönen Künste bringen einem im Investmentbanking wenig Fachliches, sondern lediglich die Reife – und in unserem Fall offenbar die Sympathie und den Draht zueinander. Das verführte ihn zu seiner weitergehenden Aussage, als ich ihn fragte, warum ich nichts Technisches gefragt würde: Wenn er mich mögen würde, sähe er kein Problem darin, mir in kürzester Zeit alles, was ich im M&A bräuchte, beizubringen.

Nach der Einladung nach London freute ich mich auf weitere Gespräche, um so die Firma besser kennen zu lernen. Das Konzept im Investmentbanking-Bewerbungsprozess scheint zu einem Großteil darin zu bestehen, dass man möglichst viele Mitarbeiter kennen lernen soll, damit beide Seiten feststellen können, ob es passt. Nach kurzer Einführung gab es einen Numerical Test. Ich hatte mich bei mehreren Banken beworben und empfand diesen Test als nicht mehr und nicht weniger anspruchsvoll als die anderen Tests, aber der Zeitdruck war exponentiell höher. Man teilte mir im Telefon-Feedback mit, dass ich mit 70 % ein gutes bis sehr gutes Ergebnis hatte.

Darauf folgte eine Art Gruppendiskussion, in der Cases diskutiert wurden. Diese hatten gar nichts mit M&A oder Banking zu tun. Ein Szenario war beispielsweise ein Flughafen. Zwei Morgan-Stanley-Analysten beobachteten uns während der Diskussion. Es waren mehrere kleine Cases gegeben, die besprochen wurden, so dass gegen Ende der Diskussion Empfehlungen für alle Cases abgegeben werden sollten. Sich hier aufzuspielen bringt rein gar nichts. Wenn man meint, dass die Diskussion in die falsche Richtung geht, sollte man sich überlegen, wie man sich am klügsten einklinkt. Oft fällt dies einem so schwer, dass man nicht zum Zug kommt, was aber nicht schlimm ist, solange im Verlauf der anderen Cases klar wird, dass man durchaus auch in der Lage ist, Diskussionen in eine andere Richtung zu lenken, wenn es angebracht ist.

Nach der Gruppendiskussion hatte ich wieder drei Einzelgespräche – ganz im Stil wie in Frankfurt. Ich lernte zwei Associates und sogar einen

Managing Director kennen. Eine interessante Frage war, welchen Multiple ich benutzen würde, um im Dotcom-Boom eine Internetfirma zu bewerten. Dabei war es wichtig zu berücksichtigen, welche Finanzkennziffer am zuverlässigsten sein könnte. Da die meisten Internetfirmen exorbitant viel für Marketing ausgegeben haben, wäre z. B. ein Multiple mit „EBITM" (Earnings before Interest, Tax and Marketing) im Nenner angebracht gewesen.

Nach den drei Einzelgesprächen erwartete mich noch eine Fallstudie mit einem weiteren Analysten. Grundsätzlich sollte ich hier nur eine Unternehmensbewertung vornehmen und die hierfür nötigen Daten erfragen.

Tipps / Eindrücke:

Feedback gab es gleich am Montag der darauf folgenden Woche nach den Interviews. Es war sehr ausführlich und ging auf jeden einzelnen Abschnitt des AC ein. Ich würde jedem zukünftigen Bewerber dazu raten, sich genau zu überlegen, in welcher Division er arbeiten möchte. Viele gehen mit einer vagen Idee von M&A in die Interviews und bewerben sich ausschließlich hierfür, obgleich es viele Möglichkeiten gibt, sich in einer Investmentbank einzubringen und zu entfalten.

IV.12. Morgan Stanley (Global Capital Markets)

Bewerbungsprozess für ein Praktikum:

Die Global-Capital-Markets-Abteilung bei Morgan Stanley ist durch Verschmelzung der ehemaligen Abteilungen Equity Markets und Debt Markets entstanden, so dass in Global Capital Markets (GCM) jegliche Kapitalmarktaktivitäten der Bank gebündelt sind. Nach Ausfüllen der Online-Bewerbung wurde ich zu einem Interview eingeladen. Es fanden zwei Runden mit je vier Einzelinterviews statt.

Ablauf Interviews / konkrete Fragen:

In der ersten Runde erwarteten mich vier Einzelinterviews und im Anschluss der Mathetest, der bei Morgan Stanley offenbar gängig ist und auch den Bewerbern im M&A vorgelegt wird.

Als Interviewpartner saßen mir Analysts und Associates gegenüber. Diese diskutierten unter anderem folgende Fragestellungen und Probleme mit mir:

- Allgemeines zur Bilanzanalyse
- Grundsatzfragen Unternehmensbewertung
- Brainteaser-Aufgaben

Darüber hinaus wurde ich mit folgenden Fragen konfrontiert:

- Wie würden Sie 1.000 EUR anlegen?
- Würden Sie dieses Unternehmen an die Börse bringen?

Nach dem Mathetest war die erste Runde beendet. Ich wurde zu einer zweiten Runde eingeladen, in der mich erneut vier Einzelinterviews erwarteten.

Hier war auffällig, dass die Interviewer teilweise aus höheren Hierarchie-stufen kamen (Vice Presidents und Managing Director) und später auch Kollegen im Praktikum waren. Allgemein empfand ich die Gespräche als sehr angenehm. Die Interviewer waren mir sehr sympathisch, und sie bemühten sich wirklich um einen. Insgesamt lag der Fokus in der zweiten Runde viel mehr als in der ersten auf dem Personal Fit.

Tipps / Eindrücke:

Die Interviews waren zu keiner Zeit mysteriös – und irgendwelchen Stresssituationen wurde ich auch nicht ausgesetzt. Übrigens: Die Arbeitszeiten im Praktikum gingen meistens von 8:30 bis 20:00 Uhr.

IV.13. Private Equity Gesellschaft (Global Top-5)

Bewerbungsprozess für einen Einstieg als Associate:

Der Bewerber hatte das 3-jährige Analysten-Programm im Investment-banking abgeschlossen und suchte nach einer neuen Herausforderung. Er berichtete uns, dass sich das komplette Bewerbungsverfahren über einen Monat erstreckte und fünf Interview-Runden mit insgesamt 12 Gesprächen umfasste.

Die Interviews gingen meistens etwa eine Stunde lang und beinhalteten typische Fragen zum Lebenslauf sowie technische und Business-bezogene (strategische, operative) Fragen. Außerdem musste eine komplexe Case Study über die Bewertung und Analyse eines Unternehmens anhand von öffentlichen Finanzdaten gelöst werden.

Ablauf Interviews / konkrete Fragen:

In den Interviews wurde der Kandidat u. a. Folgendes gefragt:

Was sind die Chancen und Risiken der Fernsehbranche?
Lösungsansatz: z. B. zunehmende Fragmentierung der Zuschauer-märkte; wachsende Kanalvielfalt; neue Marktteilnehmer wie YouTube, iPod, Joost; zurückgehende Abdeckung des Werbemarktes; zunehmende Verhandlungsmacht der Content-Anbieter.

Warum sind Retailer oft in Privatbesitz und nicht börsennotiert?
Lösungsansatz: Retail-Unternehmen brauchen kein Geld vom Kapital-markt, sondern erhalten es durch ihre Kunden. Dadurch, dass die Kunden im Geschäft meist bar oder mit Karte bezahlen, die Verbindlich-keiten an die Lieferanten aber ein Zahlungsziel von mehreren Wochen haben, haben die Retail Unternehmen Zugang zu günstigem „Kredit".

Ist es für einen Retailer klüger seine Gewinne über ein hohes Verkaufs-volumen oder über hohe Preise zu steigern?
Lösungsansatz: Eine Volumenstrategie hat den Vorteil, dass man durch die unterschiedlichen Zahlungsziele Free Cash Flow produzieren kann.

Wie würden Sie den Return für ein mögliches Investment ausrechnen unter der Annahme eines LBO's und einem Exit nach 3 Jahren?

Stellen Sie sich vor, Sie hätten ein Retail-Unternehmen mit 1.000 Euro Umsatz. Auf der Payables-Seite (Außenstände) ist das Zahlungsziel 90 Tage, auf der Receivables-Seite (Aktivseite) 1 Tag (Cash, Kreditkarte). Wenn Sie jetzt Ihren Umsatz um 100 % steigern würden, welchen Net Working Capital Gain (welchen zusätzlichen Free Cash Flow) hätten Sie dann?

Tipps / Eindrücke:

Um fit für die Interviews zu sein, sollte man sich noch einmal intensiv mit LBO- und Bewertungsmodellen beschäftigen. Da man auch mal beispielhaft eine Due Diligence durchspielen können muss, sollte man sich im Vorfeld zudem näher mit einzelnen Branchen auseinandersetzen. Bei Nischenspielern gibt es glücklicherweise Branchenschwerpunkte, auf die man sich gezielt vorbereiten kann. Z. B. bei Apax Technologie und Financial Services, bei Terra Firma Real Estate, bei Cerberus Turnaround, bei Bain Capital Consulting, bei Blackstone Financial Engineering. Bei den großen PE-Gesellschaften gibt es jedoch seltener Fokusbranchen.

Die technischen Fragen sind ähnlich wie bei Investmentbanking-Interviews, allerdings tendenziell näher an der Praxis und mehr auf konkrete Fälle bezogen. Um sich auf die Business-Model-Fragen vorzubereiten, kann man sich gut an den Fallstudien aus den Interviews bei den großen Strategieberatungen orientieren.

squeaker.net-Tipp: Mit dem Buch „Das Insider-Dossier: Bewerbung bei Unternehmensberatungen" (296 Seiten, 29,90 €, ISBN 978-3-940345-004) können Sie über 25 Fallstudien aus aktuellen Bewerbungsgesprächen intensiv trainieren. Das Buch ist im gut sortierten Buchhandel und auf → www.squeaker.net/insider versandkostenfrei erhältlich.

Es gibt auch Cases in Druckform. Man sollte also damit rechnen, manchmal einen Laptop zu erhalten, um dann innerhalb von wenigen Stunden, extrem viele Daten zu sichten und diese bewerten zu müssen.

IV.14. PE-Gesellschaft (Arques Industries)

Bewerbungsprozess für einen Einstieg als Associate:

Der Kontakt kam über einen Headhunter zustande, es gibt kein allgemeines AC. Die Gespräche werden mit Directors aus dem jeweiligen Team geführt und mit dem Vorstand des Bereichs in dem man arbeiten möchte. Insgesamt kam es zu vier Interviews an zwei Terminen. Arques ist relativ transparent in die drei Ressorts Akquisition, Restrukturierung und Exit unterteilt.

Ablauf Interviews / konkrete Fragen:

Zuerst führte ich ein Interview mit dem Headhunter und der Personal-abteilung. Das Gespräch beinhaltete die typischen Komponenten: Fragen zum CV, Beweggründe für einen möglichen Wechsel, Motivation für eine Tätigkeit in der Private-Equity-Branche, konkretes Interesse für Arques etc. Die Atmosphäre war sehr angenehm und keinesfalls psychologisch-anmutend oder drückend. Im Interview mit dem Vorstand wurde zunächst sehr konkret nach den Entscheidungsgründen für die Wahl meiner Uni, meinen Praktika und meinem ersten Arbeitgeber gefragt. Darüber hinaus wurde viel über meine Tätigkeit bei meinem derzeitigen Arbeitgeber gesprochen und gemeinsam diskutiert, ob und wie man diese optimieren könnte. Fachliche Fragen wurden hier noch weniger gestellt.

Im nächsten Gespräch ging es dann mit einem Director jedoch tiefer in die Materie, insbesondere zu den Bereichen Working Capital, Share Purchase Agreement (SPA), Net Debt und Cash Flow wurden mir Fragen gestellt, z.B.:

Wie lässt sich der Free Cash Flow eines Unternehmens berechnen?

Wie wirken sich diverse GUV-Änderungen (Anstieg der Verbindlichkeiten, Anstieg der Forderungen aus Lieferung und Leistung, etc.) auf das Net Working Capital und ein Share Purchase Agreement (SPA) aus?

Welche Bestandteile gehören zum Net Debt und wie werden diese in einem SPA festgelegt? Wie sähe es z. B. mit dem Bargeld in Kassenautomaten von Parkhäusern aus? Müsste man diesen Betrag vom Net Debt abziehen oder gehört das zum Working Capital, da die Geräte ja nicht ohne Petty Cash funktionieren?

Wie sichert man mögliche unentdeckte Verbindlichkeiten (z. B. resultierend aus Unterdeckung bei den Pensionsrückstellungen) im SPA ab?

Wie stellt man ein normalisiertes Working Capital fest? Wie und wo erkennt man Saisonalitäten? Was sind Einmaleffekte im Working Capital?

Wo steht der Dollar aktuell und wie würden Sie derzeit Business-Pläne in den USA challengen?
Lösungsansatz: Durchführung von Sensitivitätsanalysen unter Annahme eines leicht stärkeren Dollars und Berücksichtigung von Absicherungen durch Hedging und ähnliche Methoden.

Woher kommt eigentlich der Umsatz von Arques?
Lösungsansatz: Aus Beteiligungsverkäufen und über Akquistionsgewinne bzw. Bargain Purchases durch einen Unternehmenserwerb unterhalb des Substanzwertes und anschließende Neubewertung gem. IFRS 3.

Zu Bewertungsfragen kam es bei meinen Gesprächen eigentlich nicht. Mein Eindruck war, dass sich die Gesprächspartner eher ein Bild über mein grundsätzliches Finance-Verständnis machen wollten und nicht überprüfen wollten, ob ich 88 Formeln auswendig kenne.

Tipps / Eindrücke:

Bei Arques sitzen Entscheider. D. h. man sollte ruhig etwas „tougher" auftreten und zeigen, dass man auch in Stresssituationen seinen Standpunkt vertreten kann, aber trotzdem konsensfähig ist. Es empfiehlt sich zudem, operative Erfahrung bzw. operatives Interesse zu zeigen. Insgesamt hatte ich einen sehr guten Eindruck von dem Unternehmen, erhielt umfassend Feedback und mir wurde schnell klar, wieso Arques es innerhalb von 5 Jahren in den MDAX geschafft hat.

IV.15. Sal. Oppenheim (Equity Capital Markets)

Bewerbungsprozess für ein Praktikum:

Alle Praktikumsangebote sind auf der Homepage des Unternehmens
(→ www.oppenheim-karriere.de) unter Vakanzen aufgeführt. Hier hatte
ich auch die Anzeige für mein Praktikum entdeckt. Nachdem ich
telefonisch von der zuständigen Personalreferentin erfahren hatte, dass
die Stelle noch nicht besetzt war, habe ich ihr gleich meine Bewerbungsunterlagen im PDF-Format per E-Mail zukommen lassen. Neben dem
Anschreiben, Lebenslauf, Abiturzeugnis und Vordiplom hatte ich auch
direkt einen Leistungsnachweis des Hauptstudiums sowie sämtliche
Praktikumszeugnisse und Nachweise über außeruniversitäre Leistungen
beigefügt. Nach zwei Tagen erhielt ich einen Anruf und es wurde für die
darauf folgende Woche ein Bewerbungsgespräch in Köln vereinbart.

Ablauf Interviews / konkrete Fragen:

Das Interview fand am Einsatzort des Praktikums in Köln statt. Dazu
wurde ich nach der Anmeldung am Empfang in ein Besprechungszimmer
geführt. Auffallend war das besondere Ambiente der Privatbank: an der
Wand hingen teure Ölgemälde, der Tisch und die Stühle waren aus
rustikalem Eichenholz und ein Concierge servierte Getränke. Nach
kurzer Wartezeit kamen meine Interviewpartner herein. Dies waren zwei
meiner zukünftigen Kollegen (ein Senior Vice President und ein Vice
President) sowie die Personalreferentin, mit der ich telefoniert hatte.

Nach kurzer Begrüßung und einigen netten Worten, um die Nervosität
zu nehmen, stellte sich zunächst die Personalreferentin vor.
Anschließend haben meine beiden Interviewpartner ihren Lebenslauf
und ihre Tätigkeiten bei Sal. Oppenheim skizziert. Nun sollte ich mich
selber vorstellen und dabei auf die wichtigsten Stationen meines
Lebenslaufes eingehen. Wichtig ist, dass man seinen Werdegang in
einigen Minuten überzeugend und glaubwürdig darstellt und auf
erworbene Fähigkeiten und Kenntnisse eingeht.

Anschließend wurden einzelne Stationen meines Lebenslaufes durch-gegangen und dabei vor allem das „warum" und die Motivation für diesen und jenen Schritt hinterfragt. Auch auf positive, wie negative Erfahrungen wurde eingegangen. Dabei sollte man Fehlentwicklungen oder schlechte Noten offen zugeben, im gleichen Schritt aber erklären, dass man aus diesen Fehlern gelernt hat und deshalb seine weitere Entwicklung nachweisbar verändert hat. Auch meine nächsten Karriere-schritte wurden abgefragt. Hier berichtete ich von meinem geplanten Auslandssemester. Anschließend wurde über meine vergangenen Praktika bei anderen Banken und Unternehmensberatungen gesprochen und näher auf meine Aufgaben, Motivation und Erfahrungen bei diesen Praktika eingegangen.

Im nächsten Schritt gingen die Interviewpartner dazu über, fachliche Fragen zu stellen. Hierbei wurden sowohl technische als auch bereichsbetreffende Fragen gestellt, wie z. B.:

- Welche Bewertungsverfahren kennen Sie und wo sind die wesentlichen Unterschiede?
- Wie funktioniert eine DCF-Bewertung im Detail?
- Wie funktioniert eine CCA-Bewertung im Detail?
- Erläutern sie den Ablauf eines IPO Prozesses
- Welche weiteren Aufgaben (neben IPO's) hat der Bereich Equity Capital Markets von Sal. Oppenheim?

Bei den Fragen wurde teilweise detailliert nachgefragt um zu über-prüfen, ob ich mich tiefergehend mit den Aufgaben beschäftigt hatte. Bei Unklarheiten konnte ich noch einmal kurze Zwischenfragen stellen.

Nachdem ich im Vorfeld bereits meine erworbenen Fachkenntnisse erläutert hatte, wurde gegen Ende des Interviews vom Senior Vice President eine Stellenspezifikation vorgenommen. Die Aufgaben meiner Praktikumstätigkeit sowie der derzeitige Stand diverser Projekte wurden ausführlich erläutert. Dabei bot man mir direkt an, bei zwei aktuellen Projekten mitzuarbeiten und gegen Ende meines Praktikums bei mehreren Pitches mitzuhelfen, sowie Recherchetätigkeiten und

Marktstudien durchzuführen. Ich erhielt so gleich einen guten Einblick in die Arbeit des ECM-Bereiches sowie in meine möglichen Aufgabenfelder.

Im letzten Teil des Interviews konnte ich selbst Fragen stellen. Hierbei habe ich mir fachliche und allgemeine Fragen zu Sal. Oppenheim überlegt, so dass alle anwesenden Interviewpartner eingebunden wurden. Wichtig ist, dass man sich bereits im Vorfeld über den Bereich ECM und Sal. Oppenheim informiert und durch Fragen sein Interesse und eine gute Vorbereitung zeigt. Darüber hinaus sprach ich noch einige Punkte an, die im Verlaufe des Interviews offen geblieben waren.

Tipps / Eindrücke:

Sal. Oppenheim achtet in seinen Interviews sehr auf den Personal Fit und die Motivation der Bewerber, hier sollte man ehrlich argumentieren. Auf weitere Fragen wie zum Beispiel „Warum Investmentbanking", „Warum ECM?" oder „Warum Sal. Oppenheim und keine andere Investmentbank?" sollte man selbstverständlich ebenfalls vorbereitet sein.

Hilfreich ist die Homepage von Sal. Oppenheim, da sie ausführlich die verschiedenen Abteilungen und Aufgaben der Bank erläutert. Dabei wird für den Bereich ECM auch detailliert ein IPO-Transaktionsprozess, eine Kapitalerhöhung, eine Umplatzierung oder ein Squeeze-Out beschrieben. Meiner Meinung nach bietet die ausführliche Recherche auf der Homepage eine gute Vorbereitung auf die fachlichen Fragen des Interviews. Darüber hinaus sollte man grundsätzlich gute Kenntnisse in Bewertungsfragen und eine gewisse Kapitalmarktaffinität haben.

Das Interview habe ich als angenehm und professionell empfunden. Die Interviewpartner waren sehr erfahren, aber auch neugierig und haben den besonderen Ruf von Sal. Oppenheim bestätigt. Im Vorfeld kann man erfragen, wer das Interview führen wird, so dass man nicht überrascht ist, wenn einem mehrere Interviewpartner gegenübersitzen. Die Zusage habe ich bereits am selben Tag erhalten, so dass zwischen Bewerbung und Zusage für das Praktikum nicht einmal zwei Wochen vergingen.

E. Profile führender Finance-Player

Die folgenden Unternehmensprofile und Informationen wurden uns direkt von den teilnehmenden Unternehmen zur Verfügung gestellt. Sie zeigen Unterschiede und Gemeinsamkeiten der verschiedenen Player der Finanzbranche auf und gehen auf Aspekte ein, die gerade für junge Berufseinsteiger von großer Relevanz sind.

Wir bedanken uns bei unseren Partnern Deutsche Bank, Drueker & Co., Goldman Sachs, McKinsey & Company, Merrill Lynch, Morgan Stanley, Oliver Wyman, Rothschild, Sal. Oppenheim und UBS für die freundliche Zusammenarbeit. Ganz besonders möchten wir dabei die Unterstützung unserer Premium-Partner durch ihre Anzeigenschaltung hervorheben:

　　　　Drueker & Co.　　　　McKinsey&Company

OLIVER WYMAN　　　　SAL. OPPENHEIM
　　　　　　　　　　Privatbankiers seit 1789　　　

Tipp: Beziehen Sie sich bei Ihrer Bewerbung auf das jeweilige Unternehmensprofil! Zeigen Sie somit, dass Sie sich im Vorfeld ausführlich informiert haben. Darüber hinaus bietet Ihnen unsere neue Plattform → www.finance-insider.com mit weiteren Fakten, Hintergrundinformationen und News über die Top-Player der Branche eine optimale Vorbereitung auf Ihren Berufseinstieg.

Deutsche Bank

Tel.: +49 (0)69 910-36221

www.db.com/careers/de

Das sagt das Unternehmen ...

... über sich selbst:

„Leistung aus Leidenschaft" ist für uns die Art, wie wir handeln. Unser Ziel ist es, der weltweit führende Anbieter von Finanzlösungen für anspruchsvolle Kunden zu sein. Grundlage für unseren Erfolg sind unsere talentierten Mitarbeiter, die aus über 135 Nationen kommen und in 76 Ländern bei der Deutschen Bank arbeiten. Wir legen Wert auf diese Vielfalt, denn sie birgt ein nahezu unerschöpfliches Potenzial für Kreativität und Innovation, für Teams, die von einander lernen und miteinander wachsen. Unsere Mitarbeiter machen die Deutsche Bank zu dem, was sie ist. Entsprechend erkennen wir Leistung an, fördern Teamwork, vergüten leistungsorientiert und unterstützen unsere Mitarbeiter in ihrer Karriereentwicklung.

Mit rund 78.000 Mitarbeitern ist die Deutsche Bank, gegründet 1870, heute ein globales Finanzdienstleistungsunternehmen, einer der führenden Anbieter im Fusions- & Übernahmegeschäft (M&A), der größte Fonds-Manager in Europa, der weltweit führende Wertpapierhändler und ganzheitlicher Berater für Privatkunden. Dieser Geschäftserfolg hat branchenweit Anerkennung gefunden. Die Deutsche Bank konnte in den letzten Jahren zahlreiche wichtige Auszeichnungen entgegennehmen, so wurde die Bank z.B. innerhalb der letzten fünf Jahre zwei Mal zur IFR "Bank of the Year" gewählt und als Beste Fondgesellschaft Deutschlands (DWS – zum 13. Mal in Folge) ausgezeichnet.

... über die Karriere:

Im Rahmen Ihres Praktikums bei uns bieten wir Ihnen die Möglichkeit, innerhalb eines motivierten, dynamischen und internationalen Teams abwechslungsreiche und eigenständige Aufgaben und Projekte zu meistern. Das gibt Ihnen die Chance, ihre eigenen Fähigkeiten weiter zu entwickeln, Kontakte zu knüpfen und Einblicke in die Arbeitsatmosphäre und -kultur der Deutschen Bank zu gewinnen.

Des Weiteren bieten wir – neben einer marktgerechten Vergütung – eine hervorragende Praktikantenbetreuung und regelmäßige Netzwerk-veranstaltungen. Mehr dazu in unserem Minipodcast unter → www.db.com/careers/downloads. Die Deutsche Bank mit ihren ver-schiedenen Geschäftsbereichen und deren unterschiedlichen Anforderungs-profilen bietet Studenten mit vielfältigen Studienschwerpunkten, Interessen und Fähigkeiten die Möglichkeit, den für sie optimalen Karriereweg zu finden:

Unsere Kerngeschäftsfelder sind in zwei Hauptbereiche unterteilt. Zur Corporate and Investment Bank gehören:

- Global Banking
- Global Markets

Zum zweiten Hauptbereich, Private Clients and Asset Management, gehören:

- Asset Management
- Private and Business Clients
- Private Wealth Management

Unsere Infrastrukturbereiche sind für die strategischen, konzernweiten Planungs-, Lenkungs- und Überwachungsfunktionen der gesamten Bank zuständig. Sie beinhalten unter anderem Finance, Legal, Risk & Capital, Human Resources und Inhouse Consulting.

Group Technology & Operations bildet die Schnittstelle zwischen IT und Business. Dabei geht es um die Prozess-Abwicklung für unsere Geschäftsbereiche, die Umsetzung von System-Strategien und den weltweiten Zahlungstransfer. Hier findet sich von Software-Engineering bis zur virtuellen Produktion alles, was anspruchvolle IT-Projekte mit sich bringen.

Unser Bereich Corporate Social Responsibility engagiert sich u. a. durch die Deutsche Bank Stiftung sehr intensiv in den Bereichen Bildung, Soziales, Kunst und Musik. Weitere Informationen finden Sie unter → www.db.com/csr.

... über das Bewerbungsverfahren:

Schon vor Ihrer Bewerbung sollten Sie sich gründlich über die Finanzbranche und deren Kultur informieren sowie an Veranstaltungen teilnehmen, auf denen die Deutsche Bank präsent ist, um möglichst viel über unser Unternehmen und die von uns gebotenen Karrieremöglich-keiten zu erfahren. Recherchieren Sie ebenfalls im Internet und auf unserer Karriere-Webseite unter → www.db.com/careers/de.

Wenn Sie sich schließlich für einen Bereich entschieden haben, bewerben Sie sich bitte mit Hilfe unseres Online-Bewerbungsformulars über → www.db.com/careers/bewerbung → „Studenten und Absolventen". Wir empfehlen Ihnen, vor Beginn der Bewerbung das Formular auszudrucken, um sich mit den einzelnen Schritten vertraut zu machen. Nehmen Sie sich genügend Zeit, um das Online-Bewerbungsformular auszufüllen. Schließlich können Sie hier auch ein PDF-Dokument anfügen, das beispielsweise Ihren Lebenslauf, ein persönliches An-schreiben, relevante Zeugnisse usw. enthält.

Wenn Ihre Bewerbung erfolgreich ist, werden wir Sie, je nach Region und Geschäftsbereich, zu bis zu drei Interviewrunden einladen. Die Interviews können auch Eignungstests, Sprachtests oder Fallstudien beinhalten.

War Ihr Interview schließlich erfolgreich, nehmen wir telefonisch mit Ihnen Kontakt auf, um Ihnen eine Stelle anzubieten. Möglicherweise bitten wir Sie der Weitergabe Ihrer Bewerbung an eine andere Geschäftssparte zuzustimmen, wenn wir der Meinung sind, dass Sie für eine andere Position besser geeignet sind.

Drueker & Co.

Drueker & Co.

Bockenheimer Landstraße 98-100

60323 Frankfurt am Main

Tel.: +49 69 170099-0

application@druekerco.com

www.druekerco.com

Das sagt das Unternehmen ...

... über sich selbst:

1989 entstand mit Drueker & Co. ein Beratungsunternehmen, das in Deutschland erstmals einen neuen, objektiv anderen Weg im Investmentbanking gehen wollte. Von Anfang an stand die Forderung im Vordergrund, Kunden unabhängig von Performancezwängen des Kapitalmarktes und frei von institutionellen Interessen objektiv und umfassend zu beraten und damit dem Vorbild bekannter internationaler M&A-Häuser zu folgen. Mit inzwischen mehr als 300 Projekten (Übernahmen, Veräußerungen, Restrukturierungen, Privatisierungen und Börsengängen) sind die sechs Partner in Führung gegangen und bilden heute mit ca. 50 Mitarbeitern eines der größten privaten Beratungsunternehmen für Mergers & Acquisitions in Deutschland. Im September gab Drueker & Co. den Zusammenschluß mit Gruppo Banca Leonardo bekannt. Das Closing wird für Dezember 2007 erwartet.

... über die Karriere:

Drueker & Co. bietet Ihnen als Hochschulabsolvent die Chance, selbstständig zu arbeiten und von den Erfahrungen eines kompetenten Teams zu profitieren. Voraussetzung hierfür ist die Bereitschaft, Ihr ganzes Engagement in die Teamarbeit einzubringen. Wir bieten Ihnen dafür interessante Aus- und Weiterbildungsperspektiven im Rahmen von internationalen Projekten. Wenn Sie BWL, VWL oder Wirtschaftsingenieurwesen mit einem exzellenten Hochschulabschluss studiert haben, über sehr gute Deutsch- und Englischkenntnisse verfügen,

Interesse am Investment Banking haben und zudem Teamfähigkeit, Engagement, Flexibilität und Lernbereitschaft mitbringen, dann sollten Sie sich bei uns bewerben.

Als unabhängiges Unternehmen ist Drueker & Co. durch eine flache Hierarchiestruktur geprägt. Wir arbeiten in kleinen Teams mit umfassender Projekterfahrung. Das ermöglicht einen frühzeitigen Einblick in alle Prozessabläufe, verlangt aber auch die Bereitschaft, selbst Verantwortung zu übernehmen.

Auch wenn Sie uns noch nicht kennen, werden viele von Ihnen einige unserer Transaktionen in Erinnerung haben: Beratung von Procter & Gamble beim Kauf der Wella, Beratung von Permira bei der Übernahme der Valentino Fashion Group und Hugo Boss, Kauf der GEHAG Gruppe für Deutsche Wohnen AG, Veräußerung von Rodenstock an den Finanzinvestor Bridgepoint, Beratung der Bundesregierung beim Verkauf von 18 Wohnungsgesellschaften des Bundeseisenbahnvermögens.

Ihre Karriere ist uns wichtig. Arbeiten Sie gemeinsam mit uns an Projekten, die viel von Ihnen verlangen.

... über das Bewerbungsverfahren:

Nachdem Sie Ihre vollständigen Bewerbungsunterlagen an uns gerichtet haben, führen wir eine erste Auswahl durch und laden einen aus-gewählten Kreis von Bewerbern zu einem Test ein. Dieser Test wird durch eine Interviewrunde mit mindestens fünf Einzelgesprächen ergänzt. Das Feedback zu den Tests und den Einzelgesprächen erfolgt innerhalb weniger Tage.

Bewerbungen können per Post an Herrn Philipp G. Levedag oder online an application@druekerco.com gerichtet werden. Es gibt keine spezifischen Einstiegstermine, Bewerbungen um eine Analysten- oder Praktikantenstelle können jederzeit an uns gerichtet werden.

Merge with us!

Goldman Sachs

Friedrich-Ebert-Anlage 49

Messeturm

60308 Frankfurt/M.

Tel.: +49 (0)69 7532-0

www.gs.com

Das sagt das Unternehmen ...

... über sich selbst:

Goldman Sachs ist eine der weltweit führenden Investmentbanken mit Sitz in New York, die in beinahe allen Sparten des internationalen Finanzwesens vertreten ist: Vermögensverwaltung, Mergers & Acquisitions, Wertpapieremissionen, Investment Research und dem Handel mit Aktien, Anleihen, Devisen und Rohstoffen. 1869 gegründet, ist Goldman Sachs eine der ältesten Investmentbanken. Seit der Gründung wurde Goldman Sachs als Partnerschaft geführt; seit 1999 ist das Unternehmen börsennotiert. Außerhalb der USA verfügt Goldman Sachs über zahlreiche Niederlassungen unter anderem in London, Frankfurt, Tokio und Hong Kong und beschäftigt weltweit über 26.000 Mitarbeiter in 47 Büros.

Goldman Sachs verfügt über spezialisierte Geschäftsbereiche, die unterschiedliche Karrieremöglichkeiten und berufliche Herausforderungen bieten. In Frankfurt sind dies:

- Securities Division (bestehend aus Equities and Fixed Income, Currency & Commodities
- Investment Banking Division
- Investment Management Division (bestehend aus Goldman Sachs Asset Management und Private Wealth Management)

Die ausgeprägte Unternehmenskultur von Goldman Sachs beruht auf einer Reihe von Leitsätzen, die im gesamten Unternehmen eingehalten werden. Diese Leitsätze stellen unbedingtes Engagement für unsere Kunden, herausragende Leistung, Teamarbeit, Integrität und Kreativität in den Vordergrund.

... über die Karriere:

Wir bieten Vollzeitstellen und Praktika für Studenten, die sich in einer verantwortungsvollen Position mit hervorragenden Ausbildungsmöglichkeiten und der Chance, von den Besten zu lernen, bewähren wollen. Europaweit suchen wir für 2008 ca. 300 Hochschulabsolventen.

Damit Goldman Sachs zukünftigen Herausforderungen erfolgreich stellen kann, unternehmen wir große Anstrengungen, für jede Position den jeweils besten Mitarbeiter zu finden. Wir erwarten Engagement, Begeisterung, Tatkraft und Dynamik. Dafür bieten wir Ihnen ein äußerst interessantes Arbeitsfeld, hervorragende Entwicklungsmöglichkeiten, die frühzeitige Übernahme von Verantwortung, eine attraktive Vergütung und unbegrenzte Karrieremöglichkeiten.

Eine Ideale Möglichkeit das Investment Banking hautnah kennen zu lernen, ist ein Praktikum. Dieses Praktikum dauert durchschnittlich 8-12 Wochen.

Der Einstieg für Hochschulabsolventen erfolgt typischerweise über das dreijährige „Analysten Programm", das jeden Sommer mit einem Analysten Training beginnt. Darüber hinaus bietet Goldman Sachs ein breites Trainingsprogramm für alle Bereiche an.

... über das Bewerbungsverfahren:

Ausführliche Informationen sowie Tipps zum Bewerbungsverfahren und über den Interviewprozess finden Sie online unter: → www.gs.com/careers.

Bei weiteren Fragen wenden Sie sich bitte an Leonie Cremer, leonie.cremer@gs.com, +49 (0)69 7532 2218.

McKinsey & Company

McKinsey&Company

Magnusstraße 11

50672 Köln

Tel.: +49 (0)211 2087510

bewerbung@mckinsey.com

www.karriere.mckinsey.de

Das sagt das Unternehmen ...

... über sich selbst:

McKinsey & Company ist seit 1964 in Deutschland vertreten, inzwischen an sieben Standorten: Berlin, Düsseldorf, Frankfurt, Hamburg, Köln, München, Stuttgart. Weltweit hat das Beratungsunternehmen mehr als 90 Büros in über 50 Ländern. 1.900 Mitarbeiter, davon 1.100 Berater, arbeiten in Deutschland für McKinsey.

McKinsey ist ein internationales Beratungsunternehmen, das darauf spezialisiert ist, in enger Zusammenarbeit mit seinen Klienten praxisnahe Lösungen für aktuelle Topmanagement-Herausforderungen zu entwickeln und umzusetzen. Unser Ziel ist es, die Leistungsfähigkeit der von uns beratenen Unternehmen und Organisationen nachhaltig zu verbessern – statt nur Empfehlungen auszusprechen.

Die Beratungsfelder von McKinsey sind zahlreich und spiegeln die Vielfalt der obersten Führungsaufgaben unserer Klienten wider. Dazu gehören z.B. Unternehmensstrategie, Organisationsstruktur und -entwicklung, Führungsinformation, Planung und Kontrolle. Strategie- und Organisationsstudien sowie Wachstumsstrategien machen die Hälfte unserer Aufträge aus. Funktionsbezogene Projekte in den Bereichen Corporate Finance und IT, Marketing und Vertrieb, Produktion und Logistik sind weitere Schwerpunkte.

Die rund 450 Berater der Corporate Finance Practice bei McKinsey unterstützen unsere Klienten nicht nur in den Bereichen Financial

Advisory (M&A), Balance Sheet Management, Financial Restructuring und Corporate Governance – unsere Leistung geht weit darüber hinaus. Wir entwickeln in Zusammenarbeit mit dem Topmanagement unserer Klienten z.B. auch zukunftsweisende Strategien und Konzepte für die Integration von akquirierten Unternehmen oder zur Einführung von wertorientierten Steuerungs- und Anreizsystemen. Darüber hinaus bewerten wir Unternehmensportfolios, restrukturieren Joint Ventures und entwickeln integrierte Finanzstrategien.

Bei McKinsey erarbeiten Berater Lösungen für ein breites Spektrum von Aufgaben, ohne dass sie sich auf einen funktionalen Bereich oder eine Branche festlegen müssen. Unseren Mitarbeitern stehen alle Entwicklungswege offen. Durch die Arbeit in heterogenen Teams werden immer wieder die Grenzen von Fachgebieten überschritten. Vielfalt ist bei McKinsey fester Bestandteil der Unternehmenskultur.

... über die Karriere:

Im Jahr 2008 möchten wir bis zu 300 Beraterinnen und Berater einstellen.

McKinsey sucht herausragende Hochschul- sowie Bachelor-Absolvent(inn)en aller Fachrichtungen, Akademiker(innen) mit einer Promotion oder einem MBA sowie Young Professionals. Naturwissenschaftler und Ingenieure arbeiten bei uns ebenso wie Wirtschaftswissenschaftler, Geisteswissenschaftler, Mediziner und Juristen. Rund die Hälfte unserer Beraterinnen und Berater hat einen nicht wirtschaftswissenschaftlichen Studienhintergrund.

Für unsere Corporate Finance Practice suchen wir Akademiker(innen) mit Praktika oder Berufserfahrung im Investmentbanking oder in anderen finanznahen Bereichen.

Wir schätzen Persönlichkeiten, die nicht nur akademisch Außergewöhnliches geleistet haben, sondern darüber hinaus sich selbst und andere begeistern können und Dinge mit Leidenschaft vorantreiben – ganz gleich ob etwa im musischen, karitativen, politischen oder sportlichen Bereich. Neben sehr guten analytischen und kommunikativen Fähigkeiten achten wir bei Bewerbern vor allem auf Kreativität und Teamfähigkeit.

Auf Grund der weltweiten Präsenz von McKinsey mit über 90 Büros ergeben sich regelmäßig zahlreiche Möglichkeiten, im Ausland bzw. in einem internationalen Kontext zu arbeiten – auch bei der Beratung unserer Klienten in Deutschland steht der intensive Austausch mit Kollegen und Experten aus der ganzen Welt auf der Tagesordnung.

Für Bachelor-Absolvent(inn)en bietet McKinsey das einjährige Junior-Fellow-Programm an, bei dem sie in Projektteams bei Klienten vor Ort arbeiten. Ein fester Bestandteil des Programms sind internationale Beratungsprojekte. Des Weiteren werden Junior Fellows durch einen speziellen Trainingsplan und persönlichen Mentor gefördert. Nach Abschluss des Programms können sie einen Masterstudiengang anschließen. Alternativ können Bachelor-Absolvent(inn)en nach einem Jahr als Junior Fellow direkt in das Fellowship-Programm wechseln und später einen MBA erwerben. Das Programm ermöglicht es ihnen, berufliche Erfahrungen zu sammeln.

Hochschulabsolvent(inn)en mit Diplom oder Master steigen als Fellow in die Beraterlaufbahn ein. Im Fellowship-Programm von McKinsey haben sie die Möglichkeit, ihre berufliche Entwicklung mit dem Erwerb eines weiteren akademischen Abschlusses (MBA oder Promotion) zu kombinieren: Nach zwei Jahren Projektarbeit stellen wir unsere Fellows für eine akademische Weiterqualifikation frei – bei voller Bezahlung für ein Jahr. Zusätzlich übernehmen wir 50% der Kosten für den MBA.

Mit einer Promotion, einem MBA und/oder relevanter Berufserfahrung starten junge Akademiker(innen) ihre Karriere bei uns als Associate. Insbesondere für unsere Marketing Practice, Risk Management Practice und Operations Practice sowie für unser Business Technology Office suchen wir zurzeit verstärkt Young Professionals mit relevanter Berufs-erfahrung.

Wir möchten Topstudenten möglichst früh kennen lernen. Deshalb vergeben wir jedes Jahr rund 150 Praktikumsplätze an herausragende Studierende im Hauptstudium sowie an Doktorand(inn)en und MBA-Student(inn)en. BWL-Kenntnisse setzen wir dabei nicht voraus. Im Rahmen eines sechs- bis zwölfwöchigen Praktikums können Interessenten sowohl die Projektarbeit bei McKinsey als auch unsere Berater auf unkomplizierte Weise kennen lernen. Praktikanten sind bei McKinsey bei voller Bezahlung fest in ein Beraterteam eingebunden, arbeiten beim Klienten vor Ort und in enger Abstimmung mit dessen Mitarbeitern und übernehmen – natürlich bei entsprechendem Coaching – vom ersten Tag an Verantwortung für einen fest umrissenen Projektteilbereich. Seit einiger Zeit bietet McKinsey auch spezielle Praktika im Ausland an.

Weiterentwicklung gehört bei McKinsey zur Unternehmensphilosophie, da Wissen unser Kapital ist. Insofern legen wir Wert auf Trainings und Weiterbildung unserer Berater. In den ersten zwei Jahren seiner Beratungstätigkeit bildet sich jeder Berater etwa fünf bis neun Wochen bei Trainings weiter.

Für einen Einstieg bei McKinsey & Company sprechen viele Gründe. Als Berater bei McKinsey arbeiten Sie direkt für das Topmanagement an spannenden Themen, beraten Klienten aus aller Welt und erhalten von Anfang an große Entscheidungsfreiräume. Zudem erwartet Sie eine anregende Arbeitsatmosphäre mit hochinteressanten Kolleginnen und Kollegen sowie ein außergewöhnlich dynamisches Arbeitsumfeld, das ebenso interdisziplinär wie international ist.

... über das Bewerbungsverfahren:

Interessenten, die uns mit ihrer Bewerbung überzeugt haben, laden wir zu einem unserer Auswahltage ein. Diese umfassen Einzelgespräche mit verschiedenen Beratern, die Bearbeitung von Fallstudien sowie einen Test zur Problemlösungskompetenz.

Die schriftlichen Bewerbungsunterlagen sind der Türöffner für das Bewerbungsverfahren und sollten daher alles Wesentliche über den Bewerber aussagen. Auf Basis der Unterlagen entscheiden wir, ob wir den Kandidaten näher kennen lernen möchten. Vollständige Bewerbungsunterlagen enthalten ein Anschreiben, einen tabellarischen Lebenslauf sowie Kopien aller relevanten Zeugnisse.

Wir machen keinen Unterschied zwischen Bewerbungen per Post, E-Mail oder Online-Formular, bevorzugen sogar elektronische Bewerbungen. Auf unserer Online-Bewerbungsseite können Bewerber ihre vollständigen Unterlagen jederzeit zusammenstellen – sicher, bequem und ohne Zeitdruck.

Weitere Informationen finden sich auf unserer Karriere-Website → www.karriere.mckinsey.de.

Merrill Lynch

Neue Mainzer Str. 52

60311 Frankfurt am Main

Tel.:+49 (0)69 5899 5054

www.ml.com/careers

Das sagt das Unternehmen ...

... über sich selbst:

Die Gesellschaft. 1907 traf der aus Florida kommende Charles E. Merrill auf der 23. Straße in New York Edmund C. Lynch. Die Herren kamen ins Gespräch und es begann, was wohl eine große Männerfreundschaft genannt werden kann. Zunächst teilten sich die beiden eine bescheidene Unterkunft und eröffneten dann 1914 ihr erstes gemeinsames Broker-Büro. Aus dem entwickelte sich im Laufe der Jahrzehnte eine der größten Investmentbanken der Welt, die heute an der New York Stock Exchange notiert ist. In Deutschland ist das amerikanische Bankhaus seit 1964 aktiv.

Dienstleistungen und Marktbedeutung. Merrill Lynch ist in zwei Geschäftsbereiche untergliedert: Die Global Markets und Investment Banking Group (GMI) betreibt das Handelsgeschäft mit Aktien und Renten und ist in der Beratung von Unternehmen bei großen Transaktionen wie Unternehmenszusammenschlüssen und Übernahmen sowie Börsengängen tätig. Die Global Private Client Group (GPC) ist verantwortlich für die Betreuung wohlhabender Privatkunden. In deren Auftrag verwaltet sie ein Vermögen von rund 1,5 Billionen US-Dollar.

Standorte und Mitarbeiter. Hauptsitz der Investmentbank ist wie zu Zeiten seiner Gründung New York. In Deutschland arbeiten am Finanzplatz Frankfurt am Main 120 Mitarbeiter für das amerikanische Bankhaus. Weltweit sind 60.000 Menschen an 35 Standorten für das Unternehmen tätig.

... über die Karriere:

Im Bereich M&A und Corporate Finance sowie im Bereich Global Markets besetzt Merrill Lynch in Frankfurt 10 Analystenpositionen für das Jahr 2008. In London und anderen europäischen Locationen werden weitere Einstiegs-Positionen im Global Markets and Investment Banking Bereich sowie Global Privat Client Bereich angeboten.

Anforderungen an Bewerber:

- überdurchschnittlich abgeschlossenes Hochschulstudium, gerne auch Promotion oder MBA
- Auslandserfahrung
- Praktika
- sehr gute Englischkentnisse
- analytisches Denkvermögen
- wirtschaftwissenschaftliches Studium
- hohe Motivation
- Teamfähigkeit
- ausgeprägte analytische Fähigkeiten
- kommunikativ
- Menschenkenntniss
- große Einsatzbereitschaft

Leistungen für Mitarbeiter:

- "Traineeprogramm" für Absolventen, individuelle Maßnahmen entsprechend Bedarf, resultierend aus Performance Management Process
- kompetitives Gehalt und Bonus
- Mitgliedschaft im Bankenversicherungsverein
- attraktiver Versorgungsplan

... über das Bewerbungsverfahren:

1. Schritt: Online-Bewerbung über unsere Internetseite
                 → http://www.ml.com/careers/europe

2. Schritt: Einladung zum Online-Test

3. Schritt: Nach bestandenem Online-Test folgen Interviewrunden
                 mit bis zu 8 Unternehmensvertretern

4. Schritt: Assessment Center

Tipp: Die Kandidaten sollten sich vorab über den gewünschten Einstiegsbereich informieren. Ansprechpartner für Bewerbungen: Sylvia Sieber, Tel.: +49 (0)69 5899 5050, eMail: Sylvia_Sieber@ml.com.

Bewerbungsfristen:

- Summer-Internship: Ende Dezember für das laufende Jahr, Start im Juli des Jahres, Dauer 10 Wochen
- Internship: bis zu zwei Monate vor Beginn, Dauer 3-6 Monate
- Festeinstellungen: Ende November des Vorjahres, Start jeweils im Juli des darauf folgenden Jahres

Morgan Stanley

Morgan Stanley

Junghofstrasse 13 - 15

60311 Frankfurt

Tel.: +49 (0)69 2166-0

www.morganstanley.com

Das sagt das Unternehmen ...

... über sich selbst:

Morgan Stanley ist eine der größten und namhaftesten Finanzdienstleistungsgesellschaften und genießt seit langem hohes Ansehen für seine exzellenten Leistungen in globalem Rahmen. Unsere 45.000 Beschäftigten in 31 Ländern sind als einheitliches Unternehmen über geografische und Produktgrenzen hinweg tätig. Zu unseren Dienstleistungen für Institutionen, Regierungen und Privatpersonen gehören: Investmentbanking-Beratung bei Fusionen und Übernahmen, Privatisierungen und finanzieller Umstrukturierung; Emissionsübernahmen im Fremdkapital und Eigenkapitalbereich; Vertrieb und Handel in allen großen Märkten der Welt; intensive Researchtätigkeit. Darüber hinaus verwalten wir Kapitalanlagen im Wert von über 560 Mrd. USD – von traditionellen offenen Investmentfonds bis zu "alternativen" Investitionen wie Immobilien und Private Equity – und eines unserer Spezialgebiete ist die Betreuung vermögender Privatkunden in aller Welt.

... über die Karriere:

Morgan Stanley bietet Graduate Programme, Summer Analyst Programme und ganzjährige Praktika auf den Gebieten Investmentbanking, Sales & Trading und Investmentmanagement an. Auch in anderen Geschäftsbereichen können sich Chancen eröffnen, daher empfehlen wir den regelmäßigen Besuch unserer Website:
→ www.morganstanley.com/careers/recruiting

... über das Bewerbungsverfahren:

Jeder Bewerber wird gebeten sich online, inklusive Lebenslauf und Anschreiben, auf → www.morganstanley.com/careers/recruiting zu bewerben. Daran schließen sich je nach Geschäftsbereich 2 – 3 Runden eines Auswahlverfahrens an. Die letzte Runde besteht in der Regel aus einem Assessment Center, das sich inhaltlich wiederum nach dem Geschäftsbereich richtet, jedoch auch psychometrische Tests, Gruppen-übungen, Rollenspiele, weitere persönliche Gespräche, Präsentationen und schriftliche Arbeiten umfassen kann.

Bei Rückfragen zur Bewerbung steht Frau Anna Staal unter der folgenden Telefonnummer gerne zur Verfügung: +49 (0)69 2166-2422

OLIVER WYMAN

Get there faster.
Start here.

Wo werden Sie in fünf Jahren sein? Vielleicht beraten Sie den Vorstand eines internationalen Großunternehmens bei der Erarbeitung seiner Expansionsstrategie. Oder Sie sind selber schon auf dem Weg zu einem Chefposten. Oder Sie haben gerade an einer der international renommiertesten Hochschulen promoviert. Was immer Sie erreichen wollen, mit Oliver Wyman kommen Sie schnell und besser an Ihr Ziel, denn bei uns arbeiten Sie von Anfang an für global tätige Kunden und an wirklich großen Herausforderungen. Unterstützt werden Sie dabei selbstverständlich durch Ihr Team sowie Ihren Mentor. Exzellente Leistung – für unsere Kunden ebenso wie für unsere Mitarbeiter – hat uns zu der Top-Management-beratung gemacht, die weltweit am schnellsten wächst. Kommen Sie zu uns, wenn Sie mit uns wachsen wollen.

Oliver Wyman

Bleichstr. 1

60313 Frankfurt

www.oliverwyman.com

OLIVER WYMAN

Das sagt das Unternehmen...

... über sich selbst:

Oliver Wyman ist eine der weltweit führenden Managementberatungen Wir arbeiten mit Unternehmen rund um den Globus an den Themen Strategieentwicklung, Prozessdesign, Risikomanagement, Reorganisation und Führungskräfteentwicklung und ermöglichen ihnen, nachhaltiges profitables Wachstum zu erzielen. Unsere tiefgreifende Branchen-kompetenz, kombiniert mit fundiertem Methoden- und Fach-Know-how, versetzt unsere Kunden in die Lage, ihre Abläufe zu optimieren, ihre Effizienz zu steigern und Veränderungen im Markt vorherzusehen – und damit ihre Wettbewerbsposition zu behaupten und auszubauen.

Ganz gleich ob Finanzdienstleistungen, Transport, Handel oder Private Equity, ob Telekommunikation, Medien und Technologie, Luft- und Raumfahrt und Verteidigung oder die Automobilindustrie: Wir sind überzeugt, dass eine sehr gute Beratung von hervorragenden Mitarbeitern getragen wird. Mit mehr als 40 Büros in Amerika, Europa, Asien und im Mittleren Osten sowie 2.500 kreativen, talentierten und entschlossenen Menschen, die für uns arbeiten, unterstützen wir unsere Kunden, entscheidende strategische Themen voranzutreiben.

Unsere offene und von unternehmerischem Denken und Handeln geprägte Unternehmenskultur schafft die Voraussetzung, herausragende Mitarbeiter zu gewinnen und zu halten. Wenn Sie sich für uns entscheiden, schließen Sie sich einem schnell wachsenden Unternehmen mit außergewöhnlichem Erfolg an. Für welche Aufgabe Sie sich auch bewerben – Sie werden exzellente fachliche und persönliche Entwicklungsmöglichkeiten vorfinden.

... über die Karriere:

Oliver Wyman ist ein schnell wachsendes, unternehmerisch denkendes und handelndes Unternehmen, das all jenen ein dynamisches Umfeld bietet, die unsere Leidenschaft teilen – unseren Kunden außergewöhnliche Ergebnisse zu liefern. Ihre Arbeit bei Oliver Wyman erzielt nachhaltige Wirkung. Als Berater sind Sie dafür verantwortlich, neue und überlegene Lösungen für die schwierigsten Problemstellungen unserer Kunden zu finden.

Wir suchen intelligente, analytisch denkende und hoch motivierte Mitarbeiter, die in einem Umfeld arbeiten möchten, das hervorragende Leistungen anerkennt. Wir suchen Mitarbeiter unterschiedlichster Fachrichtungen, die neugierig sind, zuhören können und frische Ideen einbringen. Im Gegenzug bieten wir anspruchsvolle Tätigkeiten, die viel Raum für fachliche und persönliche Weiterentwicklung lassen – eingebettet in ein unterstützendes Netzwerk, das individuelle Interessen fördert.

Zwei Karrierepfade stehen zur Auswahl: Financial Services Consulting und General Management Consulting.

Financial Services Consulting
Berater auf diesem Karierrepfad spezialisieren sich im Finanzdienstleistungsbereich und werden früh im Verlauf ihrer Karriere verantwortliche Experten für ein bestimmtes Teilgebiet. Die Finanzdienstleistungsbranche ist eine der größten und dynamischsten Branchen der Welt - strategische Herausforderungen im Retailbanking, Investmentbanking, Trading, Asset Management, Versicherungsbereich und Risikomanagement bilden den größten Teil der Projektarbeit im Financial Services Consulting.

General Management Consulting
Berater im Karrieretrack General Management Consulting arbeiten an wichtigen strategischen Themenstellungen in einer Reihe unterschiedlicher Branchen, beispielsweise in den Bereichen Handel, Luft- und Raumfahrt, Technologie und Medien, Energie, Automobil- und Fertigungsindustrie sowie Transport und Life Sciences. Der General

Management Track bietet Ihnen die Möglichkeit, ein breites Themen- und Kompetenzspektrum aufzubauen und ermöglicht eine sukzessive Spezialisierung ganz nach Ihren persönlichen Vorstellungen.

... über das Bewerbungsverfahren:

Ob erfahrener Bewerber oder Absolvent: Wir suchen hochgradig ambitionierte Persönlichkeiten, die neugierig, intelligent und glaubwürdig sind und ein stimulierendes Arbeitsumfeld suchen, das hervorragende Leistungen entsprechend belohnt.
Wir suchen Praktikanten (m/w) und Berufseinsteiger (m/w) mit erstklassigen Studienergebnissen. Welche Fachrichtungen Sie studieren, ist dabei zweitrangig. Wichtig sind uns aber anspruchsvolle Praktika oder Berufserfahrung, Auslandsaufenthalte und bewiesenes außer-universitäres Engagement. Wir suchen Persönlichkeiten mit starken analytischen Fähigkeiten und ausgeprägter sozialer Kompetenz.

Der Interview-Prozess
Anspruchsvoll, anregend, rigoros und fair – so würden wir unseren Interview-Prozess beschreiben. Unsere Interviews sind darauf ausgelegt, analytische Fähigkeiten, eigenständiges Denken, reifes Auftreten, Kommunikationstalent und Glaubwürdigkeit auf die Probe zu stellen – diejenigen Qualitäten, die aus unserer Sicht einen guten Berater ausmachen.

Erfolgreiche Kandidaten absolvieren bei uns in der Regel einen zweistufigen Interview-Prozess. Die erste Runde findet entweder direkt an Ihrer Universität oder in einem unserer Büros statt. Zur zweiten Runde laden wir Sie bei Financial Services Consulting in eines unserer Hauptbüros in New York, London, Frankfurt oder Singapur ein. Die Interview-Runden bestehen für gewöhnlich aus zwei bis fünf Einzel-gesprächen. Hier werden unsere Berater mit Ihnen entweder eine Fall-studie bearbeiten oder sich mit Ihnen über Ihren Werdegang und Ihre Ziele bei uns unterhalten. Wir geben Ihnen dabei die Möglichkeit, unter-schiedliche Mitarbeiter vom Consultant bis zum Director kennen zu lernen.

Bitte bewerben Sie sich online unter: → www.oliverwyman.de

Rothschild Deutschland

Börsenplatz 13-15

60313 Frankfurt am Main

Tel.: +49 (0)69 299 884 803

www.rothschild.de

Das sagt das Unternehmen ...

... über sich selbst:

Rothschild ist eine führende internationale Investmentbank und beschäftigt mehr als 800 Banker in einem Netzwerk von über 35 Niederlassungen in 25 Ländern. Auf dem deutschen Markt zählt Rothschild zu den führenden Häusern und baut dort Präsenz und Geschäft stetig aus. Rothschild ist eine der letzten Investmentbanken in Privatbesitz und konzentriert sich ausschließlich auf das Beratungsgeschäft bei Fusionen und Übernahmen (M&A), Eigenkapitalbeschaffung (ECM), Fremdkapitalfinanzierung (Debt Advisory) und Restrukturierungen.

... über die Karriere:

Schon **Einsteigern als Analyst** bietet der Beruf des Investmentbankers in unserem Haus viele verschiedene und herausfordernde Tätigkeiten. Entscheidend für den Erfolg als Investmentbanker mit M&A-Schwerpunkt ist aber die richtige Mischung aus persönlichen und fachlichen Eigenschaften. Ausgezeichnete analytische und kommunikative Fähigkeiten sowie eine ausgeprägte Leistungsbereitschaft sind Voraussetzung für eine erfolgreiche Karriere als Investmentbanker. Wer zudem Teamfähigkeit und Überzeugungskraft mitbringt, und gezeigt hat, dass er sich auch neben dem Studium engagiert, besitzt gute Chancen, im Beratungsgeschäft bei Fusionen und Übernahmen weit zu kommen. Studienschwerpunkte wie Finanzen, Bank/Rechnungswesen, Controlling oder Steuern und praktische Erfahrungen erleichtern dabei den Einstieg.

Einsteiger beginnen in der Regel als Analyst und leisten mit eigenen Recherchen und Finanzanalysen einen wichtigen Beitrag zum Erfolg ihres Teams. Nach und nach eignet man sich dadurch alle relevanten Methoden und Konzepte an. Auf der nächsten Stufe als Associate übernimmt man neue Aufgaben, etwa die Strukturierung und Koordination einzelner Arbeitsschritte. Bereits als Analyst arbeitet ein neuer Mitarbeiter nah am Kunden, was entscheidend zur persönlichen und fachlichen Weiterentwicklung beiträgt.

Als Analyst nehmen Sie an unserem 5-wöchigen Graduate Training Programme teil, welches jedes Jahr in London stattfindet. Hier haben sie die Möglichkeit, die Einsteiger von allen Rothschild Büros weltweit kennen zu lernen.

Um sich ein erstes Bild von dem Beruf des Investmentbankers zu machen, bieten wir ganzjährig bis zu 8 Praktikantenplätze gleichzeitig an. Ein Praktikum in unserem Haus sollte eine Mindestdauer von 10 bis 12 Wochen aufweisen.

Wir besetzen in 2008 bis zu 12 Analystenpositionen und 3 Associate-positionen.

... über das Bewerbungsverfahren:

Wir erwarten eine aussagekräftige Bewerbung per E-Mail. Die Bewerbung sollte folgende Unterlagen enthalten: Anschreiben, CV, Abiturzeugnis, Studiennoten, Praktikazeugnisse etc. Sollte die Bewerbung von Interesse für uns sein, laden wir den Bewerber zu einem Interviewtag. Im Vorfeld muss der Bewerber dann einen Online Verbal Test und einen Online Numerical Test machen. Diese Tests sind zur Vorbereitung für unsere Interviews gedacht.

Neben den bereits oben ausgeführten fachlichen und persönlichen Eigenschaften erwarten wir solide Kenntnisse in Mathematik und Statistik. Fließend Deutsch und Englisch werden vorausgesetzt, weitere Fremdsprachenkenntnisse sind erwünscht. Idealerweise wurden bereits relevante praktische Erfahrungen im Rahmen von Praktika im In- und Ausland gesammelt.

Wir haben keine Bewerbungsdeadline. Bewerbungen sind ganzjährig jederzeit willkommen.

Bei weiteren Fragen wenden Sie sich bitte an:

Frau Erneste Wilbert
Rothschild Deutschland
Börsenplatz 13-15
60313 Frankfurt am Main

Telefon +49 (0) 69 299 884 803
Telefax +49 (0) 69 28 78 22
erneste.wilbert@rothschild.de
bewerbung@rothschild.de
→ www.rothschild.de

Sal. Oppenheim jr. & Cie. KGaA

Unter Sachsenhausen 4

50667 Köln

Tel.: +49 (0)221 145-1772

personal@oppenheim.de

www.oppenheim-karriere.de

SAL. OPPENHEIM

Privatbankiers seit 1789

Das sagt das Unternehmen ...

... über sich selbst:

Als Familienunternehmen gelingt es Sal. Oppenheim bereits in der siebten Generation, die Tradition und die Werte des Bankhauses zu bewahren und sich gleichzeitig stets auf neue Herausforderungen einzustellen.

Das Fundament der Bank, die inzwischen weit über 200 Jahre währende Tradition, gründet auf zeitlosen Werten, der Unabhängigkeit des Bankhauses und einem gelebten Unternehmertum.

Kunden, Eigentümerfamilie und Partner von Sal. Oppenheim verfolgen das gleiche Ziel: den langfristigen Werterhalt und die Mehrung des Vermögens mit Blick auf die nächsten Generationen.

Integrierte Vermögensverwaltungs- und Investmentbank

Mit unserem erfolgreichen Geschäftsmodell, einer integrierten Vermögensverwaltungs- und Investmentbank, sind sind wir der ideale Partner für vermögende Privatkunden und Familienunternehmen. Wir bieten eine exklusive Vermögensverwaltung und gleichzeitig die gesamte Leistungspalette einer internationalen Investmentbank.

Sal. Oppenheim kann dies durch die Fokussierung auf eine bestimmte Kundengruppe und die eigene Unternehmensgröße idealtypisch darstellen: Wir sind groß genug, um anspruchsvolle Transaktionen

SAL. OPPENHEIM

Privatbankiers seit 1789

Beeindruckend ...

... wie Ideen und Engagement bleibende Werte schaffen.
Salomon Oppenheim jr. gründete unsere Bank mit 17. Das war vor 218 Jahren.
Junges Talent, vereint mit jahrhundertealten gelebten Prinzipien, bildet heute
wie damals die Basis für wegweisende Neuerungen und Fortschritt.

Innovationskraft verbindet sich bei uns mit grundlegenden Werten
wie Partnerschaftlichkeit, Kontinuität und Integrität. Daraus resultiert
das Vertrauen unserer Kunden. Daraus resultieren auch unsere Unabhängigkeit
und unser unternehmerischer Erfolg.

Weiterführende Informationen über die zukunftsweisenden Chancen in Europas
führender Privatbank finden Sie im Internet unter www.oppenheim.de.

durchführen zu können, und klein und wendig genug, um für dieselben Prozesse innovative Ideen entwickeln zu können.

Viele Themen und Aufgaben, die wir bearbeiten, befinden sich an den Schnittstellen zwischen privatem und institutionellem Geschäft, zwischen Investmentbank und klassischer Vermögensverwaltung, zwischen Unternehmens- und Privatsphäre unserer Kunden. Hier können wir zum Wohle unserer Kunden unser gesamtes Leistungsspektrum optimal entfalten.

Mit unserer Spezialisierung auf die Verwaltung komplexer Vermögen geht auch unser Anspruch einher, unseren Kunden eine sehr persönliche, individuell auf ihre Bedürfnisse zugeschnittene Beratung anzubieten. Dabei legen wir großen Wert auf eine partnerschaftliche Zusammenarbeit.

Das Investment Banking bildet das zweite strategische Kerngeschäftsfeld von Sal. Oppenheim. Das Beratungsgeschäft umfasst alle finanziellen, strategischen und beteiligungsorientierten Fragestellungen. Unsere Expertise steht großen börsennotierten und mittelständischen Unternehmen, öffentlichen Auftraggebern sowie institutionellen Investoren zur Verfügung.

Die Transaktionen im Investment Banking weisen eine hohe Komplexität auf und erfordern ein umfassendes Produkt-Know-how sowie Kenntnisse der jeweiligen Industrie. Daher haben wir eine Matrixorganisation mit den Relationship Managern der Industriegruppen sowie den Spezialisten der Produktteams. Die Zusammensetzung der Teams wird jeweils spezifisch auf die Fragestellungen der Kunden zugeschnitten, so dass individuelle Finanzlösungen erarbeitet werden können.

Um den Kundenbedürfnissen optimal Rechnung zu tragen, nehmen unsere Spezialisten eine nach Branchen diversifizierte Kundenbetreuung vor. Wir verfügen über aktive Branchenteams und ein Relation Management, die mit den spezifischen Bedingungen in den jeweiligen Industrien detailliert vertraut sind und so das Leistungsangebot an die individuellen Anforderungen der Kunden anpassen können.

Das Team der Investmentbanker ist ein Dienstleister für Unternehmen, Kommunen sowie für institutionelle und private Investoren. Das fundierte Branchen- und Produkt-Know-how des Geschäftsbereiches gewährleistet eine umfassende Beratung in allen finanziellen, strategischen und beteiligungsorientierten Fragen. Zu unseren Kernbereichen gehören dabei Fusionen und Übernahmen, Eigenkapitaltransaktionen und Börsengänge. Darüber hinaus emittieren wir für private Anleger derivative Wertpapiere, wie Optionsscheine und Zertifikate.

Mit unseren Produkten unterstützen wir so unsere Kunden bei der Erreichung ihrer unternehmerischen und privaten Zielsetzungen. Unser Leistungsspektrum beinhaltet die Betreuung unserer Kunden durch maßgeschneiderte Produkte in den verschiedenen Phasen ihrer unternehmerischen Entwicklung.

... über die Karriere:

Die besondere Herausforderung für jeden angehenden Banker: Einstieg bei Sal.Oppenheim – Europas führender Privatbank.

Wir bieten Ihnen als integrierte Vermögensverwaltungs- und Investmentbank flexible Einstiegsmöglichkeiten. Vom ersten Tag an erleben Sie, was das Faszinierende an der täglichen Arbeit in einer der bedeutendsten Privatbanken Europas ausmacht: Ihr persönlicher Gestaltungsspielraum.

Nach Ihrem Hochschulabschluss beginnen Sie Ihre Karriere unmittelbar in unserem Investmentbanking. In Abstimmung mit Ihnen finden wir gemeinsam Ihren individuellen Platz in unserem Hause.

Pro Jahr nehmen wir nur wenige Absolventen auf, die ihr Studium mit Bravour abgeschlossen haben. Intensives Training und die Berücksichtigung persönlicher Ziele, Neigungen und Stärken ermöglichen unseren neuen Kolleginnen und Kollegen einen maßgeschneiderten Einstieg in die Bank.

Dabei werden Sie unterstützt und begleitet von erfahrenen Kollegen, so dass Sie rasch einen guten Einblick in unser erfolgreiches und spezialisiertes Investmentbanking gewinnen. Wir bieten Ihnen ungewöhnliche Perspektiven und Entwicklungsmöglichkeiten, die wir nach Ihrem persönlichen Karrierekonzept ausrichten.

Uns ist besonders wichtig, dieselbe Sprache zu sprechen.

Unsere Messlatte liegt hoch und wir sind stolz auf die Qualifikationen unserer Mitarbeiter. Gleichzeitig achten wir darauf, langfristige Bindungen einzugehen, denn das entspricht dem Charakter unseres Hauses. Deshalb investieren wir auch laufend intensiv in die Weiter-bildung und Fortbildung unserer Mitarbeiter. Unser Bildungsprogramm ist speziell auf die für Sal. Oppenheim wichtigen Themen zugeschnitten. Alle Referenten und Trainer sind dem Bankhaus eng verbunden und schulen im Sinne der Kultur unseres Hauses. So bieten wir unseren Mitarbeitern eine Vielzahl von anspruchsvollen in- und externen Seminaren und unterstützen sie auch bei langfristig angelegten Qualifizierungen.

Der Erfolg von Sal. Oppenheim hängt von sehr gut ausgebildeten und motivierten Mitarbeitern ab, die mit großem persönlichem Engagement auf hohem Wissensstand selbstverantwortlich arbeiten, ihre Ideen einbringen sowie nachhaltige Lernbereitschaft und Veränderungs-fähigkeit besitzen.

Wenn Sie die Herausforderung reizt, sich in einer exklusiven und zugleich innovativen Atmosphäre zu bewähren – als Berufseinsteiger oder gerne auch als Praktikant -, treten Sie mit uns in Kontakt.

... über das Bewerbungsverfahren:

Als ausgezeichneter (angehender) Hochschulabsolvent mit persönlichem Engagement und hoher sozialer Kompetenz haben Sie Ihr Interesse auf eine konkrete Aufgabe oder ein Praktikum im Investmentbanking fokussiert. Sie sind es gewohnt, in hohem Maße Verantwortung zu tragen. Zugleich sollten Sie keine Berührungsängste haben, denn flache

Hierarchien und kurze Entscheidungswege sind Kennzeichen unseres Hauses. Große persönliche Einsatzbereitschaft ist selbstverständlich.

Voraussetzungen für Ihre erfolgreiche Bewerbung:

- Ausgezeichneter Abschluss eines Hochschulstudiums der Wirtschaftswissenschaften
- International ausgerichteter Studienverlauf
- Aussagekräftige Praktika und Engagement außerhalb der Hochschule
- Interesse am Finanzmarkt und innovativen Finanzprodukten
- Starkes konzeptionelles Denken und strukturiertes Arbeiten
- Sehr gute Englischkenntnisse und weitere Fremdsprachen von Vorteil
- Sicherer Umgang mit den MS-Office-Produkten
- Flexibilität, Belastbarkeit, Durchsetzungsvermögen und Einsatzfreude
- Ausgeprägte Teamfähigkeit

Wir sind sicher, dass Ihre Persönlichkeit nicht die Summe einzelner Eigenschaften ist, die wir schlicht per Checkliste abfragen können. Im Mittelpunkt Ihrer Bewerbung steht deshalb ein persönliches Gespräch. Sie und wir sollten gleichermaßen spüren, ob wir zueinander passen. Ein wesentlicher Erfolgsfaktor unserer Bank ist nämlich der gute und enge Kontakt zwischen Kolleginnen und Kollegen, aber vor allem die Sensibilität im Umgang mit unseren Kunden. Wir setzen voraus, dass Sie bereit sind, in hohem Maße Verantwortung zu übernehmen. Große persönliche Einsatzbereitschaft sowie systematisches und erfolgs-orientiertes Arbeiten sind ebenso selbstverständlich wie ein starker Wille, zu gestalten und zu bewegen.

Noch Fragen offen?

Dann informieren Sie sich unter → www.oppenheim-karriere.de. Dort finden Sie immer aktuelle Zahlen, Daten und Fakten zu Praktika und Vakanzen aus unserem Hause.
Wenn darüber hinaus Fragen offen geblieben sind, so richten Sie diese bitte an den zuständigen Personalbereich in Köln oder Frankfurt am Main, der sich über die Zusendung Ihrer Bewerbungsunterlagen per Post oder per E-Mail freut.

UBS AG

Postfach

8098 Zürich

Tel.: +41 (0)44 234 92 00

www.ubs.com/graduates

Das sagt das Unternehmen ...

... über sich selbst:

UBS ist eines der führenden globalen Finanzinstitute und der weltweit größte Anbieter im Wealth-Management-Geschäft. UBS gehört zu den wichtigsten Investmentbanken und Wertschriftenhäusern und zählt zu den führenden Vermögensverwaltern weltweit. Im Privat- und Firmenkundengeschäft in der Schweiz ist UBS Marktführerin.

... über die Karriere:

Sind Sie interessiert an einem Karrierestart für Graduates?

Mit dem Graduate Training Program (GTP) bieten wir hochqualifizierten Universitäts- und Fachhochschulabsolventen einen optimalen Einstieg in unsere Bank. Während 18-24 Monaten werden Sie auf ein bestimmtes Berufsziel hin ausgebildet. Durch die Integration des Graduate in das jeweilige Team, das Coaching durch einen Senior Manager und den Support des Program Management wird sichergestellt, dass Sie schon von Beginn an in das tägliche Geschäft und in Projekte involviert sind und schnellstmöglich Verantwortung übernehmen können. Durch spezifisches Off-the-job Training erhalten Sie eine fach- und persönlichkeitsorientierte Ausbildung und werden gezielt auf Ihre spätere Karriere vorbereitet. Mehr Informationen finden Sie unter:
→ www.ubs.com/graduates.

... über das Bewerbungsverfahren:

Unsere Anforderungen sind ein überdurchschnittlicher Abschluss, fachspezifische Praktika, fachbezogene Studien- respektive Praktika-Aufenthalte im Ausland, hohe Sozialkompetenz, Teamplayer, sehr motiviert, gute analytische Fähigkeiten.

Ihre Perspektiven sind verantwortungsvolle, interessante und herausfordernde Positionen bei UBS nach Abschluss Ihres Graduate Training Programs (GTP).

Ihre Ansprechperson ist vom Jobangebot abhängig. Unter → www.ubs.com/graduates finden Sie Informationen zu offenen Positionen sowie zu unseren Veranstaltungen.

Your exceptional talent drives our success. It starts with you.

What keeps UBS at the forefront of global financial services? Your skills, commitment and ambition to be the best. Our innovation comes from your creativity and appetite for challenge. The ideas you share with colleagues help develop the products and services that sustain our market leadership positions across Europe, the Americas and Asia Pacific. A dynamic and diverse environment provides you with every opportunity to fulfill your potential and further our achievements. Industry-leading training programs help you to hit the ground running. How far you go is up to you.

It starts with you: **www.ubs.com/graduates**

Wealth | Global Asset | Investment
Management | Management | Bank

You & Us    UBS

E. Glossar

Beta	Gradmesser des systematischen Risikos eines Portfolios
Call	Recht, nicht die Obligation, eine Aktie zu einem bestimmten Zeitpunkt zu einem im voraus festgelegten Preis zu beziehen
CapEx	Capital Expenditure (=Ausgaben zur Akquirierung langfristiger Assets)
CDS	Credit Default Swap
COGS	Cost of Goods Sold (=Kosten der verkauften Güter nach Umsatzkostenverfahren)
Covenants	Finanzkennzahlen, die ein Schuldner einer Bank regelmäßig liefert, um seine Liquidität nachzuweisen
CS (Abk.)	Credit Suisse
DB (Abk.)	Deutsche Bank
DCF	Discounted Cash Flow (Methode der Unternehmensbewertung, die zukünftige Einnahmen abzinst)
DCM	Debt Capital Markets (Abteilung in Investmentbanken)
Deal	Transaktion
Deal Flow	momentan stattfindende Transaktionen
Distressed Debt	Investitionen in notleidende Kredite
Due Diligence	Untersuchung eines Unternehmens, bei Finanzen und Steuern oft im Datenraum
EBIT(DA)	Earnings before Interest, Tax (Depreciation & Amortisation)

ECM	Equity Capital Markets (Abteilung in Investmentbanken)
EK	Eigenkapital
EPS	Earnings per Share
Execution	Durchführung einer Transaktion
FK	Fremdkapital
GS (Abk.)	Goldman Sachs
IRR	Internal Rate of Return (=interner Zinsfuß)
JPM (Abk.)	J.P. Morgan Chase
LBO	Leveraged Buy-Out (=Kauf einer Unternehmung unter enormem Einbezug von Fremdkapital)
Leverage	Grad der Fremdfinanzierung
M&A	Mergers & Acquisitions (=Fusionen & Übernahmen)
MBI	Management Buy-Out (=ein außen stehendes Management kauft die Anteile an einer Unternehmung)
MBO	Management Buy-Out (=das Management kauft die restlichen Anteile an einer Unternehmung)
ML (Abk.)	Merrill Lynch
Modelling	Modellierung, z. B. von Finanzkennziffern zwecks Unternehmensbewertung
MS (Abk.)	Morgan Stanley
Net WC	Net Working Capital = Forderungen + Inventar – Verbindlichkeiten
NewCo	überlebendes Unternehmen nach Fusion oder Übernahme
NPV	Net Present Value (=Kapitalwert)

OpCo	zu verkaufendes Unternehmen, welches in die NewCo übergeht
P/E-Multiple	Price-to-Earnings-Multiple
PE	Private Equity
Peer Companies	Wettbewerber in derselben Industrie
PIK	Payment in Kind (=mezzanine Finanzierungsart, bei der Zinsen in Form von zusätzlichen Anleihen bezahlt werden)
Pitch	Präsentation zwecks „Kandidatur" um die Begleitung einer Transaktion eines Unternehmens
Put	Recht, nicht die Obligation, eine Aktie zu einem bestimmten Zeitpunkt zu einem im voraus festgelegten Preis zu verkaufen
Strike	Ausübungspreis einer Option
Trading	Handel (auf dem sog. Trading Floor, z. B. mit Aktien)
TRS	Total Return Swap
VC	Venture Capital (Early-stage)
WACC	Weighted Average Cost of Capital (=gewichtete durchschnittliche Kapitalkosten)

Auf folgender Website lassen sich jegliche weitere Begriffe der Finanzwelt nachschlagen: →www.investopedia.com

G. Autor und Verleger

Über den Autor Farzad Saidi:

- Studium der BWL, Politologie sowie der Ökonometrie und Mathematischen VWL an der WHU Vallendar, dem Institut d'Etudes Politiques de Paris (Sciences Po), der Ohio State University, der EDHEC Lille und der London School of Economics
- Arbeitserfahrung im Investmentbanking (Corporate Finance, Aktienderivate), Consulting (Corporate Finance, Restrukturierung, IT) sowie Gründung zweier Start-ups
- Forschung in angewandter Mikroökonomie, Verhaltensökonomie und Finanzen am Institut für die Zukunft der Arbeit (IZA) in Bonn, am Centre for Economic Performance (CEP) und den Suntory and Toyota International Centres for Economics and Related Disciplines (STICERD) in London wie auch an der University of Chicago (Department of Economics)
- … und ein passionierter Minigolfspieler!

Über den Herausgeber Stefan Menden:

Stefan Menden ist Gründer des Karriere-Netzwerkes squeaker.net und Herausgeber der „Insider-Dossier"-Reihe sowie Autor des Insider-Dossiers "Bewerbung bei Unternehmensberatungen". Nach seinem Business-Studium in Köln und Bergen war er drei Jahre als Berater für Oliver Wyman in München und Dubai tätig und war dort Mitglied des Recruiting-Teams. Heute arbeitet er bei einem Venture-Capital-Unternehmen in London und leitet das strategische Geschäft bei squeaker.net.

Über das Karriere-Netzwerk squeaker.net:

squeaker.net ist ein im Jahr 2000 gegründetes Online-Karriere-Netzwerk → www.squeaker.net, in dem sich Studenten und junge Berufstätige über Karrierethemen austauschen. Dabei stehen Insider-Informationen wie Erfahrungsberichte über Praktika und Bewerbungsgespräche im Vordergrund. Die Community verfügt über die umfassendste deutschsprachige Erfahrungsberichte-Datenbank zu namhaften Unternehmen und zahlreiche Möglichkeiten, Kontakte zu anderen Mitgliedern und attraktiven Arbeitgebern zu knüpfen. Das Portal → www.consulting-insider.com bietet darüber hinaus angehenden Beratern ausführliche Informationen und zahlreiche Profile der führenden Unternehmensberatungen. Analog dazu wurde die Branchen-Plattform → www.finance-insider.com aufgebaut, die sich an junge Investmentbanker und Finanz-Interessierte richtet.

Mit der Ratgeber-Reihe „Das Insider-Dossier" veröffentlicht squeaker.net seit 2003 hochqualitative Bewerbungsliteratur für ambitionierte Nachwuchskräfte. Zu den Themenfeldern zählen bisher: Automotive, Brainteaser, Consulting, Consumergoods, Finance, Praktika in Asien sowie Wirtschaftsprüfung. Weitere Titel befinden sich bereits in Vorbereitung.

Presse-Stimmen zu den Insider-Dossiers:

„Fazit: Ein kompakter und dennoch ausführlicher Ratgeber zur Vorbereitung auf die Bewerbung, der seine Bezeichnung „Insider-Dossier" zu recht trägt." **- WISU-Magazin**

„Das Insider-Dossier „Bewerbung bei Unternehmensberatungen" bietet angehenden Unternehmensberatern bei der Karriereplanung und Bewerbung für Praktikum oder Berufseinstieg bei Consulting-Unternehmen einen entscheidenden Wissensvorsprung." **- Hobsons-Verlag**

„Niemand sollte sich bei McKinsey & Co. bewerben, bevor er nicht dieses Buch gelesen hat." **- Junge Karriere**